2021 中国旱区农业技术发展报告

ZHONGGUO HANQU NONGYE JISHU FAZHAN BAOGAO

杨凌农业高新技术产业示范区管委会
科技部中国农村技术开发中心　编著
西　北　农　林　科　技　大　学

中国财经出版传媒集团
中国财政经济出版社

图书在版编目（CIP）数据

2021 中国旱区农业技术发展报告 / 杨凌农业高新技术产业示范区管委会，科技部中国农村技术开发中心，西北农林科技大学编著. -- 北京：中国财政经济出版社，2021.12

ISBN 978-7-5223-0259-1

Ⅰ. ① 2… Ⅱ. ①杨…②科…③西… Ⅲ. ①干旱区—农业技术—技术发展—研究报告—中国—2021 Ⅳ. ① F323.3

中国版本图书馆 CIP 数据核字（2021）第 260700 号

责任编辑：张怡然　　　责任校对：张　凡
封面设计：陈宇琰　　　责任印制：张　健

2021 中国旱区农业技术发展报告
2021 ZHONGGUO HANQU NONGYE JISHU FAZHAN BAOGAO

中国财政经济出版社 出版
URL：http://www.cfeph.cn
E-mail：cfeph@cfemg.cn

社址：北京市海淀区阜成路甲 28 号　邮政编码：100142
营销中心电话：010-88191522
天猫网店：中国财政经济出版社旗舰店
网址：https://zgczjjcbs.tmall.com
北京虎彩文化传播有限公司印刷　各地新华书店经销
成品尺寸：185mm × 260mm　16 开　12 印张　200 000 字
2021 年 12 月第 1 版　2021 年 12 月北京第 1 次印刷
定价：98.00 元
ISBN 978-7-5223-0259-1
（图书出现印装问题，本社负责调换，电话：010-88190548）
本社质量投诉电话：010-88190744
打击盗版举报热线：010-88191661　QQ：2242791300

《2021中国旱区农业技术发展报告》编委会

序 言

PREFACE

我国旱区地域辽阔，主要分布在昆仑山脉、秦岭淮河一线以北，人口众多，土地资源丰富，生物多样性显著。因此，旱区农业生产技术在支撑国家粮食安全、水安全和生态安全中占有极其重要的地位。2020 年是“十三五”的收官年，以习近平同志为核心的党中央团结带领全党全国各族人民取得了脱贫攻坚战的全面胜利，完成了消除绝对贫困的艰巨任务。2021 年是“十四五”的开局年，是开启全面建设社会主义现代化国家新征程，向第二个百年奋斗目标进军的新起点。在新冠肺炎疫情冲击下，面对国内外风险与挑战，系统分析我国旱区农业发展环境，提出适应国家战略和国家需求的旱区农业发展建议，具有重要的现实意义。

为贯彻和落实党的十九大精神和 2021 年中央一号文件精神，全面落实党中央、国务院有关深化科技体制改革、加快国家创新体系建设的决策部署，推动我国旱区农业科技协同创新与发展，杨凌农业高新技术产业示范区管委会、科技部中国农村技术开发中心、西北农林科技大学共同组织有关专家，研究编写了《2021 中国旱区农业技术发展报告》（以下简称《报告》）。

《报告》以我国旱区农业科技工作为主线，共分为旱区农业技术发展环境分析、旱区农业科技资源配置、旱区农业技术产出情况、旱区农业技术进展、旱区畜牧业技术发展专题、旱区农业技术发展政策建议六个部分。这是迄今为止全面梳理我国旱区农业科技发展的第九个年度报告。《报告》所使用数据资料的截止时间为 2020 年 12 月，包括各类统计年鉴和相关机构公开披露的数据。我们期望《报告》成为一部权威、全面和客观介绍中国旱区农业技术发展和科技工作的重要文献，为所有想了解旱区农业科技进展情况的读者，特别是各级政府行政人员、政策与管理研究人员和相关科技工作者提供参考。

《报告》的编写工作得到了中国杨凌农业知识产权信息中心、杨凌示范区生产力促进中心、西北农林科技大学西部农村发展研究院和相关教学、科研单位专家学者的大力支持，在此表示诚挚的谢意。由于旱区农业分布范围广泛、专业技术性强、涉及因素多、研究视角不同，加之研究时间有限，尽管编者付出了很大的努力，但仍难免有纰漏之处，恳请读者批评指正，以便我们进一步改进和提高。

编 者

2021 年 10 月

目　录

CONTENTS

1 旱区农业技术发展环境分析

农业技术发展环境不仅包括经济、社会发展环境，还包括自然资源禀赋以及地方与国家颁布的农业政策与法律法规。旱区面积广阔，因其得天独厚的条件，自然资源十分丰富，其中旱区的耕地面积占全国总耕地面积的60.0%，水资源占全国水资源总量的34.2%，森林面积占全国森林面积的53.8%，森林资源丰富，坐拥渤海、黄海两大海域，海岸线较长。旱区人口占全国总人口的42.0%，拥有丰富的劳动力资源，为旱区农业技术的发展提供了有利条件。

21世纪以来，国家出台一系列政策推动国内经济发展，旱区各省（区、市）经济快速增长，人民生活水平显著提高。在经济结构调整的大背景下，面对复杂多变的外部形势，国内经济下行压力不断增大，国民经济发展由高速转向中高速，对人民的生活冲击很大。旱区积极转变发展方式、调整经济结构，使得旱区人均可支配收入增长水平未出现大幅波动。在社会发展方面，旱区城镇化率不断提升，乡村人口数量不断下降，人口不断向城镇汇集，但与非旱区相比城镇化率仍有差距。农业生产方面，旱区是我国重要的商品粮生产基地，粮食产量占全国粮食总产量的一半以上。同时新疆、河南、河北、山东也是重要的商品棉基地。此外，国家与地方政府相继出台了一系列强农惠农政策，促进旱区农业技术发展。

1.1 旱区自然资源

旱区的基本特征是干旱与缺水，旱区与非旱区的分界线与800 mm等降水线大致相同，主要是指分布于淮河、秦岭、昆仑山脉一线以北的北方地区，包括京、津、冀、晋、内蒙古、辽、吉、黑、鲁、豫、藏、陕、甘、青、宁、新16个省（区、市）的全部或大部。我国旱区依据干燥程度与降水量指标可划分为干旱区、半干旱偏旱区、半干旱区和半湿润偏旱区四类。其中：年平均降水量小于 200 mm 的区域称为干旱区，主要特征为降水稀少、蒸发量大，包括塔里木盆地、准噶尔盆地和青藏高原西北部地区，该地区人口稀少，大部分地区不适宜发展农业；半干旱地区分为半干旱偏旱区和半干旱区，半干旱偏旱区年均降水量范围为200—250 mm，处于半荒漠带，该区域农业以畜牧业为主；而年平均降水量在 250—400 mm 的区域称为半干旱区域，半干旱区域蒸发量明显超过雨量，自然植被以草原为主，农业主要为半农半牧，农业发展潜力巨大；而半湿润偏旱区的降水量在 400—500 mm，主要特征为季节性干旱，农业以种植业为主，需要提升水资源利用水平。因此，旱区既包括三江平原、华北平原等我国粮食主产区，也包括呼伦贝尔大草原、金银滩大草原等牧区，还有渤海、黄海等主要海产区。旱区农业种类多样，适宜推广优良农业技术，发展多种农业生产。

气候因素是影响农业生产的重要因素。气候为农业发展提供了光、热、水、风等能量和物质，进而决定了当地的种植制度。东北以及西部省份像西藏、青海的部分地区年均温度低于 10℃，且极端最低温度在 −15℃以下。上述地区≥ 10℃的积温相对较低，主要实行一年一熟的作物熟制。黄河中下游以及华北平原的陕西、河南、河北、山东等地年平均气温在 15℃左右，年极端最低气温大多高于 −10℃，积温较高，大多采取一年两熟或两年三熟的熟制。旱区气温分布差异较大，但全年日照时数分布相对均匀，便于多种农作物大面积种植，有利于优良农业技术的创新与快速应用。

旱区土地面积约占全国土地面积的 52.5%，耕地面积约占全国耕地面积的 60.0%，耕地资源十分丰富，农业发展潜力巨大。然而，旱区自然环境条件差异较大，且分布十分不均。旱区约 50.0% 的县年平均降水量低于 500 mm，蒸发量远大于降水量，加之土地质量相对较差，西部地区土壤沙化严重，土壤保蓄能力差，造成部分地区干旱较为严重。2019 年全国旱灾成灾面积 7 838.0 千公顷，约占到全国成灾面积的 40.7%，较 2017 年有所下降。其中旱区旱灾的成灾面积为 3 363.0 千公顷，约占全国旱灾成灾面积的 42.9%，受旱灾影响较大。旱区 16 个省（区、市）旱灾受灾面积较为稳定，较往年无太大的变化。

根据《中国环境统计年鉴 2020》的数据，从空间变化来看，由于我国经济发展呈现“东部—中部—西部”的阶梯化区域发展特征，近年来耕地利用和开发也逐渐呈现“东中部减少、西北部增加”的趋势。从时间变化来看，2016 年，旱区耕地面积为 80 825.6 千公顷，占全国比重约 59.9%；2017 年，旱区耕地面积为 80 926.1 千公顷，占全国比重约 60.0%；2018 年，旱区耕地面积为 80 926.1 千公顷，占全国比重约 59.9%；2019 年，旱区耕地面积为 80 926.0 千公顷，占全国比重约 59.9%，旱区耕地资源变化较小。

我国旱区水资源总量少且分布不均。2019 年，旱区水资源总量为 11 324.5 亿立方米，约占全国水资源总量的 38.9%。其中，旱区水资源主要以地表水形式存在，地表水资源为 9 626.5 亿立方米，地下水资源为 3 631.7 亿立方米，相对较少。从空间分布来看，旱区各省（区、市）水资源分布差距较大，其中西藏的水资源总量最大，达 4 496.9 亿立方米；而宁夏的水资源总量最小，仅 12.8 亿立方米。虽然西藏的水资源总量巨大，但主要以地表径流形态存在，季节性分布明显，加之川藏、滇藏交界处地势崎岖，水资源难以充分利用。新疆、青海和内蒙古等省（区）水资源总量相对充裕，但水资源分布不均，且耕地质量往往较差，农业水资源利用效率不高。在旱区总体干旱少雨的气候环境下，地表水资源总量较少且难以有效利用，发展旱区节水农业，推广喷灌、滴灌等灌溉技术成为提升耕地有效灌溉面积的主要途径。

从图 1–1 来看，2013—2019 年我国旱区耕地有效灌溉面积逐年增加，2019 年达到 38 532.8 千公顷，同时旱区耕地节水灌溉面积也呈逐年增加的趋势，2019 年达到 24 293.8 千公顷，是七年来最大节水灌溉面积，因此旱区农业节水灌溉仍然是提高有效灌溉面积的主要途径。如图 1–2 所示，进一步分析我国旱区各省（区、市）耕地有效灌溉面积和节水灌溉面积，可以发现除个别省（区、市）外，有效灌溉面积和节水灌溉面积两个变量之间呈现出几乎同步变化的特点，同时旱区大部分省（区、市）节水灌溉面积都低于有效灌溉面积，由此可以说明我国仍未全面普及使用节水灌溉技术。

森林作为一个生态系统，除了可以提供木材资源，它还是地球表面生态系统的主体，在调节气候、吸纳二氧化碳、保护生物多样性、防风固沙、涵养水源等方面发挥着重要且不可替代的生态功能，具有重要的经济、生态和社会效益。从农业技术发展角度来说，丰富的森林资源一方面能够保证技术发明与创新主体的工作有良好的环境；另一方面可以支撑农业科技研究，提供多样的种质资源与林业技术验

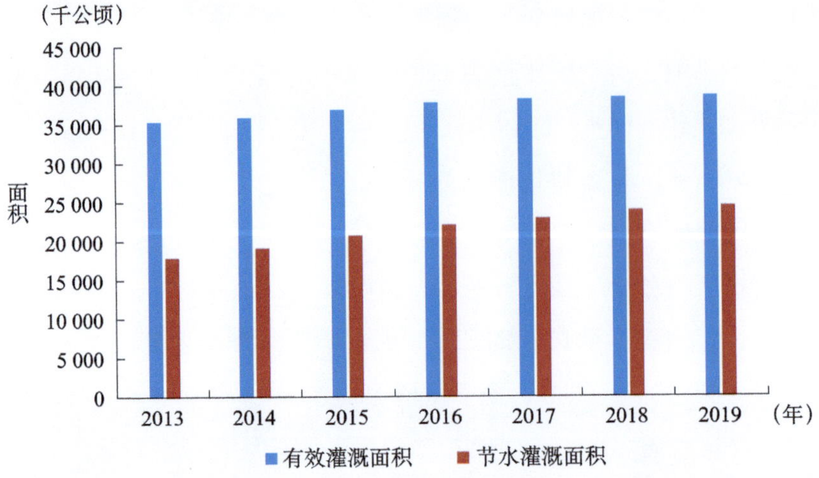

图 1-1　2013—2019 年我国旱区有效灌溉与节水灌溉面积

Figure 1-1　The effective irrigation and water-saving irrigation area in arid areas of China from 2013 to 2019

资料来源：《中国环境统计年鉴》（2014—2020 年）。

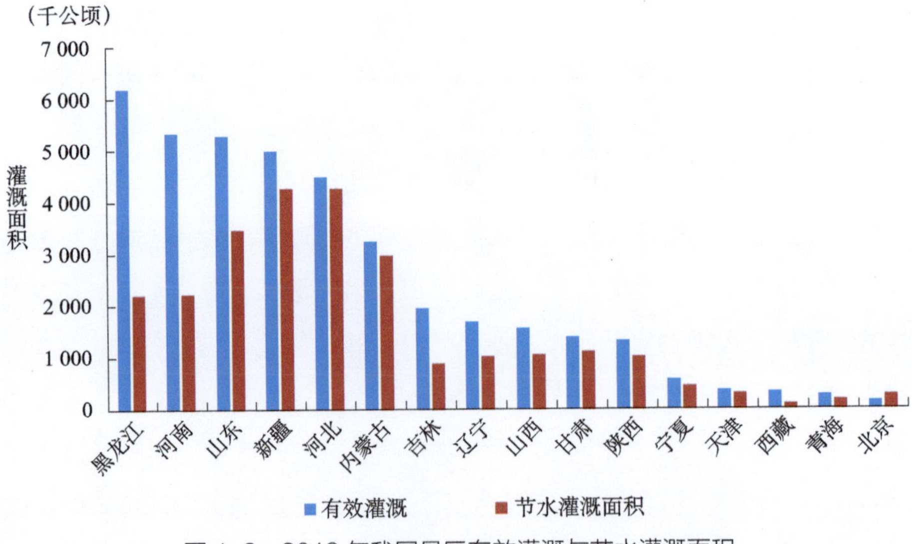

图 1-2　2019 年我国旱区有效灌溉与节水灌溉面积

Figure 1-2　The effective irrigation area and water-saving irrigation area in arid areas of China in 2019

资料来源：《中国环境统计年鉴 2020》。

证场所。根据《中国环境统计年鉴 2020》公布的数据，旱区林业用地面积约占全国总量的 54.0%，旱区森林面积占全国森林面积的 53.1%，森林资源较为丰富。如

图 1–3 所示，从旱区内部来看，内蒙古、黑龙江、西藏、陕西以及新疆五省（区、市）的森林资源绝对面积较高，陕西、黑龙江、吉林、辽宁和北京森林覆盖相对较为密集。

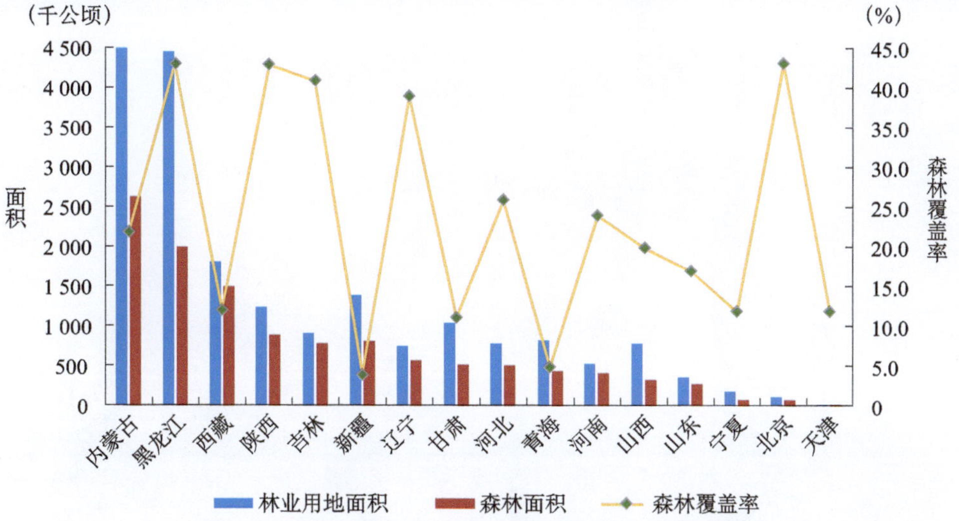

图 1–3　2019 年旱区各省（区、市）森林资源情况

Figure 1–3　The distribution of forest resources of provinces in arid areas in 2019

资料来源：《中国环境统计年鉴 2020》。

从图 1–4 来看，2012—2019 年全国旱灾成灾面积呈波动变化趋势，2012 年全国旱灾成灾面积为 3 509.0 千公顷，而 2013 年全国旱灾成灾面积高至 5 853.0 千公顷；2014—2017 年全国旱灾成灾面积处于较高水平，变化趋势较为平缓，其中 2014 年与 2015 年相差不大，分别为 5 678.0 千公顷与 5 863.0 千公顷，2016 年全国旱灾成灾面积为 6 131.0 千公顷，是八年中的最大值，2017 年全国旱灾成灾面积为 4 444.0 千公顷，较 2016 年有较大减幅。相比之下，2018 年全国旱灾成灾面积最低，仅为 2 624.0 千公顷，2019 年又略有增加，为 3 332.0 千公顷。旱区旱灾成灾面积在 2012—2013 年呈递减之势，而在 2014—2016 年逐年递增并在 2016 年达到最大值 5 713.0 千公顷，2017 年旱区旱灾成灾面积降低至 3 774.0 千公顷，2018 年和 2019 年旱灾成灾面积不断下降，至 2019 年为 1 383.0 千公顷，占全国旱灾成灾面积的 41.5%，较 2018 年的比重降低了 28.8%。可见，旱区旱灾成灾面积在 2016—2019 年整体呈现出不断下降的趋势，占全国旱灾成灾面积的比重更是快速下降。非旱区旱灾成灾面积在 2012—2013 年处于较高水平，均在 1 000.0

千公顷以上，而在 2014—2018 年得到有效控制，均在 1 000.0 千公顷之下，但在 2019 年非旱区旱灾成灾面积大幅攀升，达到 1 949.0 千公顷。整体来看，2016 年之后我国旱灾成灾面积出现明显下降，2019 年稍有反复。

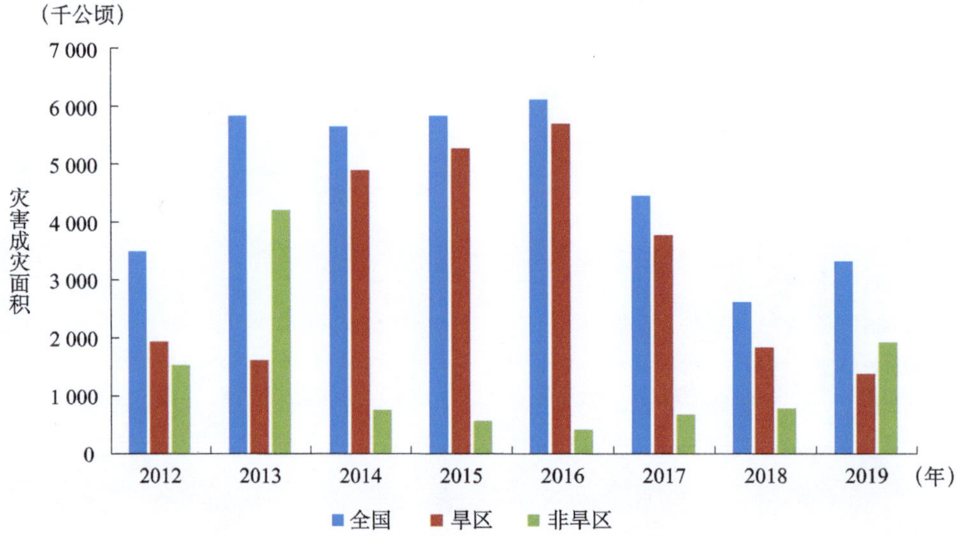

图 1-4　2012—2019 年我国旱灾成灾面积

Figure 1-4　The drought disaster area in China from 2012 to 2019

资料来源：《中国农村统计年鉴》（2013—2020 年）。

从图 1-5 来看，2019 年我国旱区旱灾成灾地域分布十分不均，山西省旱灾成灾面积最大，为 513.0 千公顷，占到旱区旱灾成灾面积的 37.0%，河南、黑龙江两省旱灾成灾面积均超过 200.0 千公顷，其余六个省份旱灾成灾面积均在 200.0 千公顷以下，其中河北、辽宁、新疆旱灾成灾面积较小，均在 100.0 千公顷以下。

1.2　旱区经济发展

2020 年是全面建成小康社会和“十三五”规划收官之年，也是新中国历史上很不平凡的一年。面对严峻复杂的国内外环境，特别是新冠肺炎疫情的严重冲击，中国保持战略定力，精心谋划部署，成为全球唯一实现正增长的主要经济体，经济运行稳中向好的基本趋势不变。国家统计局数据显示，2020 年国内生产总值（GDP）为 1 015 986 亿元，比上年实际增长 2.3%，保持平稳较快的发展速度，经济运行稳定

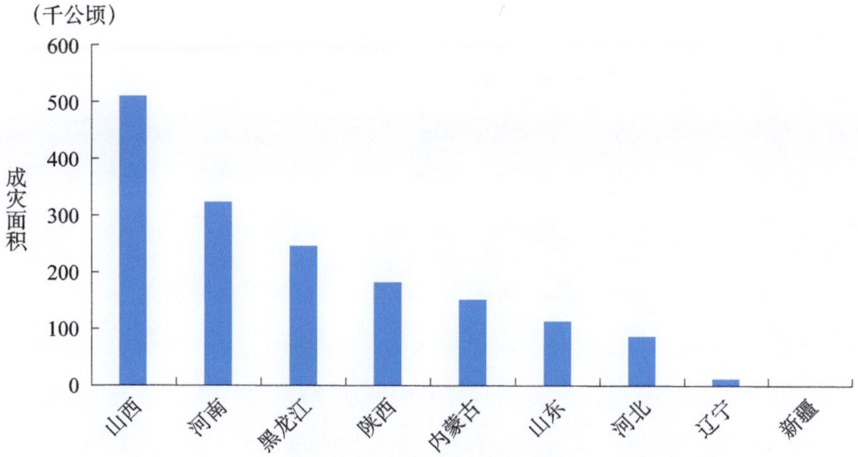

图 1-5　2019 年我国旱区各省份旱灾成灾面积

Figure 1-5　The drought disaster area of provinces in China's arid areas in 2019

说明：天津、北京、宁夏、西藏、青海、甘肃、吉林数据缺失，未做统计。

资料来源：《中国农村统计年鉴 2020》。

性与韧性明显增强。就业、物价保持基本稳定，产业结构持续优化，增长质量继续提高。与此同时，国际贸易增长放缓态势明显，美、欧、日等主要经济体增速普遍回落，全球制造业增长动能减弱，地缘政治不确定因素增多，对全球经济金融和大宗商品市场的稳定存在较大冲击。2020 年，中国成为全球唯一实现货物贸易正增长的主要经济体，外贸的逆势增长推动我国国际市场份额也创了历史新高，我国货物贸易第一大国的地位更加巩固。随着外部环境发生深刻变化，中国的经济发展面临着巨大压力，但中国发展仍处于并将长期处于重要战略机遇期。

面对严峻复杂的国内外环境，特别是新冠肺炎疫情的严重冲击，全国各族人民在党的领导下共同努力，率先控制住疫情，复工复产，实现经济正增长。2020 年 3 月下旬，本土疫情传播基本阻断；4 月中旬，规模以上企业开工率超过了 90%。二季度 GDP 增长 3.2%，由负转正，三季度 GDP 增长 4.9%，四季度 GDP 增长 6.5%，最终全年经济增长 2.3%。中国经济具有强大韧性和潜力，拥有完善的产业体系，是全世界唯一拥有联合国产业分类中全部工业门类的国家，同时拥有 14 亿人所形成的超大规模市场空间，自我调整能力比较强，能有效应对疫情冲击。而且疫情期间催生了很多新产业、新业态、新模式，这些也促进了中国经济的回稳复苏、转型升级。

复杂的国际环境和新冠肺炎疫情的冲击给旱区经济结构转型带来了压力，就农业发展而言，其本就受自然、人文、市场、社会等多方面因素的影响，疫情的发生虽在意料之外，但仍在可控范围内。此外，乡村振兴战略举措为旱区农业经济发展提供了新的空间和机遇，农业市场优质化、多样化的需求也促使旱区农业实现农产品结构的优化调整。提高农产品质量和档次，推广优新产品，一方面可以提高农业经济效益，增加农民的收入，从而增长社会收益；另一方面从很大程度上推动了中国农业经济的发展，促进我国农业现代化和机械化发展步入新阶段。

受国际关系、国内经济环境和新冠肺炎疫情的影响，我国旱区整体经济增速开始放缓。2020 年旱区 16 省（区、市）GDP 达到 358 628 亿元，增速为 2.2%（见图 1–6）。增速在前五位的省份分别为西藏（12.1%）、吉林（5%）、宁夏（4.6%）、山西（3.7%）和甘肃（3.4%），增速在后三位的省份分别为天津（–0.1%）、黑龙江（0.6%）和辽宁（0.8%）（见表 1–1）。由于疫情的冲击，GDP 增速相比于 2019 年大幅放缓。从人均可支配收入看，除北京、天津外旱区大部分省（区、市）位于 20 000—35 000 元之间，增速普遍高于当年 GDP 增速。从增速上看，排在前三位的省份分别为陕西、西藏和青海。除陕西和西藏之外，其他各省（区、市）增速均小于 10%（见表 1–2）。

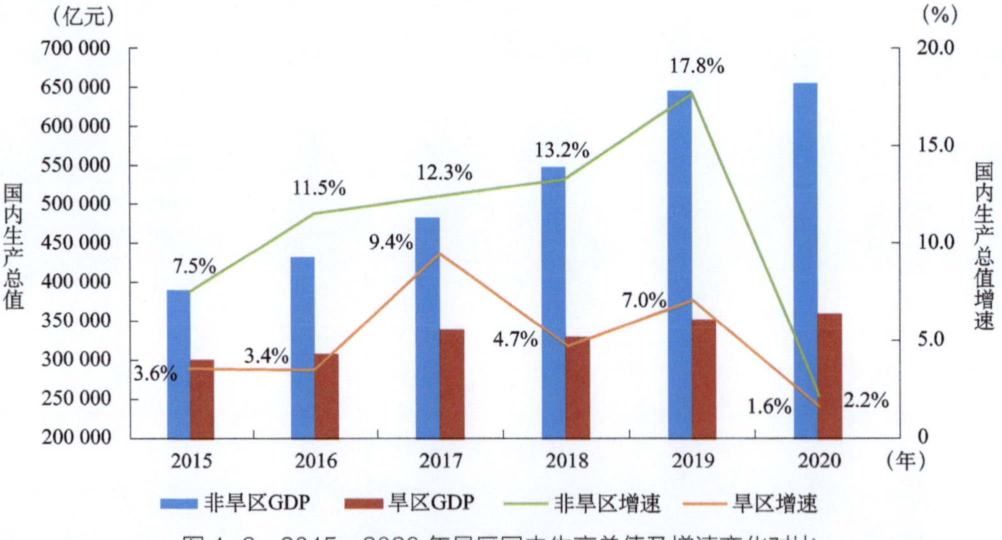

图 1-6　2015—2020 年旱区国内生产总值及增速变化对比

Figure 1-6　GDP and growth changes in arid areas from 2015 to 2020

说明：2018 年我国开展第四次全国经济普查，之后于 2020 年 1 月对 2018 年的 GDP 进行调整，导致 2018 年各省（区、市）GDP 变动幅度较大，因此 2018 年的数据不做增长率比较。

资料来源：《中国统计摘要》（2016—2021 年）。

表 1-1　2015—2020 年旱区各省（区、市）GDP 总量和增速

Table 1-1　GDP and change ratio in province of the arid areas from 2015 to 2020

省份		2015 年	2016 年	2017 年	2018 年	2019 年	2020 年
山东	GDP 总量（亿元）	63 002.3	67 008.2	72 678.2	66 648.9	71 067.5	73 129.0
	增速（%）	6.0	6.4	8.5	—	6.6	2.9
河南	GDP 总量（亿元）	37 002.2	40 160.0	44 988.2	49 935.9	54 259.0	54 997.1
	增速（%）	5.9	8.5	12.0	—	8.7	1.4
河北	GDP 总量（亿元）	29 806.1	31 827.9	36 000.0	32 494.6	35 104.0	36 206.9
	增速（%）	1.3	6.8	13.1	—	8.0	3.1
北京	GDP 总量（亿元）	23 014.6	24 899.3	28 000.4	33 105.9	35 371.0	36 102.6
	增速（%）	7.9	8.2	12.5	—	6.8	2.1
辽宁	GDP 总量（亿元）	28 669.6	22 037.9	23 942.0	23 510.5	24 909.0	25 115.0
	增速（%）	0.2	23.1	8.6	—	6.0	0.8
陕西	GDP 总量（亿元）	18 021.9	19 165.4	21 898.8	23 941.8	25 793.0	26 181.9
	增速（%）	1.9	6.4	14.3	—	7.7	1.5
天津	GDP 总量（亿元）	16 538.2	17 885.4	18 595.4	13 362.9	14 104.0	14 083.7
	增速（%）	5.2	8.2	4.0	—	5.6	–0.1
内蒙古	GDP 总量（亿元）	17 831.5	18 632.6	19 000.0	16 140.7	17 212.0	17 359.8
	增速（%）	0.3	4.5	2.0	—	6.6	0.9
山西	GDP 总量（亿元）	12 766.5	12 928.3	14 973.5	15 958.1	17 026.0	17 651.9
	增速（%）	0.1	1.3	15.8	—	6.7	3.7
黑龙江	GDP 总量（亿元）	15 083.7	15 386.1	16 199.9	12 846.4	13 612.0	13 698.5
	增速（%）	0.3	2.0	5.3	—	6.0	0.6
吉林	GDP 总量（亿元）	1 4063.1	14 886.2	15 288.9	11 253.8	11 726.0	12 311.3
	增速（%）	1.9	5.9	2.7	—	4.2	5.0
新疆	GDP 总量（亿元）	9 324.8	9 617.2	10 920.0	12 809.4	1 3597.0	13 797.6
	增速（%）	0.6	3.1	13.6	—	6.2	1.5
甘肃	GDP 总量（亿元）	6 790.3	7 152.0	7 677.0	8104.1	8 718.0	9 016.7
	增速（%）	0.7	5.3	7.3	—	7.6	3.4

续表

省份		2015 年	2016 年	2017 年	2018 年	2019 年	2020 年
宁夏	GDP 总量（亿元）	2 911.8	3 150.1	3 453.9	3 510.2	3 748.0	3 920.5
	增速（%）	5.8	8.2	9.6	—	6.8	4.6
青海	GDP 总量（亿元）	2 417.1	2 572.5	2 642.8	2 748.0	2 965.0	3 005.9
	增速（%）	4.9	6.4	2.7	—	7.9	1.4
西藏	GDP 总量（亿元）	1 026.4	1 150.1	1 310.6	1 548.3	1 697.0	1 902.7
	增速（%）	11.5	12.1	14.0	—	9.6	12.1

资料来源：《中国统计摘要》（2016—2021 年）。

表 1-2　2015—2020 年旱区各省（区、市）人均可支配收入和最新增速

Table 1-2　Per capita disposable income and the latest growth ratio of provinces in arid areas from 2015 to 2020

省份	人均可支配收入（元）						最新增速（%）
	2015 年	2016 年	2017 年	2018 年	2019 年	2020 年	
陕西	17 395.0	18 873.7	20 635.2	24 666.3	22 528.3	26 226.0	16.4
西藏	12 254.3	13 639.2	15 457.3	17 286.1	19 501.3	21 744.1	11.5
青海	15 812.7	17 301.8	19 001.0	20 757.3	22 617.7	24 037.4	6.3
甘肃	13 466.6	14 670.3	16 011.0	17 488.4	19 139.0	20 335.1	6.2
山西	17 853.7	19 048.9	20 420.0	21 990.1	23 828.5	25 213.7	5.8
河北	18 118.1	19 725.4	21 484.1	23 445.7	25 664.7	27 135.9	5.7
宁夏	17 329.1	18 832.3	20 561.7	22 400.4	24 411.9	25 734.9	5.4
吉林	18 683.7	19 967.0	21 368.3	22 798.4	24 562.9	25 751.0	4.8
山东	22 703.2	24 685.3	26 929.9	29 204.6	31 597.0	32 885.7	4.1
河南	17 124.8	18 443.1	20 170.0	21 963.5	23 902.7	24 810.1	3.8
天津	31 291.4	34 074.5	37 022.3	39 506.1	42 404.1	43 854.1	3.4
新疆	16 859.1	18 354.7	19 975.1	21 500.2	23 103.4	23 844.7	3.2
内蒙古	22 310.1	24 126.6	26 212.2	28 375.7	30 555.0	31 497.3	3.1
辽宁	24 575.6	26 039.7	27 835.4	29 701.4	31 819.7	32 738.3	2.9
黑龙江	18 592.7	19 838.5	21 205.8	22 725.8	24 253.6	24 902.0	2.7
北京	48 458.0	52 530.4	57 229.8	62 361.2	67 755.9	69 433.5	2.5

资料来源：《中国统计摘要》（2016—2021 年）。

与非旱区 GDP 增速相比，旱区 GDP 增速较低，经济运行状况较差。相比 2019 年，各省（区、市）的 GDP 增速差距有所扩大，增速最高的西藏和增速最低的天津相差 12.2%。面对新冠肺炎疫情冲击尚未结束、外界经济环境形势复杂多变等问题，我国旱区经济虽总体向前发展，但经济增长速度有所放缓，只有西藏地区的增速较 2019 年显著提高，而天津地区的增长为负，其余旱区各省（区、市）的增速均显著降低。从人均可支配收入看，旱区居民人均可支配收入稳定增长，经济新常态下的收入变动幅度较小，说明当前旱区应对经济新常态的各类举措坚强有力，切实惠及民众。然而，山西、河北等省（区、市）人均可支配收入在中部地区偏低，西北地区经济体量总体偏小等情况也说明了旱区经济发展还有很大进步空间。

从旱区各省（区、市）的三类产业产值占比来看，除黑龙江外，第一产业产值占比均低于 20.0%（见图 1–7）。对于人均 GDP 排名靠前的北京和天津，其第一产业产值占比分别约为 0.3% 和 1.5%，不足 2.0%。这从侧面暴露了旱区第一产业产值小和生产效率低的现状。旱区各省（区、市）中，黑龙江的第一产业产值占比最高，为 25.1%；其次为新疆和甘肃，占比分别为 14.4% 和 13.3%。由于新冠肺炎疫情冲击，相比于 2019 年，第一产业产值占比有一定程度的上升。因农业生产效率较低，GDP 占比也较低，在早期的经济发展中并没有引起足够的重视，旱区第一产

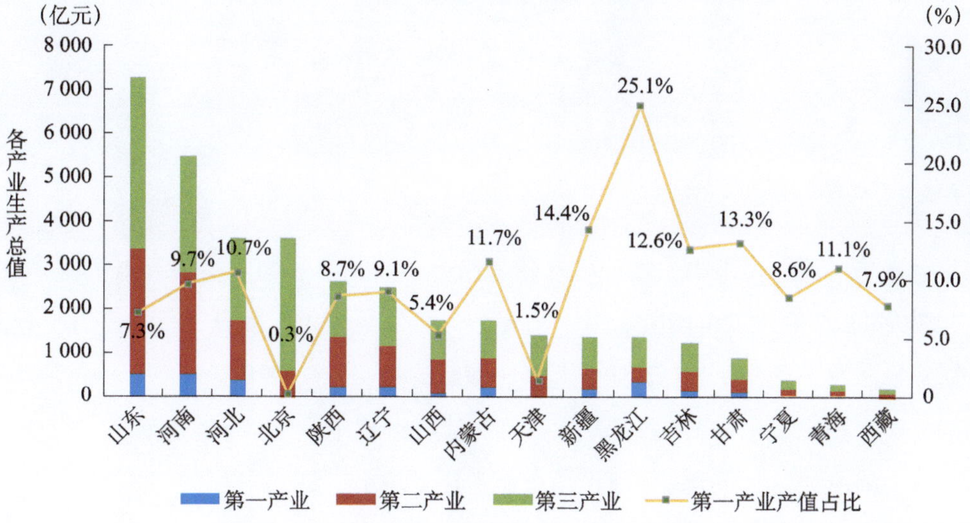

图 1–7　2020 年旱区各省（区、市）三类产业占比

Figure 1–7　The proportion of three types of industries in provinces in the arid areas in 2020

资料来源：《中国统计摘要 2021》。

业相比第二、第三产业存在显著不足。在经济新常态下，面对疫情冲击，经济结构转型需要根据当地自然环境，适当调整产业结构，为经济增长提供新动能。

旱区第一产业包含农、林、牧、渔四大部门。2020 年，旱区第一产业总产值为 55 738.5 亿元，农业在旱区各省（区、市）第一产业产值中所占的比例最大，其产值为 33 128.2 亿元，占比为 59.4%；畜牧业产值为 18 291.1 亿元，占比为 32.8%，仅次于农业；渔业和林业占比较小，产值分别为 2 756.2 亿元和 1 563 亿元，占比分别为 4.9% 和 2.8%（见图 1–8、附表 1）。考虑到旱区所处的地理环境，旱区各省（区、市）应该重点发展第一产业中的农业和畜牧业，以此带动旱区的经济发展。此外，农、林、牧、渔这四大部门的关系也基本稳定，从 2015 年到 2020 年，四大部门的产业结构比例系数基本不变，维持在 60：3：32：5 左右（见图 1–9）。

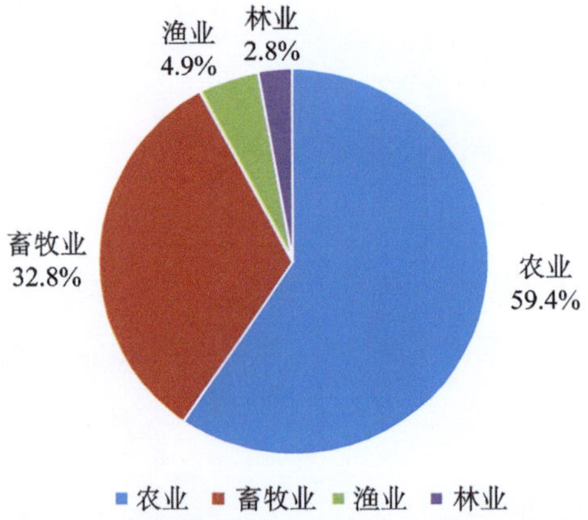

图 1–8　2020 年旱区第一产业产值的构成比例

Figure 1–8　The proportion of various industries in the first industry in arid areas in 2020

资料来源：《中国统计摘要 2021》。

旱区各省（区、市）第一产业的产值呈阶梯分布，第一梯队主要有山东、河南、河北、黑龙江，第二梯队则包括辽宁、新疆、陕西、内蒙古、吉林、甘肃、山西七省份，第三梯队有宁夏、青海、天津、北京、西藏五省份。从旱区各省（区、市）第一产业的分类产值来看（见图 1–10），农业均为第一产业中产值贡献最大的产业，其次是畜牧业，渔业和林业在第一产业产值中所占比重较小。

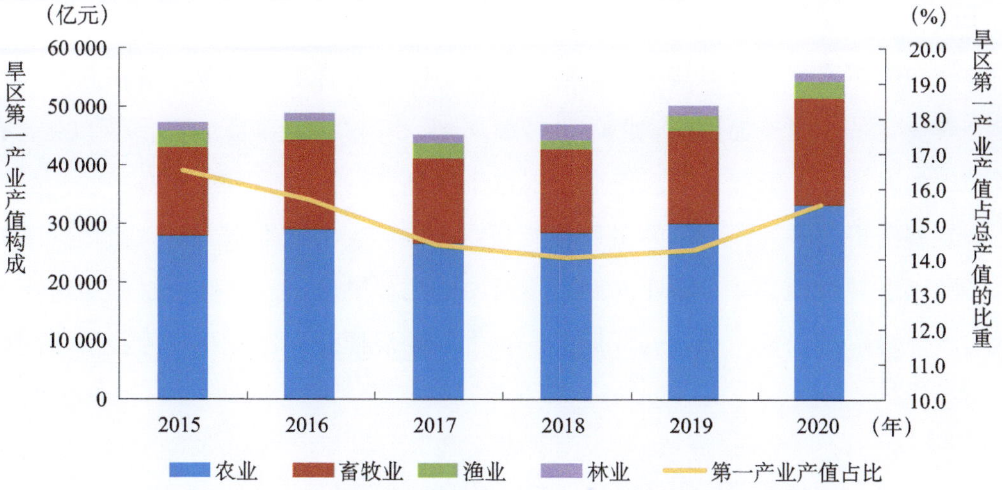

图 1-9　2015—2020 年旱区第一产业产值构成及 GDP 占比变化

Figure 1-9　The primary industry output structure and its proportion in GDP in the arid areas from 2015 to 2020

资料来源:《中国统计摘要》(2016—2021 年)。

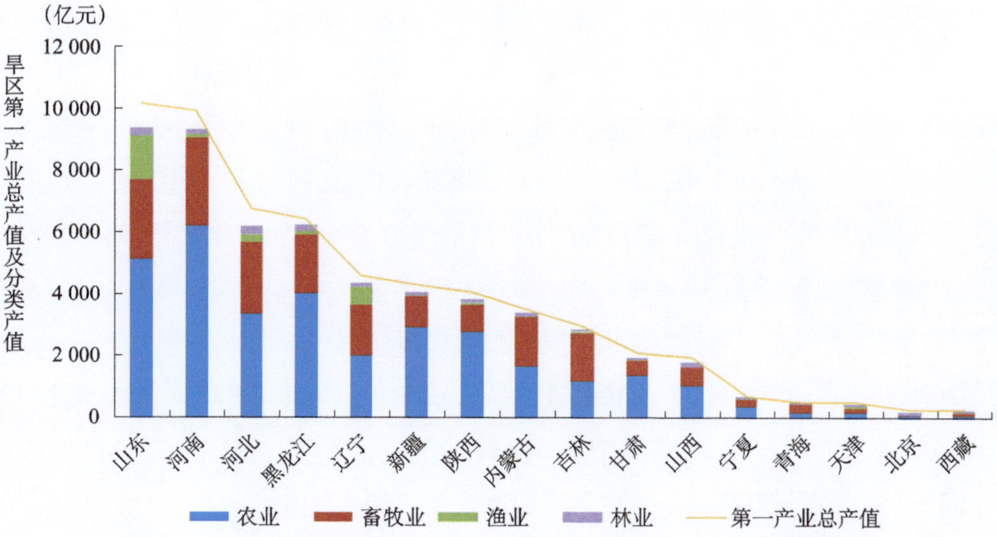

图 1-10　2020 年旱区各省(区、市)第一产业总产值及分类产值

Figure 1-10　The primary industry output and structure in the arid areas in 2020

资料来源:《中国统计摘要 2021》。

总体来看，虽然新冠肺炎疫情为中国经济发展和经济增长带来新的挑战，但并不会改变中国经济长期向好的根本趋势。旱区经济总体保持稳定增长，粮食继

续丰收，农产品市场供应丰富，农村产业融合发展总体水平明显提升，产业链条完整、功能多样、业态丰富、利益联结紧密、产城融合更加协调的新格局基本形成，农业竞争力明显提高，农民收入持续增加，农村活力显著增强。尽管农业有了较大的发展，但第二、第三产业发展水平不高，特别是储藏运输业、农产品加工业发展滞后。另外，农业的多种功能开发不够，农村的生态文明价值挖掘不充分，突出表现在新产业、新业态发育不足。因此，旱区在发展经济过程中应当根据自然环境适当调整产业结构，促进农业生产的规模化和高效率，为经济增长提供新动能。

1.3 旱区农业生产

2020 年，面对新冠肺炎疫情的冲击，农业农村系统深入贯彻习近平总书记重要指示批示精神，全面落实党中央、国务院决策部署，围绕做好“六稳”工作、落实“六保”任务，有效应对各种风险挑战，千方百计抓好农业生产，全力以赴做好粮食及“菜篮子”产品稳产保供工作，农业农村经济平稳发展为经济社会稳定大局和推进现代化进程提供了重要的支撑作用。总的来说，中国农业经济克服了新冠肺炎疫情及自然灾害等不利影响，总体保持稳定增长，粮食继续丰收，生猪生产能力不断恢复，农产品市场供应丰富，产业融合发展取得进展，脱贫攻坚任务全面完成，农民增收形势好于预期，城乡居民收入差距进一步缩小。但农产品及食品价位偏高且波动频繁，反映农业基础地位仍然需要巩固提高。

2020 年，我国国内生产总值比上年增长 2.3%，其中第一产业增加值 77 754 亿元，增长 3.0%；第二产业增加值 384 255 亿元，增长 2.6%；第三产业增加值 553 977 亿元，增长 2.1%。第一产业增加值占国内生产总值比重为 7.7%，第二产业增加值占比为 37.8%，第三产业增加值占比为 54.5%。这表明在现阶段，中国的第三产业发展迅速，第一、第二产业所占比例有所下降。但第一产业是国民经济的基础性产业，对于维护国家粮食安全、促进经济稳定有着不可替代的作用。旱区面积占全国国土面积过半，旱区耕地面积更是占全国耕地面积的六成，因而旱区农业也是我国第一产业的最重要组成部分。目前，旱区的主要农产品产量在全国农产品总产量中均占有较大比重，其产量对于保障国家粮食安全发挥着至关重要的作用，且有着深厚的农业发展基础，为产业融合发展提供了较好的农业支撑。

旱区农产品种类较为丰富，已成为我国重要且难以替代的农产品生产基地。虽然旱区的重要特征是干旱缺水，但 2019 年，旱区的粮食总产量在全国粮食产量的占比接近 60.0%，为 39 372.3 万吨，相比 2018 年提高了 1.8%，这也意味着旱区是我国主要的粮食产区。具体而言，在粮食作物产量方面，2019 年我国旱区生产了全国玉米总产量的 83.4%、小麦总产量的 71.8%、高粱总产量的 79.1%、花生总产量的 66.4%、大豆总产量的 73.8%、谷物总产量的 60.1%、马铃薯总产量的 42.3%（见图 1–11）。除粮食外，根据《中国农村统计年鉴 2020》的数据，2019 年旱区的奶类产量占全国奶类总产量的 89.4%、棉花占总产量的 93.6%、羊肉占总产量的 74.6%、牛肉占总产量的 72.0%、蔬菜占总产量的 37.2%、水果占总产量的 50.4%（见图 1–12）。

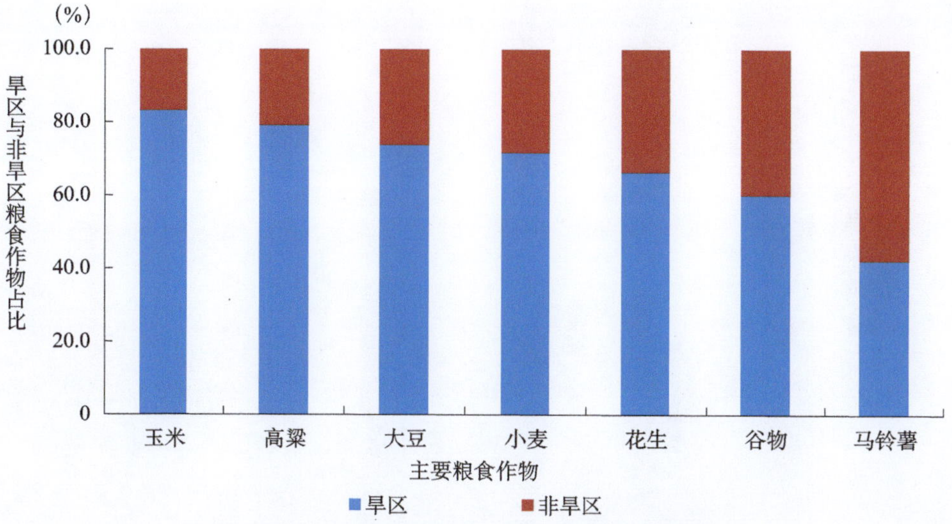

图 1–11　2019 年旱区粮食作物产量占比情况

Figure 1–11　The proportion of grain crop production in the arid areas in 2019

资料来源：《中国农村统计年鉴 2020》。

旱区各类农产品产量的波动情况也不尽相同（见图 1–13）。2014—2019 年，旱区的蔬菜产量在 2016 年达到顶峰，之后几年不断下降，而水果产量则持续波动，并没有明显的上升或下降趋势。相比于蔬菜和水果产量的变动趋势，旱区粮食总产量的变动相对缓慢，增长幅度较小（见附表 2）。从谷物、玉米和小麦这三种主要农作物的产量来看，2014—2019 年，旱区农作物的总体产量呈现缓慢增长的趋势。总

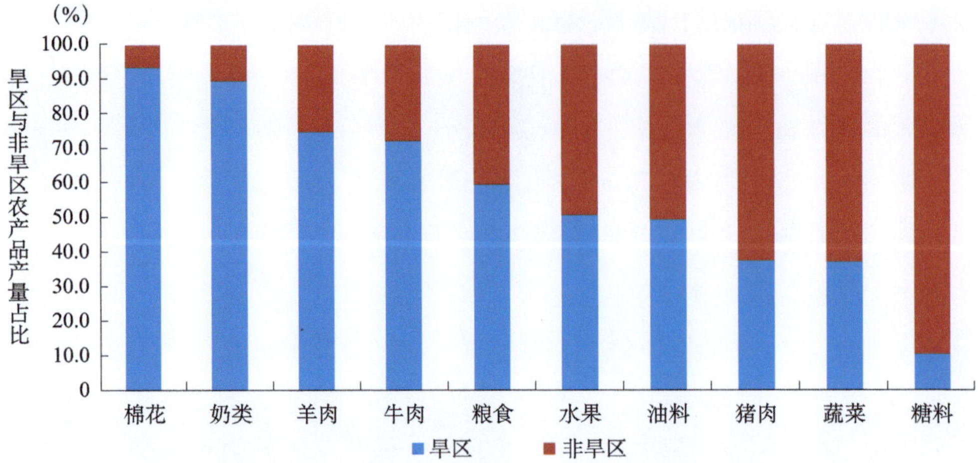

图 1-12　2019 年旱区主要农产品产量占比情况

Figure 1-12　The proportion of main agricultural output in the arid areas in 2019

资料来源:《中国农村统计年鉴 2020》。

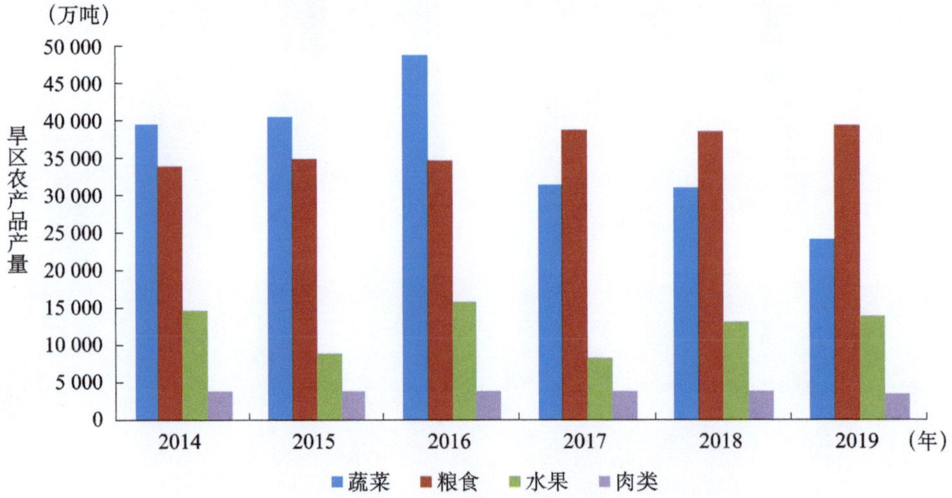

图 1-13　2014—2019 年旱区农产品产量变化

Figure 1-13　Changes of agricultural production in the arid areas from 2014 to 2019

资料来源:《中国农村统计年鉴》(2015—2020 年)。

体来看，谷物和小麦的产量偶有小幅回落，而玉米的产量增幅较为平稳。具体地，2019 年旱区谷物总产量为 36 905.1 万吨，小麦总产量为 9 587.2 万吨，玉米总产量为 21 749.1 万吨，相比 2018 年均有不同程度的提高（见图 1–14）。对于旱区的奶类而言，在 2014—2019 年，奶类的总产量基本保持不变。总体来看，除了棉花和肉类产量保持稳定外，从 2013 年到 2016 年，油料、糖料、蔬菜、水果的产量均呈现出较好的增长趋势，尤其是蔬菜和水果，产量大幅增加。但在 2017 年，蔬菜和水果的产量大幅下降，分别比 2016 年减少了 17 800.3 万吨和 2 368.2 万吨，到了 2019 年，旱区水果的产量有所增加，产量为 13 813.8 万吨（见附表 3）。

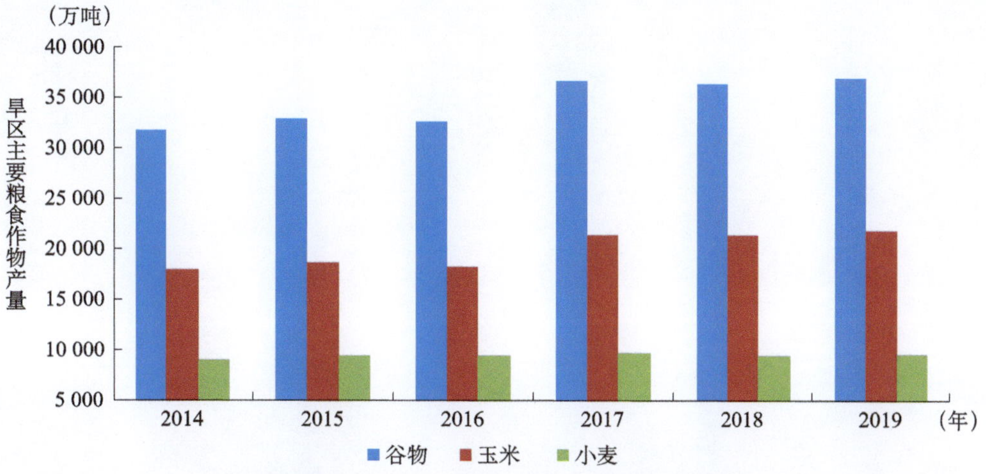

图 1-14　2014—2019 年旱区农作物产量变化

Figure 1-14　Changes of major crops production in the arid areas from 2014 to 2019

资料来源：《中国农村统计年鉴》（2015—2020 年）。

具体来看，黑龙江、河南、内蒙古和山东的农业机械化水平远高于旱区其他省（市、区）（见表 1-3），机器耕种、机器播种和机器收割面积位于全国前列，均大于 6 000 千公顷；而面积广袤的青海、西藏的农业机械水平较为落后，机器耕种的面积分别为 412.9 千公顷和 159.8 千公顷，机器播种面积分别为 321.3 千公顷和 137.5 千公顷，机器收割面积分别为 263.5 千公顷和 121.3 千公顷。

表 1-3　2019 年旱区各省（区、市）机器耕种、播种和收割面积

Table 1-3　Areas cultivated sown and harvested by machines in the provinces of the arid areas in 2019

单位：千公顷

省（区、市）	机器耕种	机器播种	机器收割
黑龙江	14 168.7	14 436.9	14 031.5
河南	9 445.4	11 518.0	11 313.1
内蒙古	7 089.6	7 872.4	6 466.1
山东	6 333.7	9 373.7	8 950.6

续表

省（区、市）	机器耕种	机器播种	机器收割
新疆	5 973.8	5 879.8	3 992.4
河北	5 435.6	6 689.2	5 839.3
吉林	4 783.2	5 506.2	4 822.6
辽宁	3 974.5	3 647.2	2 731.5
甘肃	3 158.2	1 840.9	1 496.8
陕西	3 053.7	2 122.1	1 899.2
山西	2 629.7	2 583.3	1 911.1
宁夏	912.0	713.4	619.4
青海	412.9	321.3	263.5
天津	318.0	379.5	341.0
西藏	159.8	137.5	121.3
北京	19.8	47.1	38.7

资料来源：《中国农村统计年鉴 2020》。

从旱区的灌溉面积和节水面积来看，2019 年旱区实际耕地灌溉面积为 33 442.4 千公顷，相比上年减少约 647.5 千公顷，占全国比重的 55.9%。节水灌溉面积为 24 513.8 千公顷，相比 2018 年增加了 597.0 千公顷，占全国节水灌溉面积的 67.8%。可以看到，虽然旱区农业灌溉比重尚不足 60.0%，但节水灌溉面积占比已超过其耕地面积占全国之比。以上数据说明旱区节水农业发展迅速。从具体的省（区、市）来看，河北、河南、山东、黑龙江和新疆的灌溉和节水灌溉面积远超旱区其他省，西北地区的灌溉和节水灌溉面积普遍较小，干旱程度较高（见图 1–15）。这说明旱区的灌溉面积和机械化水平类似，东北和中部地区农业大省较为发达，而西北地区较为落后，这一问题亟须改善。

在新冠肺炎疫情防控常态化下，农产品保供稳价是经济社会秩序维系的“压舱石”，也是经济社会发展的重要支撑。保障粮食等农产品充足丰富供给，是“六保”的重要构成内容，是提升全面建成小康社会成色的关键，也是确保居民生活水平持续提高的重要物质基础。旱区农业是我国农业的重要组成部分，全面提升旱地粮食生产水平和发展速度，对确保我国粮食安全和国民经济的可持续发展具有举足轻重的作用。面对旱区存在的三产融合不足、农业比较效益低和市场竞争力不强的问题，首先需要解决农业产需再平衡，这是有效保障旱区重要农产品供给安全的基础。依据各地

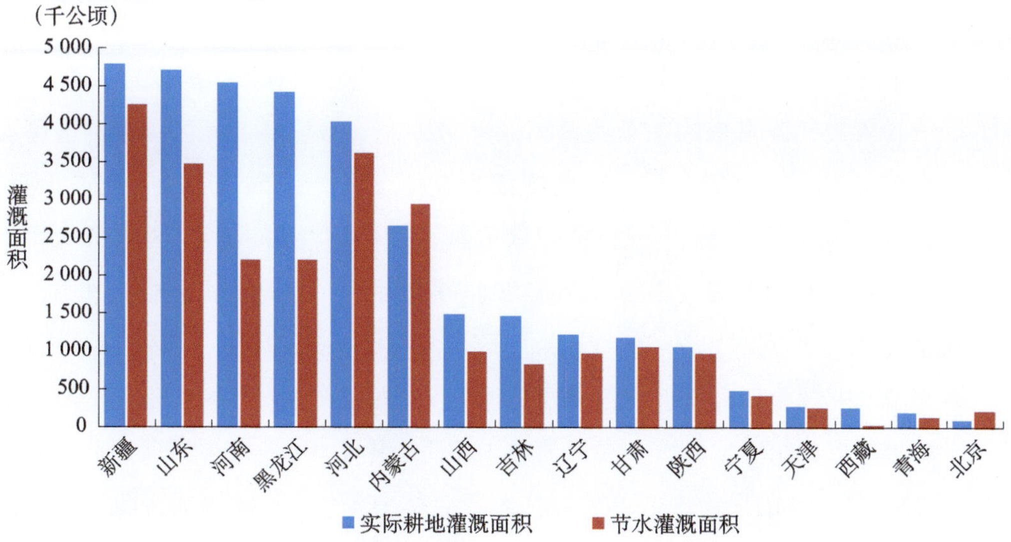

图 1-15　2019 年旱区各省（区、市）实际灌溉面积和节水灌溉面积

Figure 1-15　The actual irrigated area and water-saving irrigated area of the province in the arid areas in 2019

资料来源：《中国农村统计年鉴 2020》。

区资源禀赋和比较优势，优化重要农产品生产布局，扭转现行不合理激励结构下旱区农业生产结构与生产潜能之间的偏离，重视以产需再平衡为导向优化农业结构，处理好粮食生产“保产量”与“优结构”的关系，大力推进旱区农业产业结构升级，全力推进由要素拉动向创新拉动转换，利用科技推动旱区农业向前发展，完善农产品市场的稳定机制和强化风险防控能力，是推进旱区第一产业持续发展的关键。

1.4　旱区社会发展

经过改革开放 40 多年的发展，旱区社会生产力水平明显提升，居民收入水平提高、城乡差距缩小，城镇化水平进一步提高，并且旱区居民的医疗、卫生和自然环境条件有了明显改善，就业持续稳定，旱区社会发展总体呈现积极向好态势。然而旱区内部发展并不均衡，自东部地区向西部地区，居民收入、城镇化水平逐渐降低，部分省（区、市）城乡差异突出。针对旱区社会发展总体向好、区域发展不均衡的症状，应当抓住“一带一路”经济带建设机遇，激发中西部地区经济社会发展活力，实现体制和机制创新，全面提升中西部开放式经济水平。与此同时，中共中央、国务院积极推动形成新时代西部大开发新格局，为西部大开发注入新动力。因此，旱区在国家方针政策的引导和支持下，社会发展仍然具有很大的提升空间。

居民收入是经济发展的一个关键指标。2020 年，旱区各省（区、市）居民人均可支配收入约为 30 009.0 元，同比增幅为 4.4%。人均消费支出为 19 511.1 元，相比上一年下降了约 3.7%。在 2020 年新冠肺炎疫情的冲击下，旱区的居民收入水平仍旧保持增长的态势，但是消费支出水平受到了一定程度的影响。其中，城镇居民的人均可支配收入为 39 935.3 元，相比 2019 年提高了约 4.2%；乡村居民的人均可支配收入为 16 613.9 元，相比 2019 年增加了 7.6%。乡村居民收入的增长快于城镇居民，相应地，城乡居民的收入差距也由 2019 年的 2.5 下降到 2020 年的 2.4，持续低于全国平均水平（见附表 4）。总体来看，旱区城乡居民收入保持稳定增长态势，城乡差距缩小，但是受新冠肺炎疫情的影响，消费支出有一定程度的下降。

我国旱区地理区域分布广泛，既包括东部发达地区，也有中西部欠发达省份。从图 1-16 来看，旱区各省（区、市）经济发展不平衡，不同省（区、市）之间的居民人均可支配收入相差很大，其中北京为 69 433.5 元，属于第一梯队，远高于全国

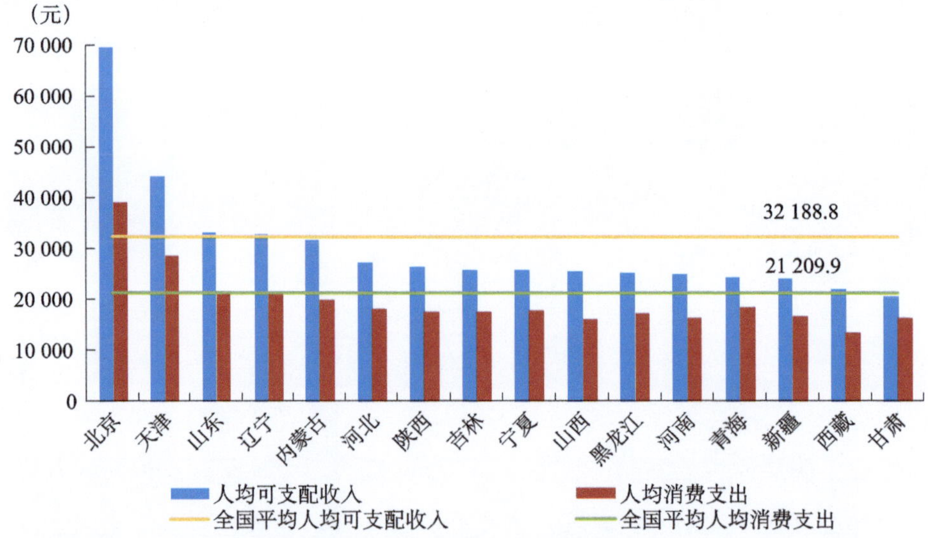

图 1-16　2020 年旱区各省（区、市）居民人均可支配收入和消费支出情况

Figure 1-16　Per capita disposable income and consumption expenditure of residents in the provinces in the arid areas in 2020

资料来源：《中国统计摘要 2021》。

平均水平，而天津、山东和辽宁属于第二梯队，也超过了 32 188.8 元的全国平均水平，其他省（区、市）则低于全国平均水平。相应地，人均消费支出也呈现类似的态势，除北京、天津外，旱区其他各省（区、市）的人均消费支出水平都低于全国平均水平。上述结果表明，旱区内部各省（区、市）发展不均衡，从东部向西，人均可支配收入和人均消费支出均呈现下降趋势。

旱区内部各省（区、市）除了地区发展不均衡的问题外，城乡收入水平也存在差异。从图 1–17 来看，西部地区的一些省份，如甘肃、陕西、青海、西藏等，其城乡居民收入差距较大，不但高于旱区各省（区、市）的平均城乡收入差距水平，也高于全国平均城乡收入差距水平。而东部沿海省份的城乡收入差距相对较小，山东、辽宁和天津等省份城乡收入差距低于全国平均水平。中部地区如内蒙古、山西等省份的城乡收入差距水平多介于全国平均水平与旱区平均水平之间。值得注意的是，北京的城乡收入差距较大，但北京和天津的农村居民人均可支配收入水平相当，因此这种较大的城乡收入差距主要是由北京城镇居民较高的收入水平导致的。从旱区各省（区、市）内部的城乡收入差距来看，西北地区呈现出城乡二元分化的现象，具体表现为农村居民人均可支配收入相对较低。

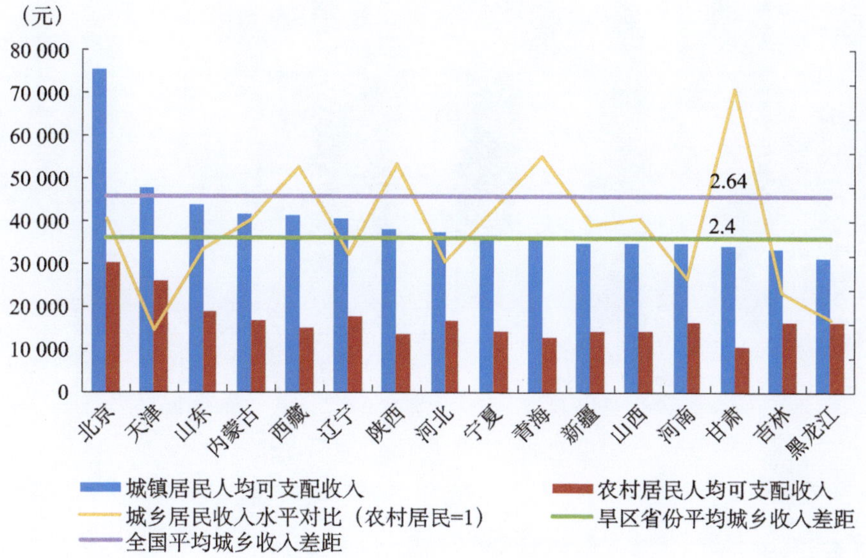

图 1–17　2020 年旱区各省（区、市）城乡居民收入差距

Figure 1–17　Income gap between urban and rural residents in the arid areas in 2020

资料来源：《中国统计摘要 2021》。

总体来看，旱区居民的收入稳步上升。受新冠肺炎疫情的影响，居民支出有所下滑，但旱区社会整体的发展呈现出稳中向好、稳中有进的大好局面。然而，旱区内部各省（区、市）之间的差异较大，自东部沿海省（区、市）向西，居民收入水平逐渐下降，城乡收入差距不断增大。旱区内部城乡发展不平衡的问题依然存在，但其经济仍具有较大发展潜力。促进旱区经济发展，应在供给侧结构性改革的深入推进下，紧紧围绕乡村振兴战略，培育经济增长新动能，推动旱区产业发展，尤其要出台系列政策支持旱区落后地区发展，进一步提高人民生活水平。

随着经济发展，第二、第三产业对劳动力的吸引力持续增加，教育医疗等产业不断在城市聚集，旱区的城镇化水平也不断加快，农村人口总数逐年减少，从 2014 年的 26 258 万人减少至 2019 年的 23 508 万人（见附表 5）。旱区农村人口占总人口的比重也不断下降，2019 年旱区农村人口占比为 40.0%，仅略高于全国 39.4% 的平均水平。旱区农村人口数量持续下降，相应地，城镇化水平不断提高（见图 1–18）。

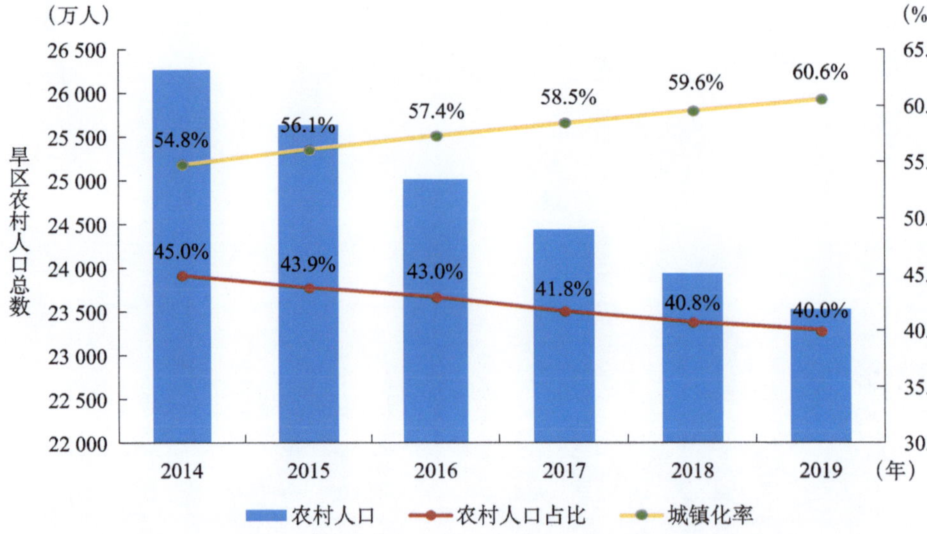

图 1–18　2014—2019 年旱区农村人口数变化

Figure 1–18　Changes in rural population in the arid areas from 2014 to 2019

资料来源：《中国农村统计年鉴》（2015—2020 年）。

同样，由于旱区各省（区、市）横跨中国东部、中部和西部，旱区内部的城镇化差异较大。如图 1–19 所示，西北地区，包括新疆、西藏、甘肃、青海等省（区、市）的城镇化水平较低，农村人口占比较大，高于全国平均水平。中部地区和东北地区，如陕西、吉林等地的城镇化水平与全国相当。而东部，如北京、天津、辽宁等省份的城镇化水平较高。此外，城镇化水平与农村人口数量并没有表现出明显的相关性，河南、河北、山东三个农业大省，其中河南农村人口最多，城镇化水平相对落后，但农村人口相近的山东省，城镇化水平却高于全国平均水平和旱区平均水平。河北省的农村人口相对较高，城镇化程度与全国平均水平相当。总体来看，虽然旱区的城镇化进程正稳步推进，但其内部各省（区、市）的城镇化水平差异较大，表现出从东向西依次递减的趋势。其次，农村人口总数并不一定会阻碍城镇化进程。城镇化的差异与城乡发展的差异类似，多和地理位置、经济发展水平等因素相关联。因此，促进旱区城镇化和城乡统筹发展，需要建立健全城乡融合发展体制机制和政策体系，加快推进农业农村现代化，推动旱区经济从多元发展向融合发展转变。

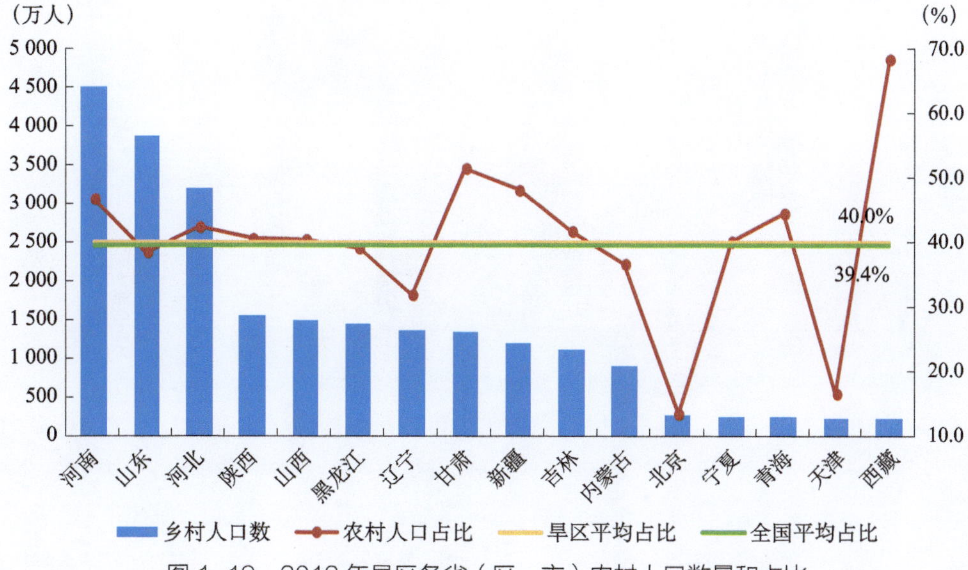

图 1-19　2019 年旱区各省（区、市）农村人口数量和占比

Figure 1-19　The number and proportion of rural population in the arid areas in 2019

资料来源：《中国农村统计年鉴 2020》。

社会发展不仅包括居民收入水平的提高、城市化和贫富差距的缩小，还包括居民生活质量的提高。随着经济水平的提高，旱区的医疗卫生事业也不断发展。如图 1–20 所示，2019 年年底，旱区的医疗条件有了大幅提高，平均每千人的卫生技术人员为 7.6 人、执业医师为 2.5 人、注册护士为 3.1 人，相比于 2014 年，分别提高了 27.7%、28.9% 和 14.0%。与此同时，旱区的公共卫生服务体系建设水平也有所改善，各地区逐步建立了纵横有序、功能互补的医疗保健体系。医疗卫生条件的改善和医疗体系的健全有效提高了旱区居民的健康水平。如图 1–21 所示，旱区大部分省（区、市）的死亡率低于全国平均水平（7.1‰），即使是西藏、宁夏等医疗条件相对不足的地区，死亡率也显著低于全国平均水平。其次，随着医疗条件的提高，西藏、宁夏、青海等地区的人口出生率显著高于 10.5‰ 的全国平均水平，而旱区部分地区的出生率则低于全国平均水平。可以看到，西藏、宁夏和青海等地区是医疗卫生条件改善最明显的受益者，得益于较高的出生率和较低的死亡率，上述地区的人口自然增长率最高。

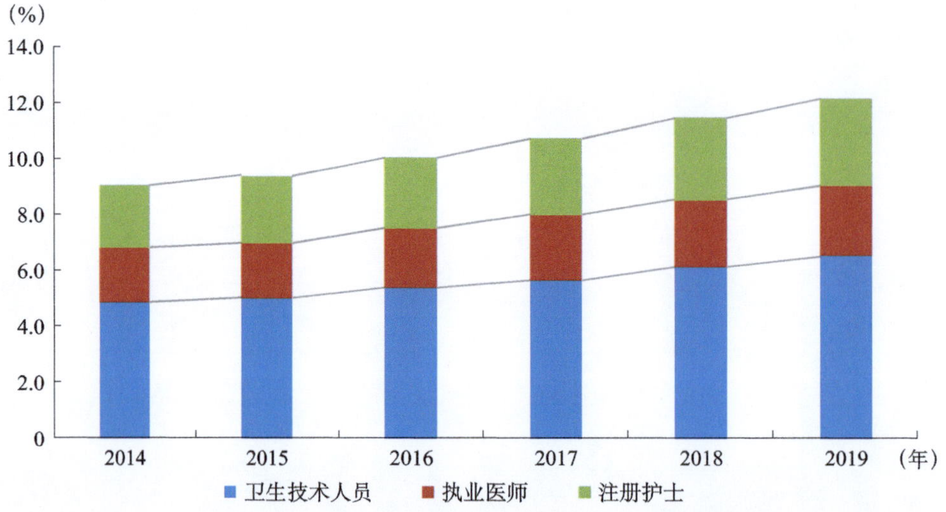

图 1-20　2014—2019 年旱区平均每千人医护人员变化情况

Figure 1-20　Changes of medical staff per 1000 people in the arid areas from 2014 to 2019

资料来源：《中国卫生健康统计年鉴》(2014—2020 年)。

除了医疗外，旱区的就业水平相对稳定。如图 1–22 所示，自 2014 年以来，旱区总体的城镇登记失业人员总数在 370 万—390 万人之间浮动，并无剧烈波动，相应地，旱区的平均失业率也维持在 3.2% 左右，与全国的平均失业水平相接近。稳定的就业说明旱区整体发展较为平稳，城镇化带来的城镇人口增加并没有引起显著的失业问题。

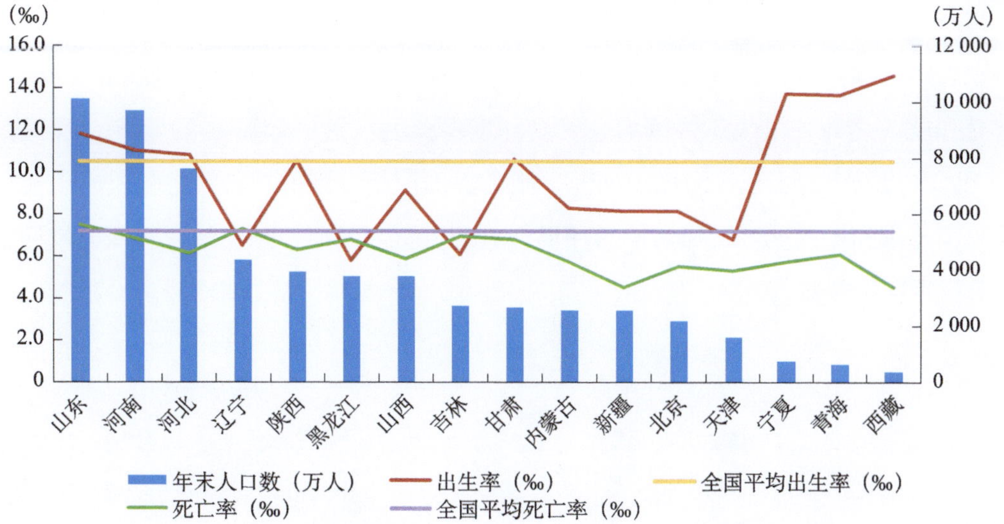

图 1-21　2019 年旱区各省（区、市）出生率、死亡率和人口情况

Figure 1-21　Birth rate, mortality rate and population in provinces in the arid areas in 2019

资料来源：《中国卫生健康统计年鉴 2020》。

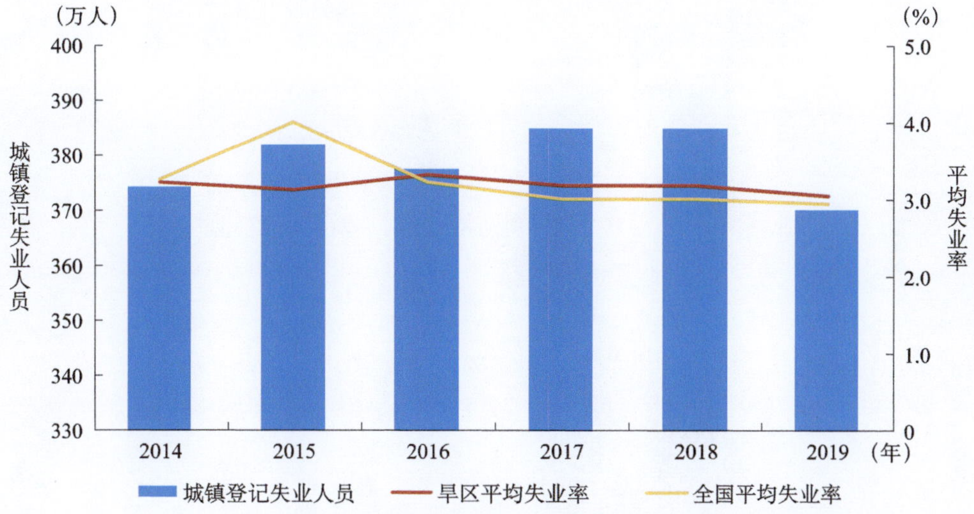

图 1-22　2014—2019 年旱区失业率和失业人数变化情况

Figure 1-22　Changes in unemployment rate and number of people working in the arid areas from 2014 to 2019

资料来源：《中国人口与就业年鉴》（2015—2020 年）。

目前，我国经济已由高速增长阶段转向高质量发展阶段，生态环境效益越来越得到社会的关注。2005 年 8 月，时任浙江省委书记的习近平在浙江省湖州市安吉县考察时提出“绿水青山就是金山银山”。环境污染治理是改善区域生态环境、保护绿水青山、满足人民群众日益增长的美好环境需要的重要途径。因此，除了医疗、教育和就业之外，旱区还持续加大了对环境保护的投资。如图 1–23 所示，旱区各省（区、市）中，山东、河南、河北、陕西、山西等地区的污染治理投资水平相对较高，北京和上述地区还加大了对环境保护的投资。然而，东北地区和西北地区的两类投资水平相对较低。

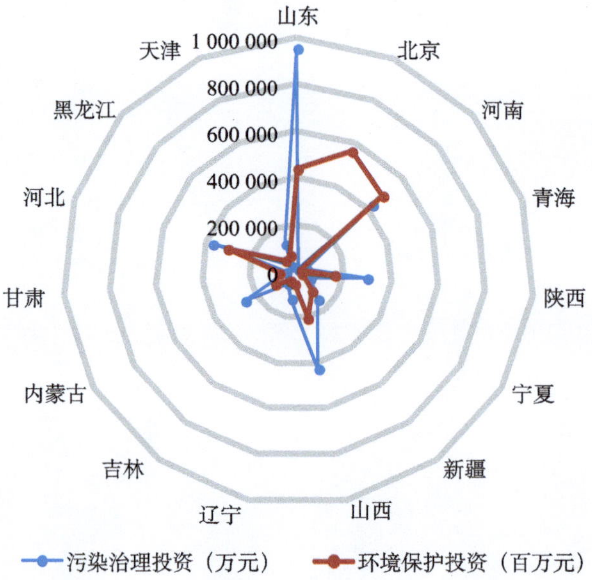

图 1–23　2019 年旱区环境污染治理和环境保护投资情况

Figure 1–23　Investment in environmental pollution control and environmental protection in the arid area in 2019

资料来源：《中国环境统计年鉴 2020》。

总体来看，在新冠肺炎疫情的冲击下，旱区的社会发展仍旧保持较好的势头，居民收入、消费、城镇化、城乡一体化发展平稳，在医疗、就业和环境保护等方面有明显提高。然而，旱区各省（区、市）内部的发展情况存在较大的差异，尤其是城乡一体化发展和城镇化水平，自东部沿海地区至西北地区，城镇化水平逐渐降低，城乡差异逐渐扩大，医疗水平也逐渐下降。因此，必须要抓住以城带乡，统筹城乡协调发展，带动农业产业升级和农村发展，加大对医疗等方面的投入，减少地区差异，维持旱区社会发展的良好态势，实现高质量发展、共同发展。

1.5 旱区相关支持政策

1.5.1 中共中央、国务院相关政策

（1）2020 年中央一号文件。2020 年 1 月 2 日，中共中央、国务院发布《中共中央 国务院关于抓好“三农”领域重点工作确保如期实现全面小康的意见》。中央连续 17 年发布中央一号文件以指导“三农”工作，充分体现了党中央对“三农”问题的重视。2016—2020 年公布的中央一号文件的主题与主要内容如表 1–4 所示。2020 年中央一号文件主要内容包括以下五个部分：①坚决打赢脱贫攻坚战；②对标全面建成小康社会加快补上农村基础设施和公共服务短板；③保障重要农产品有效供给和促进农民持续增收；④加强农村基层治理；⑤强化农村补短板保障措施。农业农村农民问题是关系国家长远发展的根本性问题，党的十九大以来，党中央坚持把解决好“三农”问题作为全党工作重中之重，持续加大强农惠农富农政策力度，扎实推进农业现代化和新农村建设，农业农村发展取得了历史性成就。旱区部分地区曾是贫困程度最深、脱贫难度最大的地区，也是如期实现全面小康、打赢脱贫攻坚战的关键所在，2020 年中央一号文件把打赢脱贫攻坚战放在首要位置，为新时期旱区农业农村建设补短板提供政策保障。

表 1–4　2016—2020 年中央一号文件主题

Table 1–4　Topics of the Central NO.1 Policy from 2016 to 2020

年份	中央一号文件主题	主要内容
2020 年	确保如期实现全面小康	坚决打赢脱贫攻坚战； 对标全面建成小康社会加快补上农村基础设施和公共服务短板； 保障重要农产品有效供给和促进农民持续增收； 加强农村基层治理； 强化农村补短板保障措施
2019 年	坚持农业农村优先发展做好“三农”工作	聚力精准施策，决战决胜脱贫攻坚； 夯实农业基础，保障重要农产品有效供给； 扎实推进乡村建设，加快补齐农村人居环境和公共服务短板； 发展壮大乡村产业，拓宽农民增收渠道； 全面深化农村改革，激发乡村发展活力； 完善乡村治理机制，保持农村社会和谐稳定

续表

年份	中央一号文件主题	主要内容
2018 年	实施乡村振兴战略	提升农业发展质量，培育乡村发展新动能； 推进节水供水重大水利工程，实施农村饮水安全巩固提升工程； 集中力量推进高标准农田建设； 建立高标准农田建设等新增耕地指标跨省域调剂机制； 深入实施农业科研杰出人才计划和杰出青年农业科学家项目
2017 年	推进农业供给侧结构性改革	持续加强农田基本建设，保护优化粮食产能； 推进重大水利工程建设，抓紧修复水毁灾损农业设施和水利工程； 加强水利薄弱环节和“五小水利”工程建设； 大规模实施农业节水工程，大力普及节水灌溉技术； 实施智慧农业工程，推进农业物联网试验示范和农业装备智能化
2016 年	落实发展新理念加快农业现代化，实现全面小康目标	大规模推进高标准农田建设，建设生态友好型高标准农田； 大规模推进农田水利建设，加快重大水利工程建设； 强化现代农业科技创新推广体系建设，强化现代农业产业技术体系建设

做好 2020 年“三农”工作要求坚持以习近平新时代中国特色社会主义思想为指导，全面贯彻党的十九大和十九届二中、三中、四中全会精神，贯彻落实中央经济工作会议精神，对标对表全面建成小康社会目标，强化举措、狠抓落实，集中力量完成打赢脱贫攻坚战和补上全面小康“三农”领域突出短板两大重点任务，持续抓好农业稳产保供和农民增收，推进农业高质量发展，保持农村社会和谐稳定，提升农民群众获得感、幸福感、安全感，确保脱贫攻坚战圆满收官，确保农村同步全面建成小康社会。2020 年国务院主要涉农政策法规文件如表 1–5 所示。

表 1–5　2020 年国务院主要涉农政策法规文件

Table 1–5　Main agricultural policies and regulations of the State Council in 2020

序号	颁文字号	主　题
1	国办发明电〔2020〕24 号	关于坚决制止耕地“非农化”行为的通知
2	国办发〔2020〕31 号	关于促进畜牧业高质量发展的意见
3	国办发〔2020〕33 号	关于促进特色小镇规范健康发展意见的通知
4	国办发〔2019〕56 号	关于加强农业种质资源保护与利用的意见

资料来源：中国资讯行，根据资料进行不完全整理得到。

（2）《国务院办公厅关于坚决制止耕地“非农化”行为的通知》。耕地是粮食生产的重要基础，解决好 14 亿人口的吃饭问题，必须守住耕地这个根基。党中央、国务院高度重视耕地保护，习近平总书记作出重要指示批示，李克强总理提出明确要求。近年来，党中央、国务院出台了一系列严格耕地保护的政策措施，但一些地方仍然存在违规占用耕地开展非农建设的行为，有的违规占用永久基本农田绿化造林；有的在高速铁路、国道省道（含高速公路）、河渠两侧违规占用耕地超标准建设绿化带；有的大规模挖湖造景，对国家粮食安全构成威胁。地方各级人民政府要增强“四个意识”、坚定“四个自信”、做到“两个维护”，按照党中央、国务院决策部署，采取有力措施，强化监督管理，落实好最严格的耕地保护制度，坚决制止各类耕地“非农化”行为，坚决守住耕地红线。该通知要求：①严禁违规占用耕地绿化造林。要严格执行土地管理法、基本农田保护条例等法律法规，禁止占用永久基本农田种植苗木、草皮等用于绿化装饰以及其他破坏耕作层的植物。②严禁超标准建设绿色通道。要严格控制铁路、公路两侧用地范围以外绿化带用地审批，今后新增的绿色通道，要依法依规建设，确需占用永久基本农田的，应履行永久基本农田占用报批手续。③严禁违规占用耕地挖湖造景。禁止以河流、湿地、湖泊治理为名，擅自占用耕地及永久基本农田挖田造湖、挖湖造景。不准在城市建设中违规占用耕地建设人造湿地公园、人造水利景观。④严禁占用永久基本农田扩大自然保护地。新建的自然保护地应当边界清楚，不准占用永久基本农田。⑤严禁违规占用耕地从事非农建设。加强农村地区建设用地审批和乡村建设规划许可管理，坚持农地农用。不得违反规划搞非农建设、乱占耕地建房等。⑥严禁违法违规批地用地。批地用地必须符合国土空间规划，凡不符合国土空间规划以及不符合土地管理法律法规和国家产业政策的建设项目，不予批准用地。⑦全面开展耕地保护检查。各省（区、市）人民政府要组织有关部门，结合2016—2020年省级政府耕地保护责任目标考核，对本地区耕地及永久基本农田保护情况进行全面检查，严肃查处违法占用和破坏耕地及永久基本农田的行为，对发现的问题限期整改。⑧严格落实耕地保护责任。各地区各部门要充分认识实行最严格耕地保护制度的极端重要性。

（3）《国务院办公厅关于促进畜牧业高质量发展的意见》。畜牧业是关系国计民生的重要产业，畜牧业在保障国家食物安全、繁荣农村经济、促进农牧民增收等方面发挥了重要的作用。旱区内像内蒙古、新疆、河南、山东等地畜牧业十分发达，是重要的肉蛋奶等畜牧产品生产区。为了保障百姓肉蛋奶等畜牧产品供应安全，需促进畜牧业高质量发展，全面提升畜禽产品供应安全保障能力。国务院办公厅为推进畜牧业高质量发展，以实施乡村振兴战略为引领，以农业供给侧结构性改革为主线，加快构建现代畜禽养殖、动物防疫和加工流通体系。该意见提出以下发展目标：①畜牧业整体竞争力稳步提高，动物疫病防控能力明显增强，绿色发展水平显著提高，畜禽产品供应安全保障能力大幅提升。②猪肉自给率保持在 95% 左右，牛羊肉自给率保持在 85% 左右，奶源自给率保持在 70% 以上，禽肉和禽蛋实现基本自给。到 2025 年畜禽养殖规模化率和畜禽粪污综合利用率分别达到 70% 以上和 80% 以上，到 2030 年分别达到 75% 以上和 85% 以上。

（4）《国务院办公厅转发国家发展改革委关于促进特色小镇规范健康发展意见的通知》。特色小镇作为一种微型产业集聚区，具有细分高端的鲜明产业特色、产城人文融合的多元功能特征、集约高效的空间利用特点，在推动经济转型升级和新型城镇化建设中具有重要作用。近年来，各地特色小镇建设取得一定成效，涌现出一批产业特而强、功能聚而合、形态小而美、机制新而活的精品特色小镇，但也出现了部分特色小镇概念混淆、内涵不清、主导产业薄弱等问题。为加强对特色小镇发展的顶层设计、激励约束和规范管理，该文件提出以下意见：①指导思想。以习近平新时代中国特色社会主义思想为指导，全面贯彻党的十九大和十九届二中、三中、四中全会精神，坚持稳中求进工作总基调，坚持新发展理念，以准确把握特色小镇发展定位为前提，以培育发展主导产业为重点，促进产城人文融合，突出企业主体地位，健全激励约束机制和规范管理机制，有力有序有效推进特色小镇高质量发展，为扎实做好“六稳”工作、全面落实“六保”任务提供抓手，为坚定实施扩大内需战略和新型城镇化战略提供支撑。②主要任务。准确把握发展定位，准确理解特色小镇概念，以微型产业集聚区为空间单元进行培育发展，不得将行政建制镇和传统产业园区命名为特色小镇；聚力发展主导产业，聚焦行业细分门类，科学定位特色小镇主导产业，提高主导产业质量效益，切实增强产业核心竞争力。错位发展先进制造类特色小镇，信息、科创、金融、教育、商贸、文化旅游、森林、体育、康养等现代服务类特色小镇，以及农业田园类特色小镇，打造行业“单项冠军”；促进产城人文融合，叠加旅游功能，加强遗产遗迹保护，因地制宜开展绿化亮化美化，打造彰显地域特征的特色建筑，保护修复生态环境；突出企业主体地位，推进特色小镇市场化运作，以企业投入为主、以政府有效精准投资为辅，依法合规建立多元主体参与的特色小镇投资运营模式；促进创业带动就业，因地制宜培育特色小镇创新创业生态，提高就业吸纳能力，结合主导产业加强创业就业技能培训服务，提高创业者和劳动者技能素质；完善产业配套设施，着眼特色小镇主导产业发展所需，健全公共性、平台性产业配套设施，惠及更多市场主体；开展改革探索试验，开展供地用地方式改革，鼓励建设用地多功能复合利用，盘活存量建设用地和低效土地，稳妥探索农村集体经营性建设用地直接入市交易。

（5）《国务院办公厅关于加强农业种质资源保护与利用的意见》。农业种质资源是保障国家粮食安全与重要农产品供给的战略性资源，是农业科技原始创新与现代种业发展的物质基础。近年来，我国农业种质资源保护与利用工作取得积极成效，但仍存在丧失风险加大、保护责任主体不清、开发利用不足等问题。为加强农业种质资源保护与利用工作，经国务院同意，该文件提出如下意见：①总体要求。以习近平新时代中国特色社会主义思想为指导，全面贯彻党的十九大和十九届二中、三中、四中全会精神，落实新发展理念，以农业供给侧结构性改革为主线，进一步明确农业种质资源保护的基础性、公益性定位，坚持保护优先、高效利用、政府主导、多元参与的原则，创新体制机制，强化责任落实、科技支撑和法治保障，构建多层次收集保护、多元化开发利用和多渠道政策支持的新格局，为建设现代种业强国、保障国家粮食安全、实施乡村振兴战略奠定坚实基础。②开展系统收集保护，实现应保尽保。开展农业种质资源（主要包括作物、畜禽、水产、农业微生物种质资源）全面普查、系统调查与抢救性收集，加快查清农业种质资源家底，全面完成第三次全国农作物种质资源普查与收集行动，加大珍稀、濒危、特有资源与特色地方品种收集力度，确保资源不丧失。③强化鉴定评价，提高利用效率。以优势科研院所、高等院校为依托，搭建专业化、智能化资源鉴定评价与基因发掘平台，建立全国统筹、分工协作的农业种质资源鉴定评价体系。④建立健全保护体系，提升保护能力。健全国家农业种质资源保护体系，实施国家和省级两级管理，建立国家统筹、分级负责、有机衔接的保护机制。⑤推进开发利用，提升种业竞争力。组织实施优异种质资源创制与应用行动，完善创新技术体系，规模化创制突破性新种质，推进良种重大科研联合攻关。深入推进种业科研人才与科研成果权益改革，鼓励农业种质资源保护单位开展资源创新和技术服务，建立国家农业种质资源共享利用交易平台，支持创新种质上市公开交易、作价到企业投资入股。⑥完善政策支持，强化基础保障。加强对农业种质资源保护工作的政策扶持。中央和地方有关部门可按规定通过现有资金渠道，统筹支持农业种质资源保护工作。⑦加强组织领导，落实管理责任。各省（区、市）人民政府要切实督促落实省级主管部门的管理责任、市县政府的属地责任和农业种质资源保护单位的主体责任，将农业种质资源保护与利用工作纳入相关工作考核。

1.5.2 各部委相关政策

除中共中央、国务院颁布的相关政策外，国务院的相关部门也积极出台政策，着力推动农业的高质量发展（见表 1–6）。

表 1–6 2020 年各部委主要涉农政策法规文件

Table 1–6 Main agricultural regulations and policies of the Ministries in 2020

序号	发文机构	颁文字号	主题
1	财政部	财办建〔2020〕48 号	关于做好 2020 年电子商务进农村综合示范工作的通知
2	财政部	财办〔2020〕37 号	进一步加强惠民惠农财政补贴资金“一卡通”管理
3	农业农村部	农办市〔2020〕9 号	关于印发《中国特色农产品优势区管理办法（试行）》的通知
4	农业农村部	农产发〔2020〕9 号	关于促进农产品加工环节减损增效的指导意见
5	自然资源部	自然资规〔2019〕4 号	关于设施农业用地管理有关问题的通知

说明：“发文机构”仅列出政策文件中排序第一的部门名称。

资料来源：中国资讯行，根据资料进行不完全整理得到。

（1）财政部等《关于做好 2020 年电子商务进农村综合示范工作的通知》。为贯彻落实中央一号文件部署，推进电子商务进农村，建立农村现代市场体系，助力脱贫攻坚和乡村振兴，财政部、商务部、国务院扶贫办决定 2020 年继续开展电子商务进农村综合示范。以习近平新时代中国特色社会主义思想为指导，全面贯彻党的十九大和十九届二中、三中、四中全会精神，聚焦脱贫攻坚和乡村振兴，落实高质量发展要求，坚持以人民为中心，深入开展电子商务进农村综合示范，以现代信息技术为依托，以创新引领农村流通转型升级，以信息化驱动农业农村现代化，夯实农村物流设施设备基础，健全农村电商公共服务体系，培育壮大农村市场主体，畅通农产品进城和工业品下乡，满足农村居民美好生活需求。以期扩大电子商务进农村覆盖面，促进形成线上线下融合、商品和服务并重、农产品进城和工业品下乡畅通的农村现代市场体系，培育一批各具特色、经验可复制推广的示范县，降低农村物流成本，扩大农村消费，使农村网络零售额、农产品网络零售额年均增速高于全国平均水平。“三区三州”深度贫困地区可结合实际，制定合理可行的发展目标。鼓励各地优先采取贷款贴息、购买服务、以奖代补等支持方式，加快资金拨付进度，提高资金使用效益，通过中央财政资金引导带动社会资本，共同参与农村电子商务工作。财政资金重点支持农产品进城，兼顾工业品下乡，对承担疫情防控相关重要物资保供任务，且工作突出的电商、物流、商贸流通企业在同等条件下予以适当倾斜。

（2）财政部等《关于进一步加强惠民惠农财政补贴资金“一卡通”管理的指导意见》。近年来，随着国家惠民惠农政策力度不断加大，大量财政补贴资金通过直接汇入受益群众银行卡、存折等（以下统称“一卡通”）方式发放，对方便服务群众起到了积极作用，但也存在补贴项目零碎交叉、补贴资金管理不规范、补贴发放不及时不精准等突出问题，影响了政策实施效果。2019 年，国务院有关部门深入开展专项治理活动，在严肃查处相关突出问题的同时，探索形成了一批可复制、可推广的治理措施。为深化治理成效，进一步加强惠民惠农财政补贴资金“一卡通”管理，经国务院同意，财政部提出如下指导意见：①指导思想。以习近平新时代中国特色社会主义思想为指导，深入贯彻党的十九大和十九届二中、三中、四中、五中全会精神，按照党中央、国务院决策部署，以着力整治群众身边的腐败问题为突破口，调整优化惠民惠农财政补贴政策体系，建立健全监管长效机制，坚决斩断伸向惠民惠农财政补贴资金的“黑手”，确保各项惠民惠农政策落地见效，不断增强人民群众的获得感、幸福感。②向社会公布补贴政策清单。各省份要抓紧梳理本地区补贴政策和项目，综合运用监督检查、调研核查、绩效评价、预算管理等手段，加快补贴政策和项目资金清理整合进度。③规范代发金融机构。各省级政府要依法选择基层网点多、服务质量好、优惠便利群众的金融机构代发补贴资金，对代发金融机构在资金支付、补贴通知、便捷取款、数据安全等方面提出明确要求，推动其提供高质量服务。④规范补贴资金发放流程。各省份要堵塞漏洞，制定涵盖补贴资金申报、审核、发放、公开公示等环节的操作规范，实现管理规章制度化、程序流程规范化、操作权限明确化。通过事前现场抽查审核、事中随机抽查、事后专项核查、大数据辅助核对等，强化对补贴资金的审核和监管。⑤搭建集中统一管理平台。各省份要充分依托已有设施，尽快搭建集中统一的补贴资金发放和管理平台，对补贴资金核实、比对、支付、发放、公开公示等重要环节数据进行集中采集和管理，并按要求定期向国务院有关部门上报平台数据。⑥依法依规公开补贴信息。各省份要更多利用信息化手段做好补贴信息公开工作。除涉及个人隐私的外，依托“互联网＋政务服务”、大数据管理等，充分发挥政府或部门门户网站、政务新媒体、政务公开栏等平台作用，尽快形成集中统一的补贴信息公开、查询和投诉举报专栏。

（3）农业农村部办公厅等《关于印发〈中国特色农产品优势区管理办法（试行）〉的通知》。为加强中国特色农产品优势区（以下简称“中国特优区”）管理，做大做强特色农业产业，塑强中国农业品牌，提升农业竞争力，促进农民增收致富，助力乡村振兴，根据《中共中央国务院关于实施乡村振兴战略的意见》《乡村振兴战略规划（2018—2022 年）》《特色农产品优势区建设规划纲要》等文件要求，制定了《中国特色农产品优势区管理办法（试行）》。中国特优区立足区域资源禀赋，以经济效益为中心、农民增收为目的，坚持市场导向、标准引领、品牌号召、主体作为、地方主抓的原则，以发展特色鲜明、优势集聚、产业融合、市场竞争力强的农业产业为重点，打造“中国第一，世界有名”的特色农产品优势区。中国特优区具备以下特征：①比较优势明显，特色主导产业资源禀赋好、种养规模适度、市场化程度高，安全、绿色、品牌产品比例高。②产业融合发展，特色主导农产品生产、加工、储运、销售集群式发展，全产业链开发水平较高。③现代要素集聚，土地、资本、人才、科技、装备等要素集聚，劳动生产率、土地产出率、资源利用率较高。④利益链条完整，企业、协会、农民合作社、农户形成紧密利益联结关系，合理分享产业发展收益。⑤运行机制完善，形成政府引导、市场主导、主体多元、协会服务、农民参与的齐抓共建、协同推进的发展格局。中国特优区所在地政府应加强组织领导，可将当地农业特色产业纳入本地经济建设重点，制定相应扶持政策。农业农村、林草等部门牵头负责做好规划建设。鼓励农业产业化龙头企业、林业重点龙头企业、农民合作社和协会等主体积极参与，承担相关工作，推进特色产业高效发展，构建紧密型的利益联结机制，有效带动农民增收致富。

（4）农业农村部《关于促进农产品加工环节减损增效的指导意见》。近年来，农产品加工业快速发展，成为乡村产业的主体力量，为促进农业提质增效、农民就业增收发挥了重要作用。但农产品加工不足和加工过度问题突出，造成加工环节损失较多，影响粮食等主要农产品有效供给和加工业质量效益提升。为贯彻落实党中央、国务院部署，促进农产品加工业高质量发展，农业农村部提出以下意见：①指导思想。以习近平新时代中国特色社会主义思想为指导，以推动高质量发展为主题，以实施乡村振兴战略为总抓手，紧扣保障国家粮食安全目标，聚焦加工环节，突出标准引领，强化创新驱动，引导农产品合理加工、深度加工、综合利用加工，推进农产品多元化开发、多层次利用、多环节增值，实现减损增供、减损增收、减损增效，促进农产品加工业优化升级，为乡村全面振兴和农业农村现代化提供有力支撑。②加强设施建设，发展农产品初加工减损增效。支持农民合作社、家庭农场和中小微企业等，建设烘干和储藏等设施，延长供应时间，有效降低损耗，促进提升品质。③改进工艺装备，发展农产品精深加工减损增效。促进口粮品种适度加工和农产品深度加工。④推行绿色生产，发展综合利用加工减损增效。推进粮油类副产物综合利用，引导粮油加工企业应用低碳低耗、循环高效的绿色加工技术。⑤强化标准引领，推进农产品加工创新减损增效。完善农产品加工标准体系，按照“有标采标、无标创标、全程贯标”要求，制、修订农产品加工业国家标准和行业标准，建立适宜的农产品及其加工制品评判标准体系。开展加工技术创新。推进加工装备创制。⑥加强组织领导，保障农产品加工减损增效措施落实到位，强化统筹协调、政策扶持和宣传引导。

（5）自然资源部、农业农村部《关于设施农业用地管理有关问题的通知》。随着农业现代化水平不断提升，设施农业生产日益增多，用地面临新的情况和需求。为改进用地管理，建立长效机制，促进现代农业健康发展，两部委作出通知如下：①设施农业用地包括农业生产中直接用于作物种植和畜禽水产养殖的设施用地。其中，作物种植设施用地包括作物生产和为生产服务的看护房、农资农机具存放场所等，以及与生产直接关联的烘干晾晒、分拣包装、保鲜存储等设施用地；畜禽水产养殖设施用地包括养殖生产及直接关联的粪污处置、检验检疫等设施用地，不包括屠宰和肉类加工场所用地等。②设施农业属于农业内部结构调整，可以使用一般耕地，不需落实占补平衡。种植设施不破坏耕地耕作层的，可以使用永久基本农田，不需补划；破坏耕地耕作层，但由于位置关系难以避让永久基本农田的，允许使用永久基本农田但必须补划。养殖设施原则上不得使用永久基本农田，涉及少量永久基本农田确实难以避让的，允许使用但必须补划。③各类设施农业用地规模由各省（区、市）自然资源主管部门会同农业农村主管部门根据生产规模和建设标准合理确定。其中，看护房执行“大棚房”问题专项清理整治整改标准，养殖设施允许建设多层建筑。④市、县自然资源主管部门会同农业农村主管部门负责设施农业用地日常管理。国家、省级自然资源主管部门和农业农村主管部门负责通过各种技术手段进行设施农业用地监管。设施农业用地由农村集体经济组织或经营者向乡镇政府备案，乡镇政府定期汇总情况后汇交至县级自然资源主管部门。涉及补划永久基本农田的，须经县级自然资源主管部门同意后方可动工建设。

2 旱区农业科技资源配置

农业科技资源是从事农业科技活动的基础条件，是发展农业科技而作为必要投入的经费、人力资源和创新资源等的总称。农业科技资源的投入水平和科技资源配置效率对促进农业经济增长具有重要影响作用。“十三五”以来，农业科技持续助力农业农村发展，我国农业现代化发展迈上新台阶。2020 年全国农业科技进步贡献率超 60%，耕种收综合机械化率达 71%。我国秸秆综合利用率达到 86%，585 个畜牧大县整县推进畜禽粪污资源化利用，畜禽粪污综合利用率超过 75%，农膜回收率达到 80%。

近年来，我国旱区农业研发与创新能力持续提升，旱区科技创新速度加快，农业科技研发周期缩短，农业科技成果产业化加快，科技成果推广应用辐射能力不断增强。因此，通过提升农业科技水平和科技服务能力，完全可以实现旱区农业经济的可持续发展。虽然农业科技资源在旱区投入力度不断增强，但农业科技资源有效供给仍存在不充分不平衡的问题，投入结构尚需优化，农业科技评价机制亟须进一步完善，农业科技创新水平有待进一步提升。具体来看，旱区农业科技资源配置水平总体呈现上升趋势，但区域间农业科技资源配置能力差异明显。旱区农业科技资源的投入增加，但增幅不大。政府财政资金是旱区农业科研机构科技活动经费的主要来源。旱区当前主要通过农业科技示范基地模式和高等院校的产学研合作模式进行农业科技资源的整合和优化配置，企业和其他市场力量正逐步进入农业科技的研究发展推广体系中，成为重要而活跃的科技主体力量。

总体而言，我国旱区农业科技资源分布的基本格局没有发生明显改变，在地区分布上呈现一定程度的不均衡现象。农业科技资源还存在重复建设与短板缺漏并存的现象，资源配置效率相对较低。农业科技资源在空间上的集聚与区域社会经济发展阶段、农业发展程度、地理位置和自然环境条件有关，同时也和国家在各地区科技支撑的空间布局有关。政府应发挥在农业科技资源布局上的引导作用，科技政策的制定应充分考虑农业科技资源的区域差异和空间集聚特征，对农业科技资源较弱的地区应适当加大支持力度，加强科技资金的投放导向，引导农业科技资源合理分布。完善农业科技财力资源配置机制，提升经费利用效率，实现资金最优配置。加强产学研合作，消除农业科技人力、财力资源之间存在的障碍。加强区域联动，合理引导农业科技资源有序流动和交换，进一步加大旱区农业科技资源投入力度。

2.1 装备要素

2.1.1 农业机械化示范

我国农业生产已从主要依靠人力、畜力转向主要依靠机械动力，进入了机械化为主导的新阶段。农业农村部组织开展的主要农作物生产全程机械化示范县创建活动，先后被列入《国民经济和社会发展第十三个五年规划纲要》农业现代化重大工程、《全国农业现代化规划（2016—2020 年）》现代农业科技创新驱动工程、《乡村振兴战略规划（2018—2022 年）》农业综合生产能力提升重大工程。截至 2020 年年底，农业农村部分四批共认定主要农作物生产全程机械化示范县 614 个，2016—2020 年分别认定了 28 个、122 个、152 个、151 个和 161 个（见图 2–1）。其中，旱区总共认定了 416 个机械化示范县，占全国认定数的 67.8%（见图 2–2）。粮棉油糖等主要作物生产加快实现全程机械化，是破解我国农业生产面临的“谁来种地、怎么种地”难题的重要抓手，对提高我国农业综合生产能力和市场竞争力、加快推进我国农业现代化进程具有重要意义。

2.1.2 农业机械动力

随着工业化和城镇化的推进，农村青壮年劳动力短缺与农业发展的矛盾将日益突出，对农业机械化的需求将更加迫切。农业机械化在很大程度上可以缓解农村青壮年劳动力短缺对农业生产带来的不利影响，为中国粮食生产实现多年连增以及农村经济的发展提供重要支持。根据财政部统计数据，截至 2020 年年底，中央财政累计投入 2 392 亿元，扶持 3 800 多万农民和农业生产经营组织购置各类农机具 4 800 多万台（套）。2010—2019 年，我国农业机械总动力呈分阶段的发展模式（见图 2–3）。2018 年和 2019 年分别为 10.0 亿千瓦和 10.3 亿千瓦，较 2014 年（10.8 亿

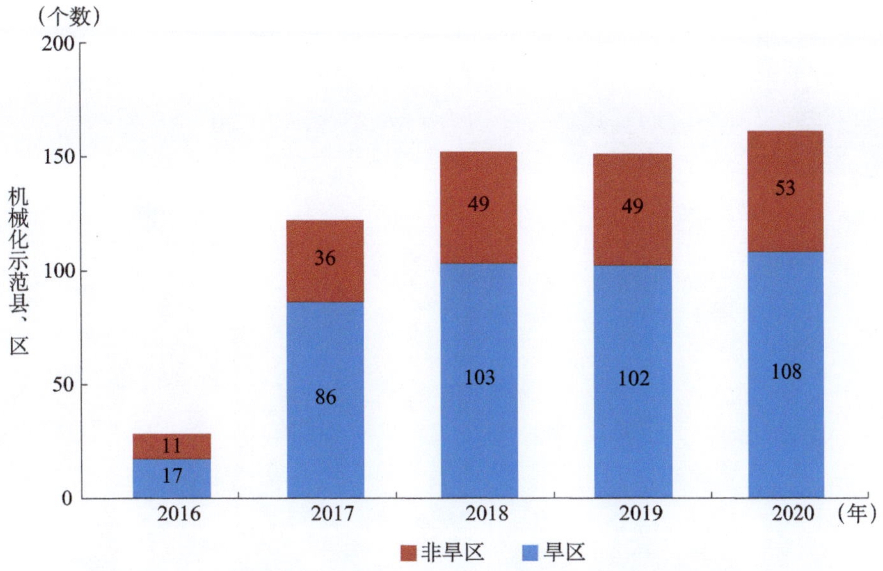

图 2-1 2016—2020 年农作物生产全程机械化示范县的区域比较

Figure 2-1 Region comparison of the demonstration counties of whole mechanized agricultural production from 2016 to 2020

资料来源：农业农村部网站。

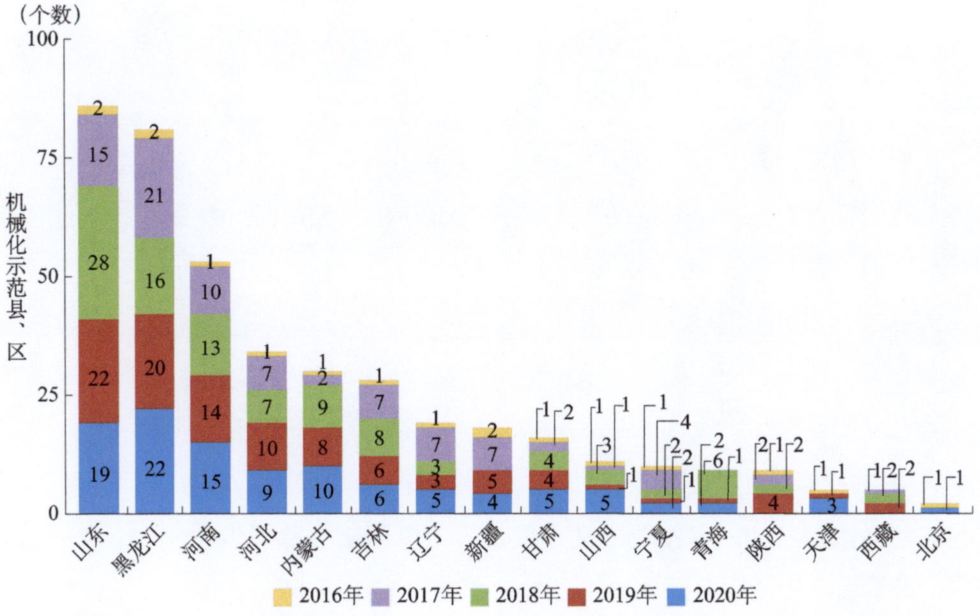

图 2-2 2016—2020 年旱区省（区、市）农作物生产全程机械化示范县数量分布

Figure 2-2 Demonstration counties of whole mechanized agricultural production in provinces of the arid areas from 2016 to 2020

资料来源：农业农村部网站。

千瓦）和 2015 年（11.2 亿千瓦）有一定下降。旱区 16 省（区、市）农业机械总动力合计数均略高于非旱区，2010—2019 年两者平均比值为 1.29，该比值在 2017—2019 年三年间呈现一定增长趋势，分别为 1.16、1.19 和 1.20。

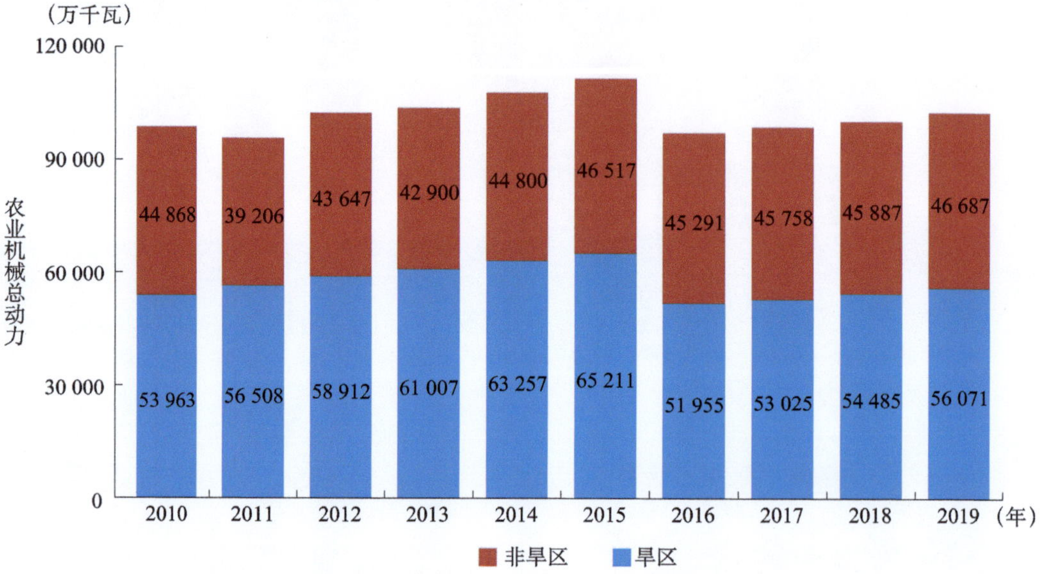

图 2-3　2010—2019 年农业机械总动力

Figure 2-3　Agricultural machinery power from 2010 to 2019

资料来源：《中国农村统计年鉴》（2011—2020 年）。

从旱区内部比较来看（见图 2-4），2018—2019 年共有 15 个省（区、市）农业机械总动力呈现增长，仅北京的农业机械总动力有所下降。其中，农业机械总动力增长最多的是黑龙江，较 2018 年增加 274 万千瓦；农业机械总动力降幅最大的是北京，较 2018 年减少 3 万千瓦。

2.1.3　农用拖拉机

农用拖拉机是主要用于牵引和驱动各种配套机具，完成农业作业、各种土方工程作业、运输作业和固定作业的动力机械，主要用于各种气候及土壤条件的运输、田间机具牵引、驱动等牵引作业，是农业生产中必不可少的动力机械。大中型和高性能农机具一直是农机购置补贴的重点对象。经过多年农机购置补贴和扶持，大中型农机具结构更加优化。近年来，尽管大中型拖拉机与配套农机具总量在增长，但配套比却在下降。而随着农村经济的不断发展，农民购买力不断增强，小型拖拉机

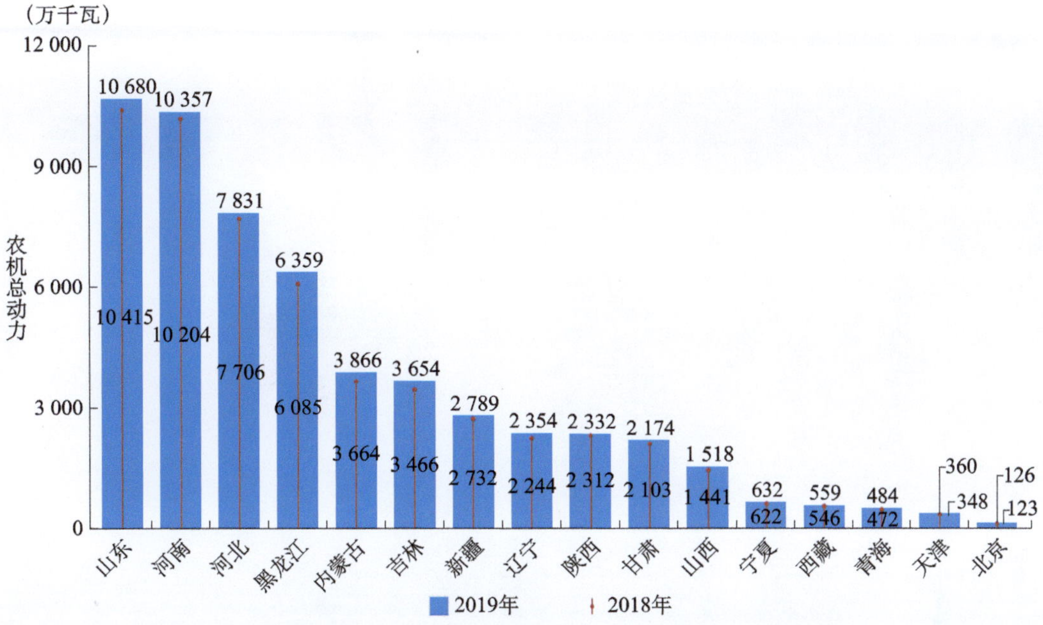

图 2-4　2018—2019 年旱区省（区、市）农业机械总动力

Figure 2-4　Agricultural machinery power in provinces of arid areas from 2018 to 2019

资料来源：《中国农村统计年鉴》（2019—2020 年）。

及配套农机具在全国各地逐渐全面普及，配套比不断优化。总体来看，我国旱区农用拖拉机及配套机械保有量呈现增加趋势，装备配套结构更加合理（见图 2–5）。2019 年旱区中大型农用拖拉机及其配套机械合计保有量达到 667 万台，旱区小型农用拖拉机合计保有量为 1 178 万台。

目前我国旱区拖拉机拥有量中仍以小型拖拉机为主，根据我国农业机械化发展规划等政策，未来将会持续加大对中大型拖拉机的扶持，同时提高拖拉机的配套比，释放农机协同作业效率。由图 2-6 可知，2019 年，中大型拖拉机数、配套数和配套比最高的旱区省（区、市）分别是：黑龙江（57.8 万台中大型）、河南（65.4 万台中大型配套）、西藏（68 中大型配套比）。中大型拖拉机数、配套数和配套比最少的旱区省（区、市）分别是：北京（0.4 万台中大型）、北京（0.1 万台中大型配套）、西藏（0.1 万台中大型配套）、河南（0.6 中大型配套比）。通过旱区省（区、市）间进一步对比，可以看到中大型农用拖拉机及其配套机械数量相对较多的省（区、市）包括黑龙江、内蒙古、山东、吉林、新疆、河南等；但从配套结构来看，西藏、青海、北京、辽宁和黑龙江具有相对更高的配套比。

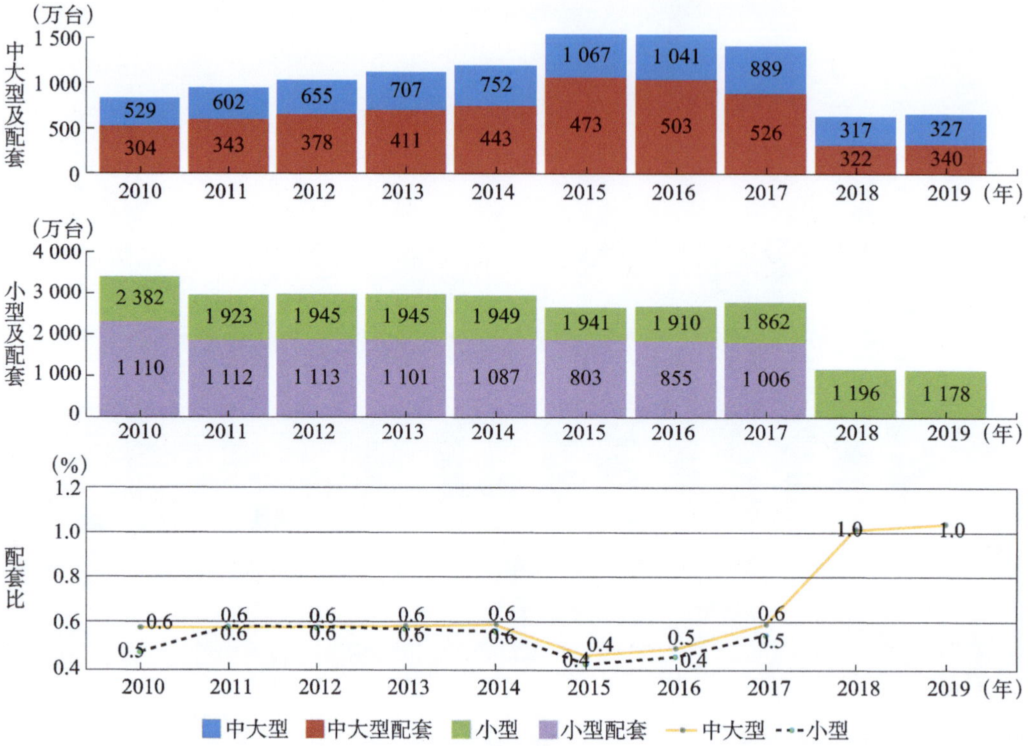

图 2-5 2010—2019 年旱区农用拖拉机及配套情况

Figure 2-5 Agricultural tractor and its accompaniment in the arid areas from 2010 to 2019

说明：① 2018 年及以后数据未统计“小型拖拉机配套农具”；② 2018 年及以后“大中型拖拉机配套机械”的统计口径变更为“与 58.8 千瓦及以上拖拉机配套”，与往年不可比。

资料来源：《中国农村统计年鉴》（2011—2020 年）。

2.1.4 农用灌溉机械

农用排灌机械是农田水利工程的基础保障设备，广泛应用于灌溉、排涝、防洪以及供水等农业生产和水利建设中。从区域比较来看，农用排灌机械的区域差异波动并不是很大（见图 2–7）。通过进一步分析旱区各省（区、市）数据，2019 年农用水泵数量排名前五的省份分别是山东（296.2 万台）、河南（220.1 万台）、河北（156.7 万台）、辽宁（115.8 万台）、吉林（60.9 万台），排名后五的分别是新疆（7.3 万台）、天津（7.3 万台）、宁夏（3.6 万台）、北京（2.7 万台）、西藏（0.6 万台）、青海（0.2 万台）。

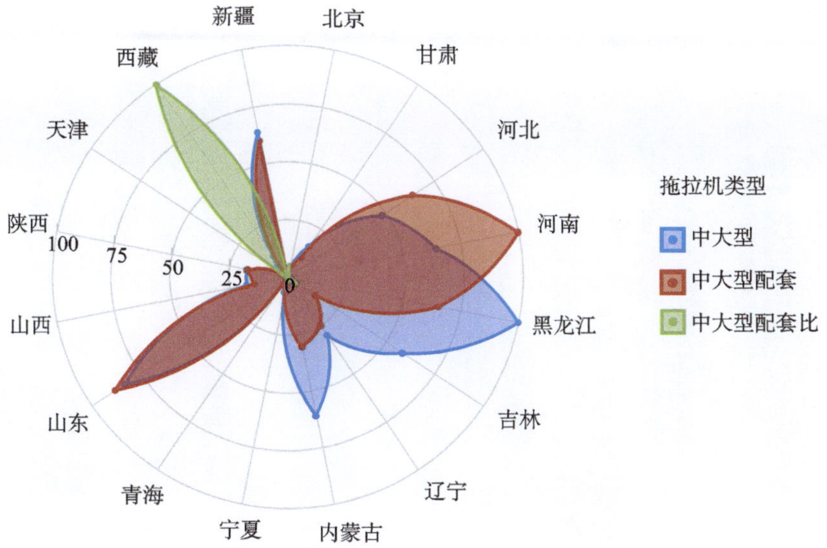

图 2-6　2019 年旱区省（区、市）中大型农用拖拉机及配套对比

Figure 2-6　The comparison of medium and large farm tractors and supporting machine in the provinces of the arid areas in 2019

说明：本章雷达图中，都对数据进行了量纲变换，变换公式为 $100\times\frac{x_i-\min(x)}{\max(x_i)-\min(x)}$，下同。

资料来源：《中国农村统计年鉴》（2011—2020 年）。

2.1.5　农用收获机械

联合收获机和机动脱粒机属于两类重要农业收获机械，旱区保有量相对于非旱区保有量的差距基本保持稳定（见图 2–8）。2010 年两者在旱区的合计数为 291 万台，非旱区的合计数为 826 万台，非旱区和旱区保有量的比值为 2.8。2019 年两类农业收获机械在旱区的合计数增加到 392 万台，非旱区的合计数增加到 870 万台，非旱区和旱区保有量的比值降低到 2.2。

从旱区各省（区、市）比较来看（见图 2–9），联合收获机数和机动脱粒机保有量主要集中在少数几个产粮大省，如河南、山东、河北、陕西等。2019 年，联合收获机保有量排名前五的省份依次是山东（32.3 万台）、河南（29.5 万台）、河北（16.7 万台）、黑龙江（15.8 万台）、吉林（10.1 万台），机动脱粒机保有量排名前五的省份依次是河南（50.5 万台）、陕西（50.2 万台）、山东（40.1 万台）、甘肃（29 万台）、吉林（16.2 万台）。

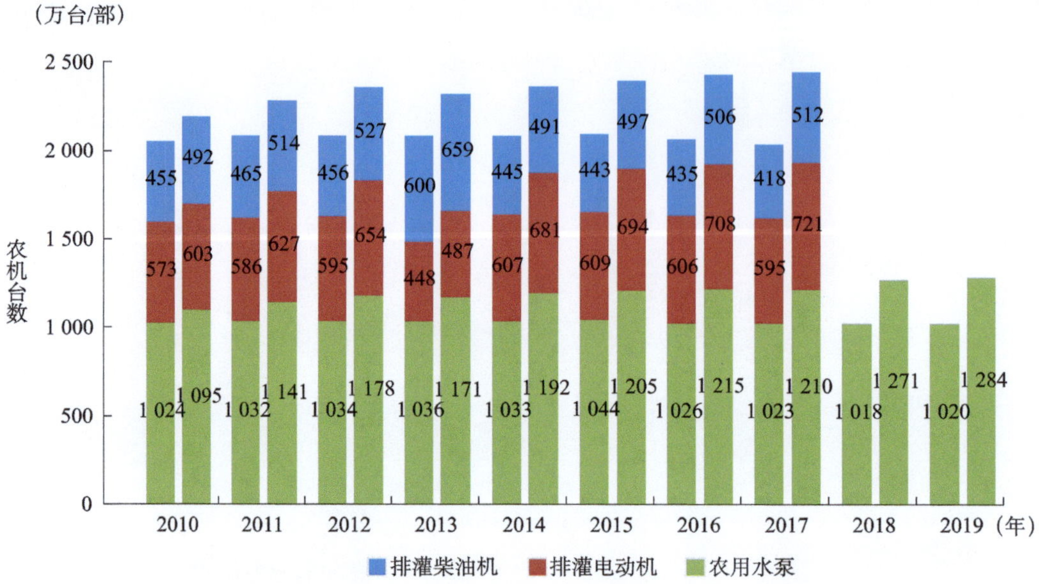

图 2-7 2010—2019 年三类农用灌溉机械的对比及变化

Figure 2-7 The comparison and time change of three types of irrigation machines from 2010 to 2019

说明：①左侧柱条表示旱区，右侧柱条表示非旱区；② 2018 年及以后未统计公布“农用排灌电动机”和“农用排灌柴油机”数量。

资料来源：《中国农村统计年鉴》(2011—2020 年)。

2.1.6 农业化学要素

农药、化肥和农膜是农业生产中重要的化学投入要素，在促进生产、保障粮食供给的同时，还需要兼顾投入产出效率和资源环境保护。农业农村部先后发布《西北旱区农牧业可持续发展规划（2016—2020 年）》和《农业绿色发展技术导则（2018—2030 年）》等政策文件，明确提出全面构建以绿色为导向的农业技术体系，提高主要作物化肥、农药利用率，降低农业源氮、磷污染物排放强度和负荷。2010 年以来，三类化学投入要素整体呈现稳定状态，并在 2018—2019 年开始逐步减少（见图 2–10）。2010 年三者在旱区的合计数为 3 020 万吨，在非旱区的合计数为 2 935 万吨，非旱区和旱区使用量的比值为 0.97。2015 年三类化学投入要素在旱区的合计数增加到 3 401 万吨，在非旱区的合计数增加到 3 059 万吨。随后在 2017 年以后，农业化学投入要素整体开始减少。2019 年三类化学投入要素在旱区的合计数下降

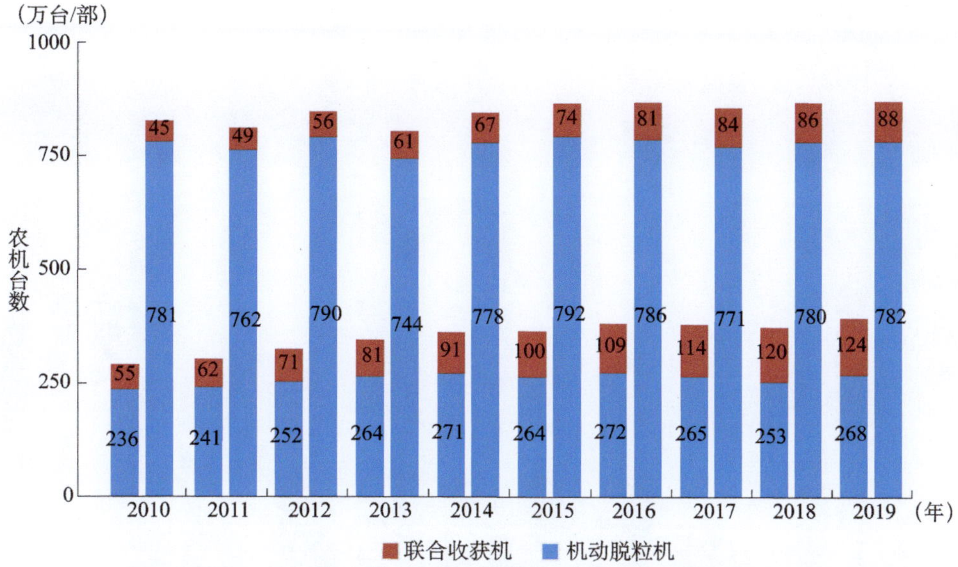

图 2-8　2010—2019 年两类农用收获机械保有量的对比及变化

Figure 2-8　The comparison and time change of two types of harvest machines from 2010 to 2019

说明：左侧柱条表示旱区，右侧柱条表示非旱区。

资料来源：《中国农村统计年鉴》（2011—2020 年）。

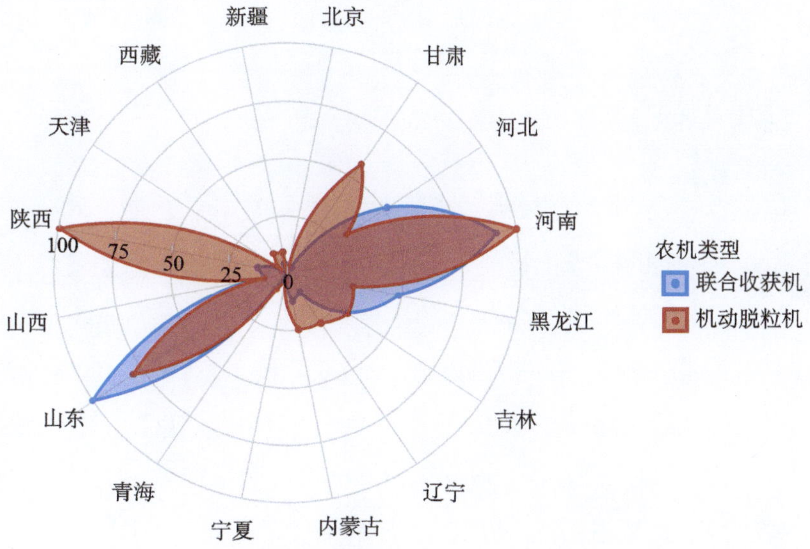

图 2-9　2019 年旱区省（区、市）两类农用收获机械对比

Figure 2-9　The comparison of two types of harvest machines in provinces of the arid areas in 2019

资料来源：《中国农村统计年鉴》（2011—2020 年）。

到 3 088 万吨，在非旱区的合计数下降到 2 694 万吨，非旱区和旱区使用量的比值为 0.87。

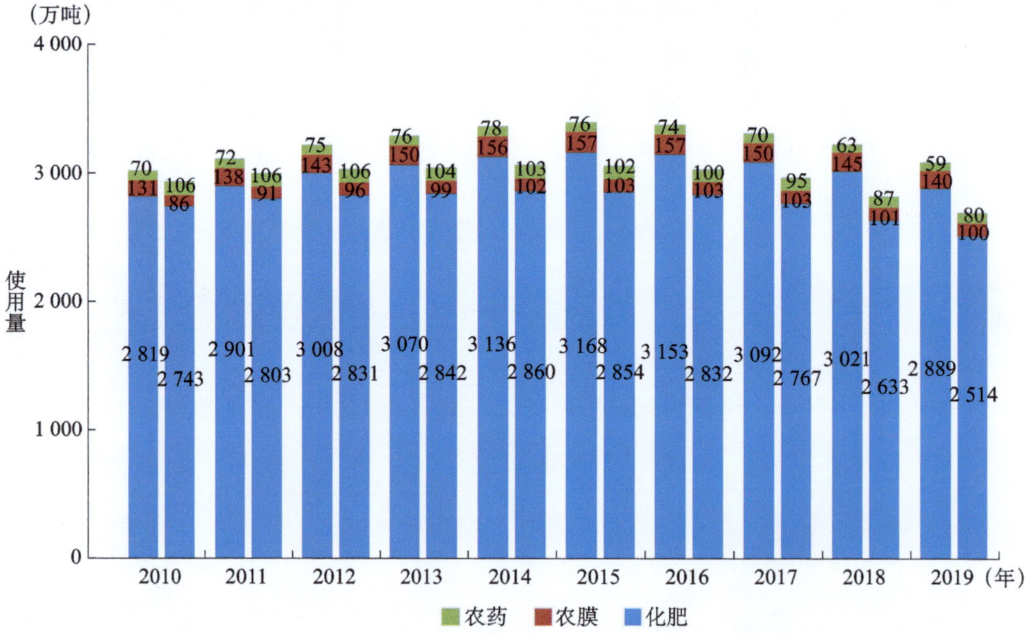

图 2-10　2010—2019 年化学农业投入要素的对比及变化

Figure 2-10　The comparison and time change of chemical agriculture inputs from 2010 to 2019

说明：左侧柱条表示旱区，右侧柱条表示非旱区。

资料来源：《中国农村统计年鉴》（2011—2020 年）。

从旱区各省（区、市）比较来看（见图 2-11），农药、化肥、农膜三类农业化学要素使用呈现一定的模式化特征，如山东、河南、新疆在三类要素上使用量都较多。2019 年，化肥施用量排名前五的旱区省份依次是河南（666.7 万吨）、山东（395.3 万吨）、河北（297.3 万吨）、新疆（257.8 万吨）、吉林（227.1 万吨），农药施用量排名前五的旱区省份依次是山东（12 万吨）、河南（10.7 万吨）、黑龙江（6.4 万吨）、河北（5.7 万吨）、辽宁（5.1 万吨），农膜使用量排名前五的旱区省份依次是山东（26.7 万吨）、新疆（26.3 万吨）、甘肃（15.2 万吨）、河南（15.1 万吨）、辽宁（11.4 万吨）。

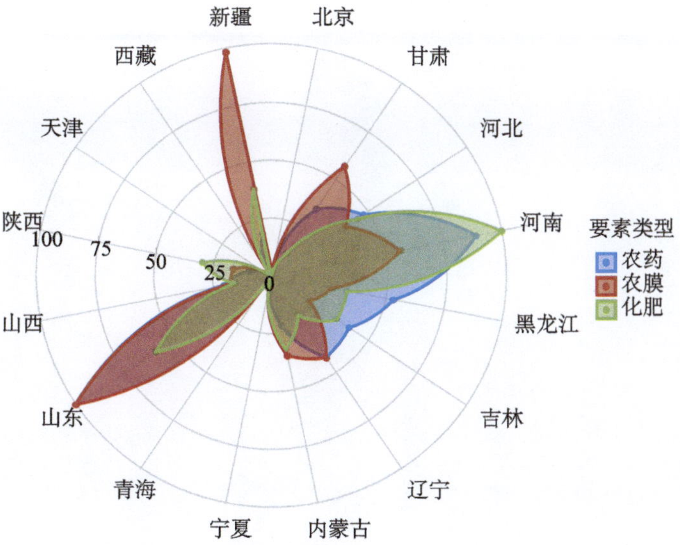

图 2-11　2019 年旱区省（区、市）化学农业要素投入比较

Figure 2-11　The comparison of chemical agriculture in provinces of the arid areas in 2019

资料来源：《中国农村统计年鉴 2020》。

2.2　科技投入

2.2.1　公共财政投入

公共财政对现代农业的支出是保障农业发展的重要支持。多年以来，我国各级政府持续加大在教育、农林水和科技等三类公共预算支出的总量（见图 2–12），但旱区和非旱区的预算支出差距在持续拉大。2010 年旱区三类预算支出总额为 9 620 亿元，非旱区三类预算支出总额为 11 540 亿元，非旱区预算支出与旱区预算支出比值为 1.2。2019 年旱区三类预算支出总额增加到 25 546 亿元，非旱区三类预算支出总额增加到 35 700 亿元，非旱区与旱区预算支出比值进一步扩大为 1.4。

从农林水公共预算支出来看（见图 2–13），尽管预算总量都在持续增加，但是增幅明显放缓，而且农林水预算支出在地方总预算支出中的比重开始出现下滑势头，其中非旱区尤为突出。2011 年旱区农林水预算支出总额为 4 476 亿元，同比增长 21.3%，占当年地方预算总支出的 10.8%。2019 年旱区农林水预算支出同比增长仅为 8.1%，占当年地方预算总支出比重的 12.5%，与 2016 年持平。2019 年非旱区农林水预算支出同比增长也仅为 9.8%，占当年地方预算总支出比重持续下降到

图 2-12　2010—2019 年地方政府三类公共预算支出

Figure 2-12　Three type of the local government' public budget from 2010 to 2019

说明：左侧柱条表示旱区，右侧柱条表示非旱区。

资料来源：《中国统计年鉴》(2011—2020 年)。

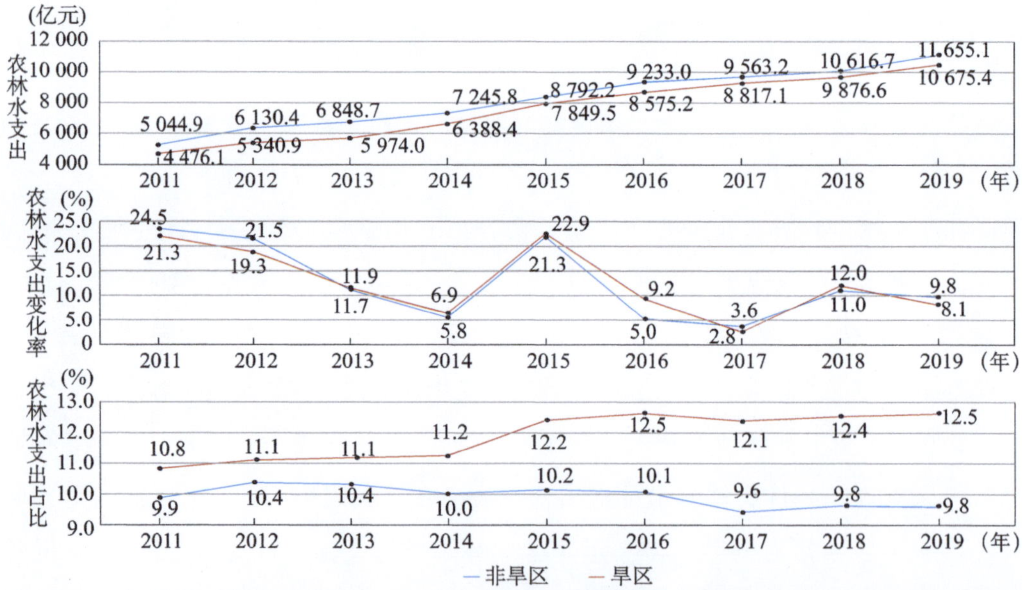

图 2-13　2010—2019 年地方政府农林水公共预算支出

Figure 2-13　The local government' public budget for agriculture sector from 2011 to 2019

资料来源：《中国统计年鉴》(2011—2020 年)。

9.8%，甚至已经低于 2011 年的占比水平。

16 个旱区省（区、市）的三类预算支出基本与其社会经济总量保持一致（见图 2–14），且呈现明显梯队化差异。2019 年三类预算支出超过 2 000 亿元的第一梯队省份包括山东（3 538 亿元）、河南（3 081 亿元）、河北（2 606 亿元）、北京（2 155 亿元），三类预算支出小于 1 000 亿元的第三梯队包括天津（739 亿元）、西藏（716 亿元）、青海（556 亿元）、宁夏（429 亿元）。此外，16 个旱区省（区、市）在三类支出预算安排上各有不同侧重（见表 2–1）。三类支出占地方总支出预算比例排名前五的旱区省（区、市）为：新疆（35.4%）、甘肃（35.0%）、山东（32.9%）、西藏（32.7%）、河北（31.4%）。其中，教育支出占地方总支出预算比例排名前五的旱区省（区、市）为：山东（20.1%）、河北（18.5%）、河南（17.8%）、陕西（16.6%）、新疆（16.2%）；农林水支出占地方总支出预算比例排名前五的旱区省（区、市）为：西藏（20.3%）、新疆（18.4%）、甘肃（18.1%）、黑龙江（17.6%）、青海（17.4%）；科学技术支出占地方总支出预算比例前五的旱区省（区、市）为：北京（5.9%）、天津（3.1%）、山东（2.8%）、宁夏（2.2%）、河南（2.1%）。

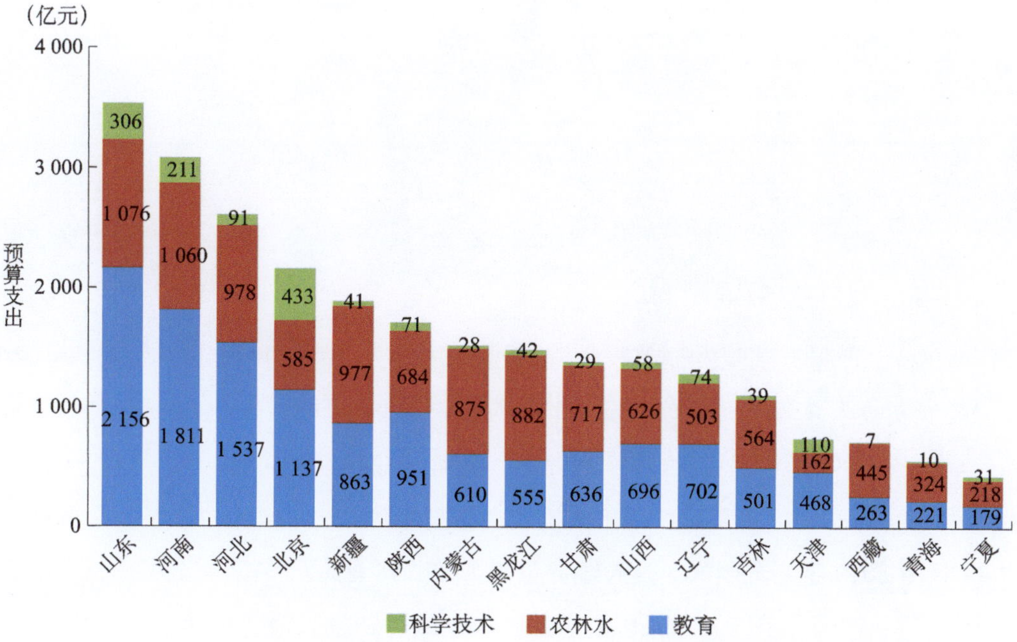

图 2–14　2019 年旱区省（区、市）三类财政公共预算支出

Figure 2–14　Three types of public budget in provinces of the arid areas in 2019

资料来源：《中国统计年鉴 2020》。

表 2-1　2019 年旱区省（区、市）三类财政公共预算支出比例

Table 2-1　The proportion of three types of public budget in arid areas provinces in 2019

序号	省份	教育支出	农林水支出	科学技术支出	三类合计
1	新疆	16.2%	18.4%	0.8%	35.4%
2	甘肃	16.1%	18.1%	0.7%	35.0%
3	山东	20.1%	10.0%	2.8%	32.9%
4	西藏	12.0%	20.3%	0.3%	32.7%
5	河北	18.5%	11.8%	1.1%	31.4%
6	河南	17.8%	10.4%	2.1%	30.3%
7	陕西	16.6%	12.0%	1.2%	29.8%
8	青海	11.9%	17.4%	0.6%	29.8%
9	宁夏	12.5%	15.2%	2.2%	29.8%
10	内蒙古	12.0%	17.1%	0.6%	29.7%
11	黑龙江	11.1%	17.6%	0.8%	29.5%
12	山西	14.8%	13.3%	1.2%	29.3%
13	北京	15.4%	7.9%	5.9%	29.1%
14	吉林	12.7%	14.3%	1.0%	28.1%
15	辽宁	12.2%	8.7%	1.3%	22.3%
16	天津	13.2%	4.5%	3.1%	20.8%

资料来源：《中国统计年鉴 2020》。

2.2.2　RD 经费投入和强度

从 RD（研究与试验发展）投入经费变化情况来看（见图 2-15），2011—2019 年以来经费投入总量呈现持续增长，但经费投入增速则呈现阶段性放缓趋势。一方面，旱区省（区、市）经费投入相对较少，而且与非旱区省（区、市）的投入总量差距在继续扩大。2011 年，全国 RD 投入经费总量为 8 687 亿元，旱区占全国比重为 42.4%；2019 年，全国 RD 投入经费总量为 22 144 亿元，旱区占全国比重下降到 34.0%。另一方面，旱区和非旱区省（区、市）的经费投入增速出现了阶段性放缓。从 2012 年开始，经费投入增速出现下滑，到 2016 年增速才开始表现为提升。2012 年全国和旱区的经费投入增速分别为 18.5% 和 16.7%，2015 年全国和旱区增速则分

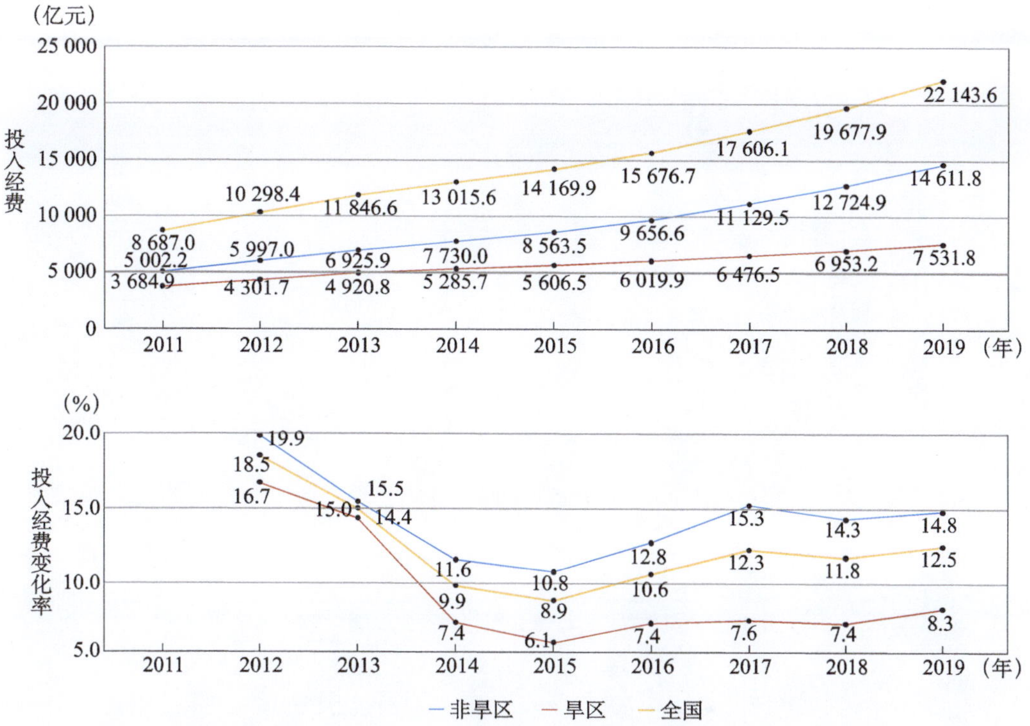

图 2-15　2011—2019 年 RD 历年投入经费情况

Figure 2-15　Input of R&D funds from 2011 to 2019

资料来源：《中国科技统计年鉴》(2011—2020 年)。

别下滑到 8.9% 和 6.1%。在经过 3 年的增速提升后，2018 年全国和旱区增速分别达到 11.8% 和 7.4%。2019 年全国和旱区增速略有提升，分别为 12.5% 和 8.3%。

从旱区各省（区、市）的 RD 投入经费情况来看，16 个旱区省（区、市）差异十分明显，经费投入的“极化”现象仍旧比较突出（见图 2–16）。2019 年，我国旱区 16 省份 RD 经费总数合计为 7 532 亿元，比 2018 年 RD 经费 6 953 亿元增长 8%。2019年，北京RD经费投入总量达到2 234亿元，是旱区投入RD经费最多的省（区、市）；山东 RD 经费投入总量达到 1 495 亿元，排名第二；排在第三位的河南，RD 经费投入为 793 亿元。这三个省（区、市）也是仅有的经费投入水平超过全国平均投入经费数（714.3 亿元）的旱区省（区、市）。其余旱区省（区、市）中，除陕西（585 亿元）、河北（567 亿元）、辽宁（508 亿元）等省外，大部分甚至不能达到旱区平均投入经费（470.7 亿元）一半的水平。

RD 经费投入强度，即 RD 经费支出占地区生产总值（GDP）的比例，是国际

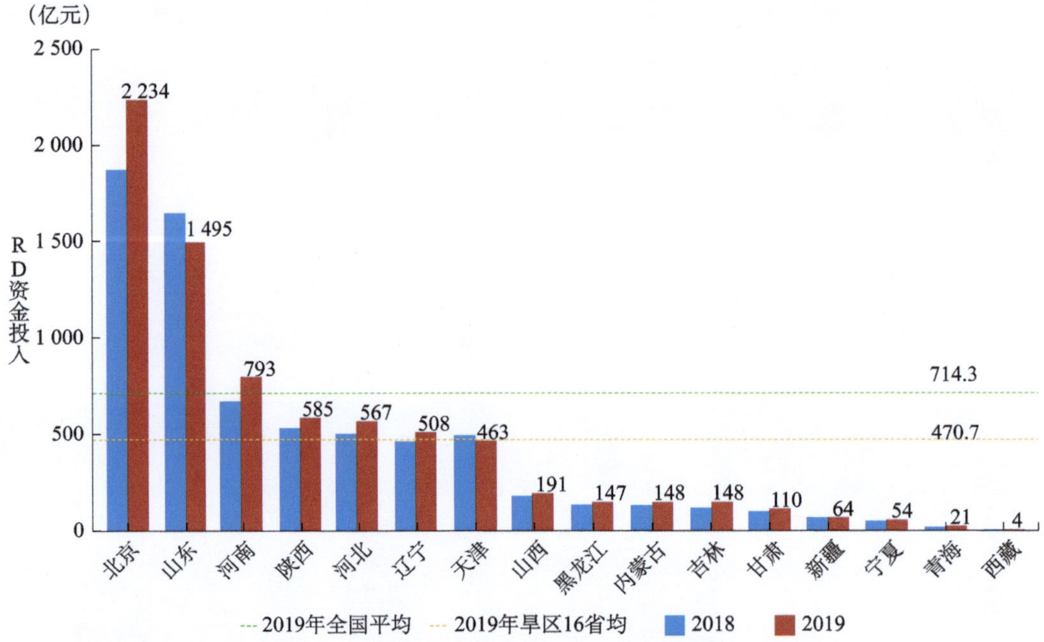

图 2-16　2018—2019 年旱区 RD 经费投入情况

Figure 2-16　Input of R&D funds in the arid areas from 2018 to 2019

资料来源:《中国科技统计年鉴》(2019—2020 年)。

上用于衡量一个国家或一个地区在科技创新方面努力程度的重要指标。从 RD 投入强度变化情况来看（见图 2–17），2011—2019 年以来投入强度总体保持稳定，近几年一直维持在占 GDP2% 左右的水平上。2011 年，旱区 RD 投入强度为 1.4%；2019 年，全国 RD 投入强度为 2.2%。此外，2012—2014 年，投入强度也出现相应下滑，但很快又开始得到提升。2012 年全国和旱区的投入强度增速分别为 7.6% 和 4.8%，2018 年旱区增速下降到 2.1%，而 2019 年旱区增速回升到 10.5%。

从旱区各省（区、市）RD 投入强度的横向比较情况来看（见图 2–18），旱区省（区、市）经费投入强度与经费投入总量基本保持一致。2019 年，北京 RD 经费投入强度最大，达到 6.3%；位居第二位的是天津，RD 经费投入强度为 3.3%；位居第三位的是陕西，RD 经费投入强度为 2.3%。位列前五的北京、天津、陕西、山东（2.1%）、辽宁（2.0%）是旱区省（区、市）中超过全国平均投入强度（1.8%）的五个省（区、市），同时也是仅有的超过旱区平均投入强度（1.7%）的五个省（区、市）。

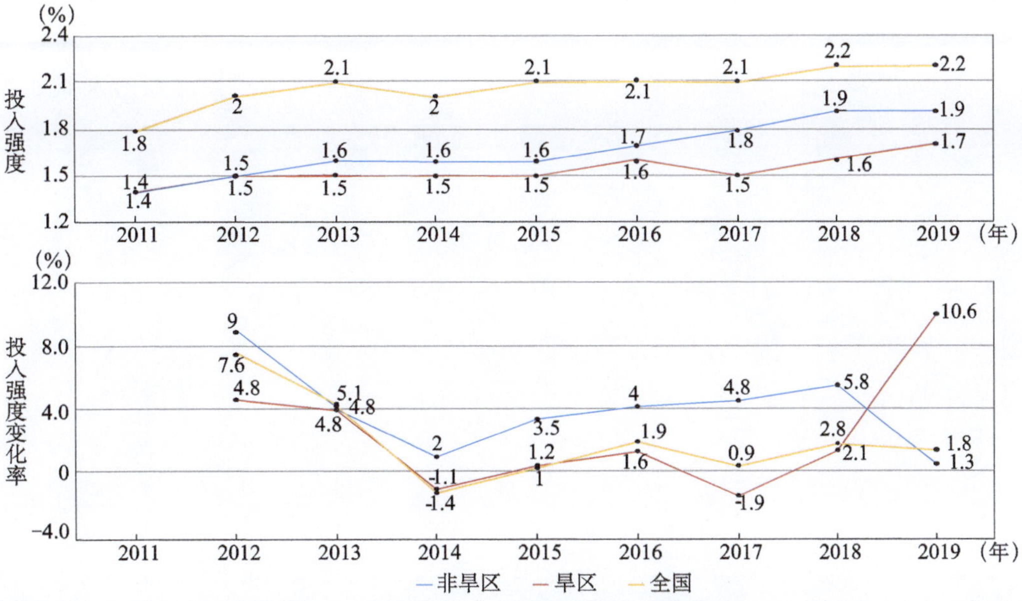

图 2-17　2011—2019 年 RD 投入强度情况

Figure 2-17　Funds input intense of R&D from 2011 to 2019

资料来源：《中国科技统计年鉴》(2011—2020 年)。

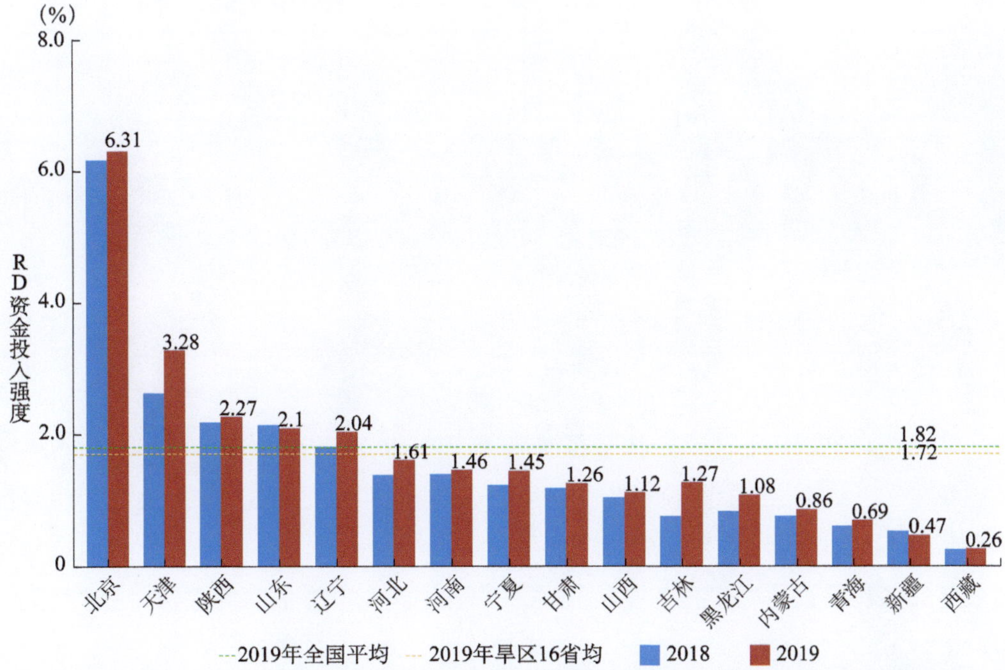

图 2-18　2018—2019 年旱区 RD 经费投入强度

Figure 2-18　Funds input intense of R&D in the arid areas from 2018 to 2019

资料来源：《中国科技统计年鉴》(2019—2020 年)。

2.2.3 RD 活动支出

RD 经费支出反映了经济体提升科学技术能力的意愿，这种意愿反过来又能够推动创新。RD 研发活动主要包括基础研究、应用研究和试验发展三个方面。对于旱区而言，基础研究经费占比和应用研究经费占比逐年下降，试验发展经费逐步扩增。2019 年旱区三类研发活动总支出分别为 633 亿元、1 191 亿元和 5 708 亿元（见图 2-19），而非旱区三类研发活动总支出分别为 703 亿元、1 308 亿元和 12 601 亿元。同时，非旱区与旱区的三类研发活动开支比值分别由 2010 年的 0.88、0.88 和 1.45 提高到 2019 年的 1.11、1.10 和 2.21。

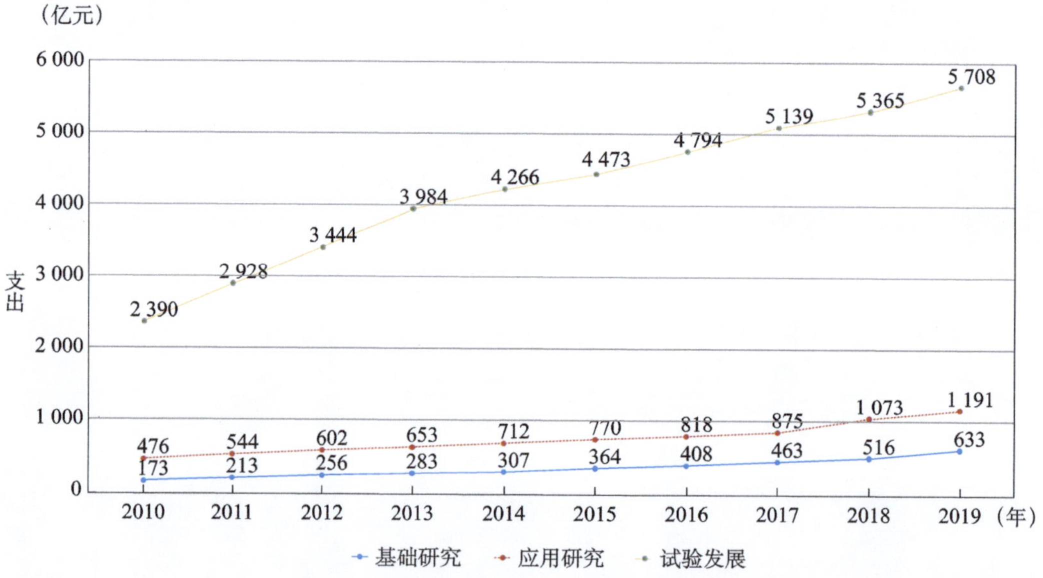

图 2-19　2010—2019 年旱区 RD 研发活动支出变化

Figure 2-19　Expenditure change of R&D activity in the arid areas from 2010 to 2019

资料来源：《中国科技统计年鉴》（2011—2020 年）。

从旱区各省（区、市）的比较来看（见图 2-20），2019 年 RD 研发活动支出总数排在前五的省（区、市）依次为北京（2 233 亿元）、山东（1 494 亿元）、河南（793 亿元）、陕西（584 亿元）、河北（567 亿元）。旱区各省（区、市）的研发活动侧重点各不相同，基础研究支出位列前三的省（区、市）依次为北京（355 亿元）、山东（57 亿元）、陕西（36 亿元），应用研究支出位列前三的省（区、市）依次为北京（564 亿元）、陕西（105 亿元）、山东（99 亿元），试验发展支出位列前三的省（区、市）依次为山东（1 338 亿元）、北京（1 314 亿元）、河南（702 亿元）。总体来看（见图 2–21），北京在基础研究和应用研究上具有绝对优势，而山东、河南两省的试验发展活动比基础研究和应用研究更为活跃。

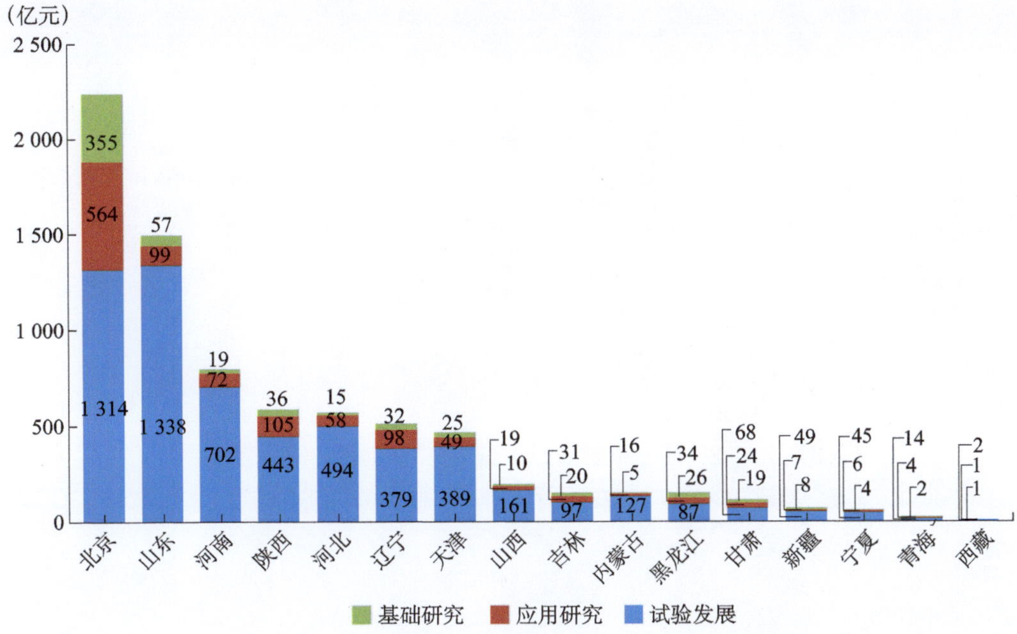

图 2–20　2019 年旱区省（区、市）RD 研发活动支出

Figure 2–20　Expenditure of R&D activity in provinces of the arid areas in 2019

资料来源：《中国科技统计年鉴 2020》。

2.3　科技条件

2.3.1　野外科学观测站

野外科学观测研究站是我国重要的科技创新基地之一，是科技创新体系的重要组成部分。我国逐步建设完成了相对完善的国家野外科学观测站体系，野外科学观测研究能力不断提升，科学数据积累日趋丰富，取得了一批高水平科研成果，有利于提升相关领域人才培养水平，建设发展成效显著。农业农村部在 2018 年和 2019 年分两批次确定和布局了共计 106 个国家农业科学观测实验站（见图 2–22）。其中 2018 年第一批布局选择确定了 36 个站点，旱区站点数占比为 61.1%，重点围绕土壤质量、农业环境、渔业资源环境等领域；2019 年第二批布局选择确定了 70 个站点，旱区站点数占比为 61.4%，重点围绕农业环境、植物保护等领域（具体名单见表 2–2）。

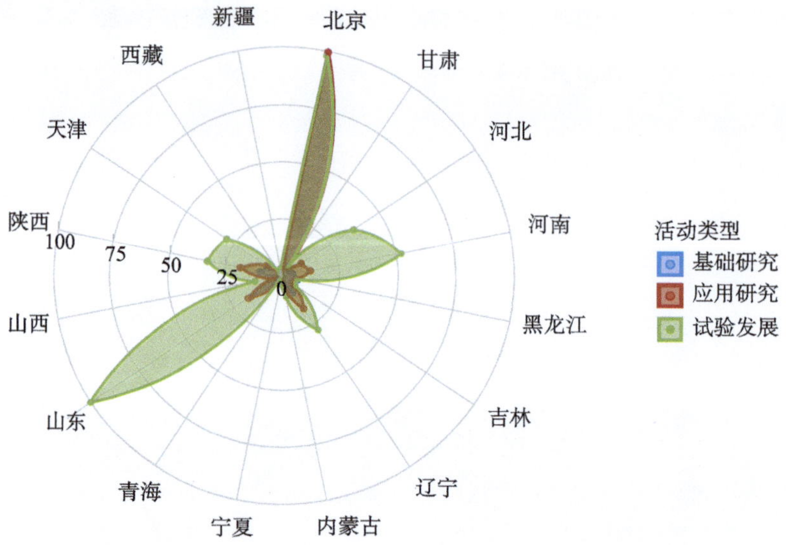

图 2-21　2019 年旱区省（区、市）RD 研发活动支出对比

Figure 2-21　Expenditure comparison of R&D activity in provinces of the arid areas in 2019

资料来源：《中国科技统计年鉴 2020》。

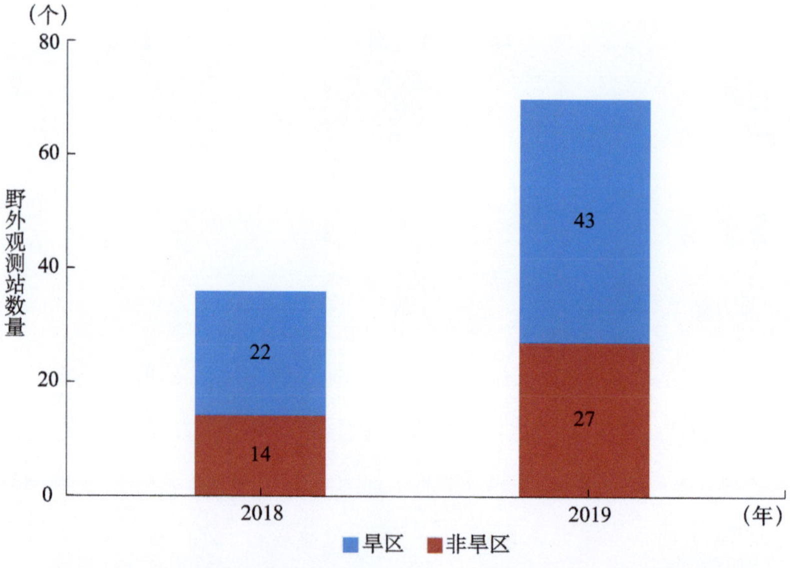

图 2-22　2018—2019 年国家农业科学观测实验站批次数量分布

Figure 2-22　Amounts distribution of the national agricultural science observation and experiment stations from 2018 to 2019

资料来源：农业农村部网站。

表 2-2　2019 年旱区国家农业科学观测实验站名单

Table 2-2　List of National Agricultural Science Observation Station in the arid areas in 2019

序号	站点名称	依托单位	省（区、市）
1	国家农业科学土壤质量呼伦贝尔观测实验站	中国农业科学院农业资源与农业区划研究所	北京
2	国家农业科学农业环境顺义观测实验站	中国农业科学院农业环境与可持续发展研究所	北京
3	国家农业科学农业环境那曲观测实验站	中国农业科学院农业环境与可持续发展研究所	北京
4	国家农业科学农业环境岳阳观测实验站	中国农业科学院农业环境与可持续发展研究所	北京
5	国家农业科学植物保护廊坊观测实验站	中国农业科学院植物保护研究所	北京
6	国家农业科学植物保护锡林郭勒观测实验站	中国农业科学院植物保护研究所	北京
7	国家农业科学植物保护桂林观测实验站	中国农业科学院植物保护研究所	北京
8	国家农业科学植物保护临沂观测实验站	中国农业科学院蔬菜花卉研究所	北京
9	国家农业科学农业环境千烟洲观测实验站	中国科学院地理科学与资源研究所	北京
10	国家农业科学农业环境拉萨观测实验站	中国科学院地理科学与资源研究所	北京
11	国家农业科学土壤质量玉树观测实验站	中国农业科学院草原研究所	内蒙古
12	国家农业科学土壤质量呼和浩特观测实验站	中国农业科学院草原研究所	内蒙古
13	国家农业科学农业微生物鄂尔多斯观测实验站	中国农业科学院草原研究所	内蒙古
14	国家农业科学土壤质量通辽观测实验站	通辽市农业科学院	内蒙古
15	国家农业科学土壤质量武川观测实验站	内蒙古农牧业科学院	内蒙古
16	国家农业科学植物保护兴城观测实验站	中国农业科学院果树研究所	辽宁
17	国家农业科学农业环境彰武观测实验站	辽宁省风沙地改良利用研究所	辽宁
18	国家农业科学渔业资源环境沙河口观测实验站	辽宁省海洋水产科学研究	辽宁
19	国家农业科学农业环境沈阳观测实验站	中国科学院沈阳应用生态研究所	辽宁
20	国家农业科学土壤质量新市观测实验站	新疆农业科学院	新疆
21	国家农业科学农业微生物乌鲁木齐观测实验站	新疆农业科学院	新疆
22	国家农业科学植物保护库尔勒观测实验站	新疆农业科学院	新疆
23	国家农业科学土壤质量阿克苏观测实验站	新疆农业科学院	新疆
24	国家农业科学农业环境齐齐哈尔观测实验站	黑龙江省农业科学院齐齐哈尔分院	黑龙江
25	国家农业科学农业环境建三江观测实验站	黑龙江农垦科学院	黑龙江
26	国家农业科学农业微生物伊春观测实验站	黑龙江省农业科学院牡丹江分院	黑龙江
27	国家农业科学种质资源长春观测实验站	吉林农业大学	吉林

续表

序号	站点名称	依托单位	省（区、市）
28	国家农业科学农业环境海伦观测实验站	中国科学院东北地理与农业生态研究所	吉林
29	国家农业科学农业环境大安观测实验站	中国科学院东北地理与农业生态研究所	吉林
30	国家农业科学土壤质量安定观测实验站	甘肃省农业科学院	甘肃
31	国家农业科学农业环境张掖观测实验站	甘肃省农业科学院	甘肃
32	国家农业科学渔业资源环境秦皇岛观测实验站	中国水产科学研究院北戴河中心实验站	河北
33	国家农业科学植物保护保定观测实验站	河北省农林科学院	河北
34	国家农业科学农业环境商丘观测实验站	中国农业科学院农田灌溉研究所	河南
35	国家农业科学土壤质量新乡观测实验站	河南省农业科学院	河南
36	国家农业科学植物保护忻州观测实验站	山西省农业科学院	山西
37	国家农业科学农业环境晋中观测实验站	山西省农业科学院	山西
38	国家农业科学农业环境银川观测实验站	宁夏农林科学院	宁夏
39	国家农业科学农业环境西宁观测实验站	青海省农林科学院	青海
40	国家农业科学土壤质量济南观测实验站	山东省农业科学院	山东
41	国家农业科学土壤质量杨凌观测实验站	西北农林科技大学	陕西
42	国家农业科学农业环境大理观测实验站	农业农村部环境保护科研监测所	天津
43	国家农业科学农业环境日喀则观测实验站	西藏自治区农牧科学院	西藏

说明：①站点所归属省（区、市）根据依托单位组织机构登记信息所属地区进行划分确定；②名单按站点数量和省（区、市）拼音排序。

资料来源：农业农村部网站发文。

2.3.2 科技基础性工作专项

近年来，我国高度重视国家科技计划评估体系和机制建设，组织开展了多类型的科技计划评估工作，包括“973 计划”综合评估、“863 计划”评估、国家科技重大专项监督评估、国家科技计划项目综合绩效评价、国家重点研发计划重点专项绩效评估等一系列重大科技计划评估活动，国家科技计划评估工作取得了长足进步，评估理论方法不断完善。

2020 年科技部参照《国家重点研发计划项目综合绩效评价工作规范（试行）》的要求，并按照科技基础性工作专项组织管理的有关规定，组织并完成了 2012—2015 年度立项的 91 个科技基础性工作专项的综合绩效评价工作。其中，纳入评估范围的项目包括2012年立项的7个重点项目、2013年立项的42个重点项目、2014年立项的32个重点项目、2015年立项的7个重点项目和3个一般项目。

具体来看，此次91个参评项目的评估结果中，有20个项目验收结论为“优秀”，占比22.0%；68个项目验收结论为“通过”；2个项目验收结论为“不通过”；1个项目验收结论为“结题”。经过不完全梳理统计（见表2–3），项目承担单位登记归属地区属于旱区的涉农类参评项目共有33项，综合评价结果分布依次为优秀（11项）、通过（21项）、不通过（1项）。

表2–3 2020年旱区涉农类科技基础性工作专项项目名单

Table 2–3 List of Special Projects for Basic Science and Technology Work on agriculture in provinces of the arid areas in 2020

序号	项目编号	项目名称	承担单位	省（市）	评定结果
1	2012FY110200	贵州农业生物资源调查	中国农业科学院作物科学研究所	北京	优秀
2	2012FY111600	青藏高原及新疆地区特色微生物资源与多样性调查	中国科学院微生物研究所	北京	优秀
3	2012FY112100	我国1：5万土壤图籍编撰及高精度数字土壤构建（二期工程）	中国农业科学院农业资源与农业区划研究所	北京	优秀
4	2013FY110100	农产品中高风险农药助剂残留调查、危害分析及助剂分类	中国农业科学院农业质量标准与检测技术研究所	北京	优秀
5	2013FY110400	中国孢子植物志的编研	中国科学院微生物研究所	北京	优秀
6	2013FY112600	《中国植物志》的数字化和DNA条形码	中国科学院植物研究所	北京	优秀
7	2014FY110100	武陵山区生物多样性综合科学考察	中国科学院动物研究所	北京	优秀
8	2014FY120600	我国水环境基准基础数据的调查和整编	中国环境科学研究院	北京	优秀
9	2014FY210200	藏东南动物资源综合考察与重要类群资源评估	中国科学院动物研究所	北京	优秀
10	2014FY210300	东北草地植物资源专项调查	中国科学院植物研究所	北京	优秀
11	2013FY111800	中国沼泽湿地资源及其主要生态环境效益综合调查	中国科学院东北地理与农业生态研究所	吉林	优秀
12	2013FY110300	阿勒泰中俄哈蒙边境地区特有动物与生物地理区系科学考察	中国科学院动物研究所	北京	通过
13	2013FY111100	黄渤海滨海带环境污染与生态系统状况综合调查	中国科学院生态环境研究中心	北京	通过
14	2013FY111600	中国森林植被调查	中国林业科学研究院	北京	通过
15	2013FY111700	华北山区经济树种种质资源收集和保存	中国林业科学研究院	北京	通过
16	2013FY112100	泛喜马拉雅地区植物综合考察与植物志编研	中国科学院植物研究所	北京	通过

续表

序号	项目编号	项目名称	承担单位	省（市）	评定结果
17	2013FY113200	主要农作物有害生物及其天敌资源调查	中国农业科学院植物保护研究所	北京	通过
18	2013FY113300	动物及动物产品质量安全检测标准物质研制	中国动物疫病预防控制中心	北京	通过
19	2013FY113400	全国农产品加工原料真菌毒素及其产毒菌污染调查	中国农业科学院农产品加工研究所	北京	通过
20	2013FY114500	中药资源及相关基础数据的空间网格化融合及共享	中国中医科学院中药研究所	北京	通过
21	2014FY111000	我国主要畜禽饲料资源及其矿物元素含量与分布调查	中国农业科学院北京畜牧兽医研究所	北京	通过
22	2014FY120100	西南喀斯特地区特色微生物资源及多样性调查	中国科学院微生物研究所	北京	通过
23	2014FY120500	中国森林典籍志书资料整编	北京林业大学	北京	通过
24	2014FY120700	中国森林土壤调查、标准规范及数据库构建	中国林业科学研究院森林生态环境与保护研究所	北京	通过
25	2014FY210400	东北大小兴安岭地区菌物资源考察	中国科学院微生物研究所	北京	通过
26	2015FY110100	西藏地区极端特色微生物资源及其多样性研究	中国科学院微生物研究所	北京	通过
27	2015FY111200	水果和蔬菜中农药化学污染物残留水平调查及数据库建设	中国检验检疫科学研究院	北京	通过
28	2012FY110100	我国优势产区落叶果树农家品种资源调查与收集	中国农业科学院郑州果树研究所	河南	通过
29	2013FY110700	我国重要渔业生物 DNA 条形码信息采集及其数据库构建	中国水产科学研究院黄海水产研究所	山东	通过
30	2014FY110500	我国近海海洋生物 DNA 条形码资源库构建	中国科学院海洋研究所	山东	通过
31	2014FY210100	黄土高原生态系统与环境变化考察	中国科学院水利部水土保持研究所	陕西	通过
32	2014FY111100	中药标准饮片制备技术规范制定	天津大学	天津	通过

说明：①涉农分类经编者整理而来，公示文件并未明确进行分类；②平台所归属省（区、市）根据依托单位组织机构登记信息所属地区进行划分确定。

资料来源：《科技部关于发布科技基础性工作专项项目综合绩效评价结果的通知》（国科发基〔2020〕353 号）。

2.3.3 科研基础设施和大型科研仪器共享

近年来，科技部和财政部逐步加强对中央级高校和科研院所等单位重大科研基础设施和大型科研仪器开放共享评价考核。参评单位对开放共享日趋重视，科研设施与仪器利用率进一步提升，支撑科技创新的成效显著。2018—2020年，纳入正式考核清单的单位数量依次为373家（2018年）、344家（2019年）和356家（2020年），其中旱区列入考核清单的单位数量依次为228家（2018年）、210家（2019年）和218家（2020年）（见图2-23）。在2020年的评估考核中，旱区单位的评价考核结果具体分布为优秀（28家）、良好（68家）、合格（117家）、较差（5家）。

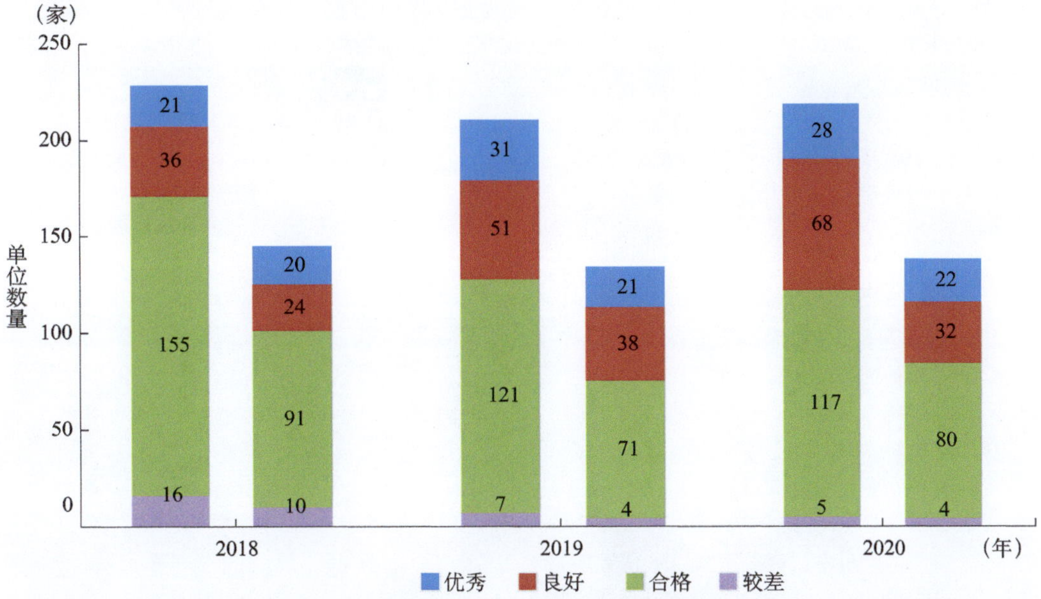

图2-23　2018—2020年重大科研基础设施和大型科研仪器开放共享评价考核结果比较

Figure 2-23　The evaluation comparison of Opened and Shared Major Scientific Research Infrastructure and Large Scientific Research Instruments from 2018 to 2020

说明：①左侧柱条表示旱区，右侧柱条表示非旱区；②所归属地区根据单位的组织机构登记信息所属地区进行划分确定，由编者整理得到。

资料来源：科技部网站。

根据科技部统计数据，2020年纳入国家网络管理平台统一管理的仪器入网比例为97.0%，90.0%的参评单位建立了在线服务平台。总体而言，旱区参评的重大科研基础设施运行和开放共享单位情况较好（见表2-4），在支撑国家重大科研任务、推动产业技术创新、服务国家重大战略需求和国民经济持续发展等方面取得了显著成效。但对单位开展设施运行和开放共享情况的分析中，也发现存在一些问题和不足：一是部分大型仪器利用率不高，存在分散重复的问题；二是部分单位未按要求建立在线服务平台，仪器信息化管理水平不高；三是部分单位对仪器购置缺乏统筹，存在仪器低效购置问题。根据《国务院关于国家重大科研基础设施和大型科研仪器向社会开放的意见》的有关规定，对考核结果优秀和良好的单位予以表扬，并给予后补助经费奖励。对考核结果较差的单位进行通报批评，要求限期一年整改，一年后整改不到位的，将核减相应仪器设备购置经费。

表 2-4　2020 年旱区重大科研基础设施和大型科研仪器开放共享评价考核结果

Table 2-4　Evaluation results of Opened and Shared Major Scientific Research Infrastructure and Large Scientific Research Instruments in the arid areas in 2020

序号	单　位	省（区、市）	评定结果
1	中国科学院近代物理研究所	甘肃	优秀
2	中国科学院兰州化学物理研究所	甘肃	优秀
3	中国科学院西北生态环境资源研究院	甘肃	优秀
4	兰州大学	甘肃	优秀
5	吉林大学	吉林	优秀
6	中国科学院长春光学精密机械与物理研究所	吉林	优秀
7	中国科学院新疆生态与地理研究所	新疆	优秀
8	中国科学院新疆理化技术研究所	新疆	优秀
9	中国科学院大连化学物理研究所	辽宁	优秀
10	中国科学院天津工业生物技术研究所	天津	优秀
11	中国农业科学院烟草研究所	山东	良好
12	中国科学院海洋研究所	山东	良好
13	中国水产科学研究院黄海水产研究所	山东	良好
14	中国科学院青岛生物能源与过程研究所	山东	良好
15	山东大学	山东	良好
16	中国科学院烟台海岸带研究所	山东	良好
17	青岛海洋地质研究所	山东	良好
18	中国农业科学院果树研究所	辽宁	良好
19	中国科学院沈阳应用生态研究所	辽宁	良好
20	中国科学院金属研究所	辽宁	良好
21	中国科学院沈阳自动化研究所	辽宁	良好
22	大连理工大学	辽宁	良好
23	中国科学院东北地理与农业生态研究所	吉林	良好
24	中国农业科学院特产研究所	吉林	良好
25	中国科学院长春应用化学研究所	吉林	良好
26	中国科学院地球环境研究所	陕西	良好
27	西安交通大学	陕西	良好
28	长安大学	陕西	良好
29	中国地质科学院地球物理地球化学勘查研究所	天津	良好
30	农业农村部环境保护科研监测所	天津	良好
31	交通运输部天津水运工程科学研究所	天津	良好

续表

序号	单 位	省（区、市）	评定结果
32	中国农业科学院郑州果树研究所	河南	良好
33	中国农业科学院棉花研究所	河南	良好
34	中国农业科学院哈尔滨兽医研究所	黑龙江	良好
35	哈尔滨工程大学	黑龙江	良好
36	中国科学院青海盐湖研究所	青海	良好
37	中国科学院西北高原生物研究所	青海	良好
38	中国农业科学院兰州畜牧与兽药研究所	甘肃	良好
39	中国农业科学院草原研究所	内蒙古	良好
40	中国气象局乌鲁木齐沙漠气象研究所	新疆	良好
41	自然资源部天津海水淡化与综合利用研究所	天津	合格
42	中国医学科学院放射医学研究所	天津	合格
43	天津大学	天津	合格
44	中国医学科学院血液学研究所	天津	合格
45	南开大学	天津	合格
46	应急管理部天津消防研究所	天津	合格
47	中国民航大学	天津	合格
48	中国医学科学院生物医学工程研究所	天津	合格
49	哈尔滨工业大学	黑龙江	合格
50	东北林业大学	黑龙江	合格
51	中国地震局工程力学研究所	黑龙江	合格
52	中国水产科学研究院黑龙江水产研究所	黑龙江	合格
53	国家林业局哈尔滨林业机械研究所（国家林业局林业机电工程实验室）	黑龙江	合格
54	中国气象局沈阳大气环境研究所	辽宁	合格
55	大连海事大学	辽宁	合格
56	东北大学	辽宁	合格
57	大连民族大学	辽宁	合格
58	应急管理部沈阳消防研究所	辽宁	合格
59	中国海洋大学	山东	合格
60	国家深海基地管理中心	山东	合格
61	自然资源部第一海洋研究所	山东	合格
62	中国石油大学（华东）	山东	合格
63	中国动物卫生与流行病学中心	山东	合格
64	中国科学院西安光学精密机械研究所	陕西	合格
65	中国科学院国家授时中心	陕西	合格
66	西北工业大学	陕西	合格
67	西北农林科技大学	陕西	合格
68	西安电子科技大学	陕西	合格
69	中国地震局兰州地震研究所	甘肃	合格

续表

序号	单 位	省（区、市）	评定结果
70	中国农业科学院兰州兽医研究所	甘肃	合格
71	西北民族大学	甘肃	合格
72	中国气象局兰州干旱气象研究所	甘肃	合格
73	中国科学院遗传与发育生物学研究所农业资源研究中心	河北	合格
74	中国水产科学研究院北戴河中心实验站	河北	合格
75	中国农业科学院农田灌溉研究所	河南	合格
76	国家林业局泡桐研究开发中心	河南	合格
77	中国林业科学研究院沙漠林业实验中心	内蒙古	合格
78	牧区水利科学研究所	内蒙古	合格
79	东北师范大学	吉林	合格
80	北方民族大学	宁夏	合格
81	中国科学院山西煤炭化学研究所	山西	合格

说明：①所归属省（区、市）根据单位的组织机构登记信息所属地区进行划分确定，由编者整理得到；②此表未包含登记属地为北京的单位。

资料来源：《科技部办公厅 财政部办公厅关于发布2020年中央级高校和科研院所等单位重大科研基础设施和大型科研仪器开放共享评价考核结果的通知》（国科办基〔2020〕103号）。

2.3.4 现代农业产业技术体系

2007年农业部、财政部共同启动建设国家现代农业产业技术体系，聚焦主要农产品，形成跨部门、跨区域、跨单位、跨学科的优势科技力量，联合协作解决产业重大问题。现代农业产业技术体系内部构架是由一个产业技术研发中心（含若干功能实验室）和若干综合试验站两个层级构成。研发中心设首席科学家1名，每个功能研究室（设有研究室主任）依据其产业研发需求聘用若干名岗位科学家；同时依据产业生态布局等特点，在产品的主产区设立若干个综合试验站，每个综合试验站设1名站长。

“十二五”期间（2011—2015年），国家现代农业产业技术体系共确定了50个产业技术研发中心、233个功能研究室和1 144个综合试验站，总计聘请了50名首席科学家、1 051名岗位科学家和1 144名站长［农科（产业）函〔2019〕第184号］。“十三五”以来，国家现代农业产业技术体系持续加强体系队伍建设和提升技术支撑能力，开展了多次的岗位新增调整和科学家聘用增补。2017年国家现代农业产业技术体系遴选增补了359名科学家［农科（产业）函〔2017〕第68号］；2019

年增补 55 位岗位科学家［农科（产业）函〔2019〕第 184 号］。为加强“十四五”现代农业产业技术体系建设，打造国家农业产业科技战略力量，支撑农业农村高质量发展，2021 年继续增补首席科学家（11 名）和岗位科学家（215 名）［农科（产业）函〔2021〕7 号］。从区域对比来看（见图 2–24），旱区拥有各类科学家共计 1 074 名，非旱区拥有各类科学家共计 900 名，二者人数比率为 1.2。从旱区省（区、市）对比来看（见图 2–25），科学家人数排在前三的省（区、市）分别是北京（372 名）、山东（136 名）、河南（86 名）。

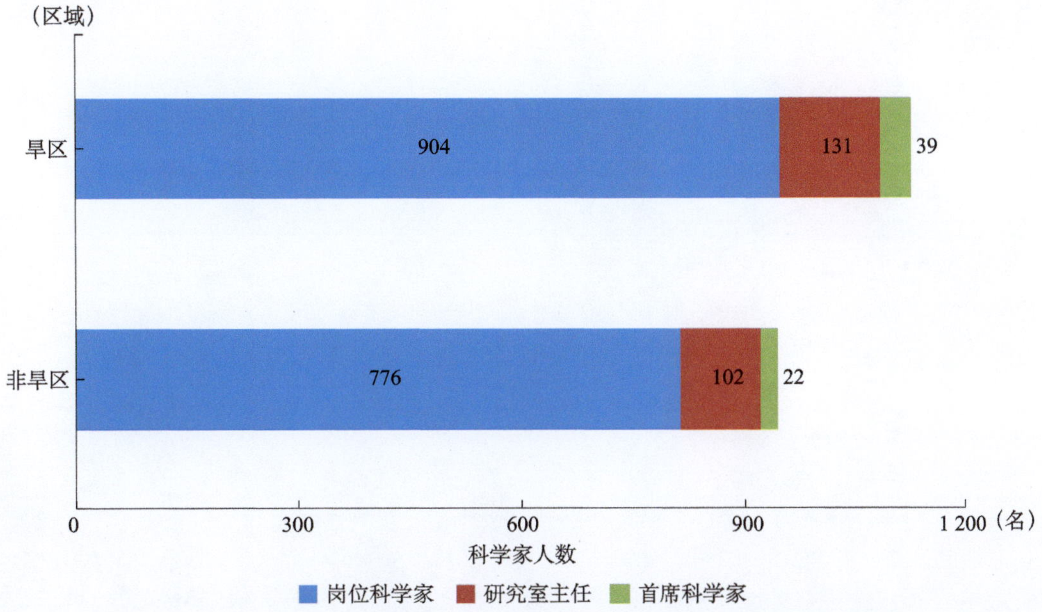

图 2–24　2011—2021 年现代农业产业技术体系科学家人数分布情况

Figure 2–24　Amounts distribution of science researchers in China Agricultural Research System from 2011 to 2021

说明：①同一科学家可能聘用于多个类别的岗位，并进行累加汇总；②省（区、市）区域根据科学家所在单位的组织机构登记信息进行划分确定。

资料来源：农业农村部网站，《农业部关于公布农业部重点实验室及农业科学观测实验站名单的通知》（农科教发〔2011〕8 号）、《关于公示现代农业产业技术体系“十三五”新增岗位科学家候选人名单的通知》［农科（产业）函〔2017〕第 68 号］、《关于公示现代农业产业技术体系 2019 年增补岗位科学家候选人名单的通知》［农科（产业）函〔2019〕第 184 号］、《关于公示现代农业产业技术体系首席科学家和岗位科学家候选人名单的通知》［农科（产业）函〔2021〕7 号］。

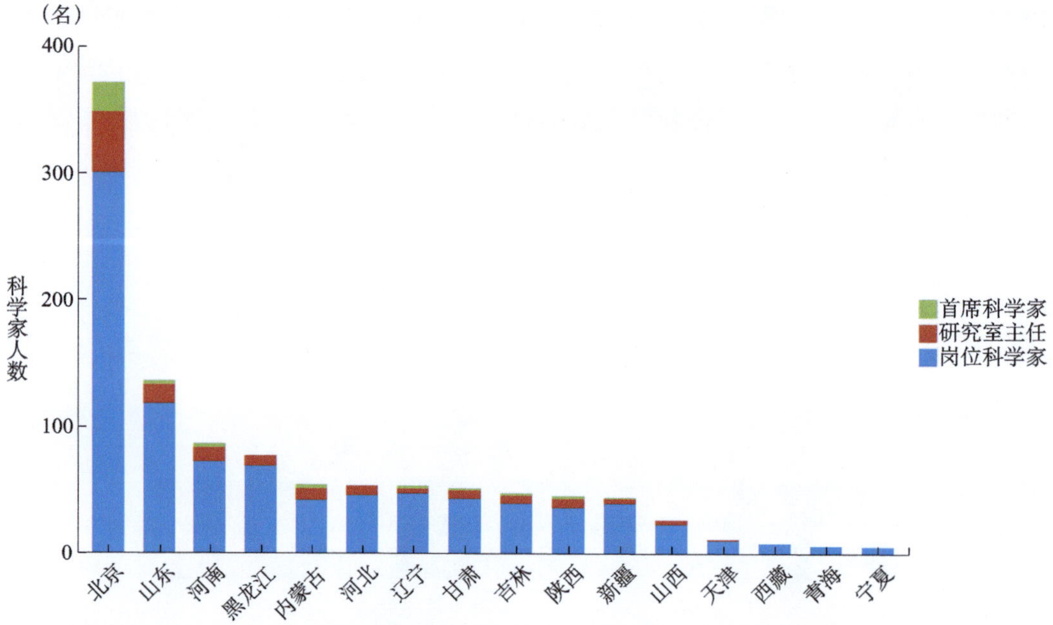

图 2-25　2011—2021 年旱区省（区、市）现代农业产业技术体系科学家人数分布情况

Figure 2-25　Amounts distribution of science researchers of China Agricultural Research System in provinces of the arid areas from 2011 to 2021

说明：①同一科学家可能聘用于多个类别的岗位，并进行累加汇总；②省（区、市）区域根据科学家所在单位的组织机构登记信息进行划分确定。

资料来源：农业农村部网站，《农业部关于公布农业部重点实验室及农业科学观测实验站名单的通知》（农科教发〔2011〕8 号）、《关于公示现代农业产业技术体系"十三五"新增岗位科学家候选人名单的通知》[农科（产业）函〔2017〕第 68 号]、《关于公示现代农业产业技术体系 2019 年增补岗位科学家候选人名单的通知》[农科（产业）函〔2019〕第 184 号]、《关于公示现代农业产业技术体系首席科学家和岗位科学家候选人名单的通知》[农科（产业）函〔2021〕7 号]。

2.4　科技服务

2.4.1　国家农业科技园区

截至 2021 年年底，科技部已分 9 个批次有序批准建设了共 233 家国家农业科技园区（见图 2–26）。国家农业科技园区的布局基本覆盖了全国所有省、自治区、直辖市、计划单列市及新疆生产建设兵团，初步形成了特色鲜明、模式典型、科技示范效果显著的园区发展格局。其中，旱区布局的国家农业科技园区总数增加到 107

家，非旱区为 126 家。2020 年科技部发布了第 9 批共 25 家国家农业科技园区建设名单，其中旱区分布有 12 家（见表 2–5），非旱区与旱区的分布数量基本相当。

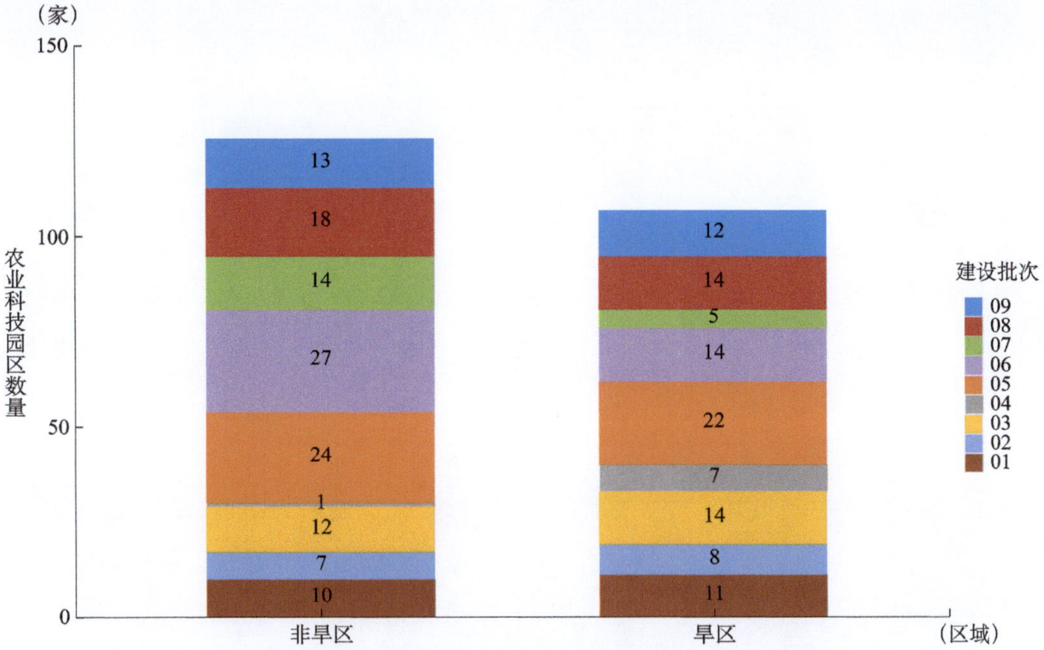

图 2-26 截至 2021 年年底国家农业科技园区建设的批次数量分布情况

Figure 2-26 Amounts distribution of National Agricultural Science and Technology Parks along history batches up to the end of 2021

说明：2020 年的建设名单对应图中的第 9 批次。

资料来源：科技部网站。

表 2-5 2020 年旱区国家农业科技园区建设名单

Table 2-5 Foundation List of National Agricultural Science and Technology Parks in the arid areas in 2020

序号	批次	园区名称	省（区、市）
1	09	山东日照国家农业科技园区	山东
2	09	山东淄博国家农业科技园区	山东
3	09	甘肃平凉国家农业科技园区	甘肃
4	09	河北张家口国家农业科技园区	河北
5	09	黑龙江齐齐哈尔国家农业科技园区	黑龙江
6	09	辽宁桓仁国家农业科技园区	辽宁
7	09	内蒙古自治区兴安盟国家农业科技园区	内蒙古
8	09	青海黄南国家农业科技园区	青海
9	09	山西大同国家农业科技园区	山西

续表

序号	批次	园区名称	省（区、市）
10	09	陕西安康国家农业科技园区	陕西
11	09	天津宝坻国家农业科技园区	天津
12	09	新疆青河国家农业科技园区	新疆

说明：①名单按园区数量和省（区、市）拼音排序；② 2020 年的建设名单对应表中的第 9 批次。
资料来源：《科技部办公厅关于开展第九批国家农业科技园区建设的通知》（国科办农〔2020〕123 号）。

科技部持续加强国家农业科技园区的管理，积极推动园区发展。2020 年，根据《国家农业科技园区管理办法》要求，科技部对已经验收挂牌的第六批共 47 个园区进行了综合评估。经过园区自评估、视频答辩、现场考察以及综合评议等环节，评估结果为优秀的旱区园区共有 3 家、非旱区园区共有 7 家（见表 2–6），评估结果为达标的旱区园区共有 11 家、非旱区园区共 21 家，评估结果为不达标的旱区园区共有 3 家、非旱区园区共有 2 家。根据《国家农业科技园区管理办法》相关规定，评估结果为“优秀”的园区将作为下一步科技项目优先支持对象和国家农业高新技术产业示范区优先培育对象；评估结果为“不达标”的园区整改 1 年后将再次参加综合评估，如达标则保留园区建设资格，如仍不达标则取消园区建设资格。

表 2-6　2020 年国家农业科技园区综合评估结果

Table 2-6　Comprehensive assessment results of national Agricultural Science and Technology Parks in 2020

序号	园区名称	评估结果	省（区、市）
1	河北石家庄藁城国家农业科技园区	优秀	河北
2	河北定州国家农业科技园区	优秀	河北
3	山东德州国家农业科技园区	优秀	山东
4	新疆塔城国家农业科技园区	达标	新疆
5	新疆克拉玛依国家农业科技园区	达标	新疆
6	新疆生产建设兵团五一农场国家农业科技园区	达标	新疆
7	甘肃酒泉国家农业科技园区	达标	甘肃
8	甘肃张掖国家农业科技园区	达标	甘肃
9	河南新乡国家农业科技园区	达标	河南
10	河南兰考国家农业科技园区	达标	河南
11	陕西咸阳国家农业科技园区	达标	陕西

续表

序号	园区名称	评估结果	省（区、市）
12	陕西宝鸡国家农业科技园区	达标	陕西
13	河北沧州国家农业科技园区	达标	河北
14	山东临沂国家农业科技园区	达标	山东

说明：①此次评估的为第6批次创建的共47家园区；②名单按评估结果、园区数量和省（区、市）拼音排序。

资料来源：《科技部办公厅关于公布2020年国家农业科技园区综合评估结果的通知》国科办农〔2020〕122号。

2.4.2 国家农业科技创新联盟

2014年，我国农业农村部启动国家农业科技创新联盟建设。2019年，农业农村部对62个符合要求的联盟开展评估认定工作，首批共认定34个国家农业科技创新联盟，认定通过率为54.8%，其中15个联盟被认定为标杆联盟，占认定数的44.1%。2021年农业农村部开展并完成了第二批国家农业科技创新联盟认定工作。通过对25个符合要求的联盟开展综合评估考核，第二批共认定17个国家农业科技创新联盟（见表2–7），认定通过率为68.0%，其中5个联盟被认定为标杆联盟，占认定数的29.4%。此次评估认定工作重点针对各联盟在建立优势互补和协同协作的运行机制，凝练共同任务联合解决重大问题的效果，对行业或产业发展做出的贡献等方面的表现进行全面分析和评判。

表2–7 2021年第二批国家农业科技创新联盟认定结果

Table 2–7 Assessment of the second batch of National Agricultural Science and Technology Innovation Alliance in 2021

序号	联盟名称	类 型	等 级
1	健康油脂产业科技创新联盟	产业联盟	标杆联盟
2	航空植保科技创新联盟	产业联盟	标杆联盟
3	鸽业科技创新联盟	产业联盟	标杆联盟
4	优质蜂产品科技创新联盟	产业联盟	一般联盟
5	乡村环境治理科技创新联盟	产业联盟	一般联盟
6	蔬菜科技与产业创新联盟	产业联盟	一般联盟
7	草产业科技创新联盟	产业联盟	一般联盟
8	马铃薯产业科技创新联盟	产业联盟	一般联盟
9	牦牛产业提质增效科技创新联盟	产业联盟	一般联盟

续表

序号	联盟名称	类　型	等　级
10	畜牧科技创新联盟	专业联盟	标杆联盟
11	农作物种质资源科技创新联盟	专业联盟	标杆联盟
12	柑橘黄龙病综合防控协同创新联盟	专业联盟	一般联盟
13	水稻绿色增产增效协同创新联盟	专业联盟	一般联盟
14	农产品质量安全科技创新联盟	专业联盟	一般联盟
15	安徽省农业科技创新联盟	区域联盟	一般联盟
16	山东省农业科技创新联盟	区域联盟	一般联盟
17	江西省农业科技创新联盟	区域联盟	一般联盟

说明：按联盟类型和等级进行排序。
资料来源：农业农村部网站。

林业和草原国家创新联盟是由国家林业和草原局确定的国家创新联盟，包括生态、产业、区域三种类型，重点围绕生态建设和产业技术创新的关键问题，开展技术合作，加速科技成果的转移转化，提升产业整体竞争力。林业和草原国家创新联盟一般由企业、大学和科研机构等 3 种以上类型的法人单位构成，总数不少于 10 家。截至目前，国家林业和草原局共批复创建了两个批次共计 248 家林业和草原国家创新联盟，两批次创建联盟数分别为 110 家和 138 家。其中旱区共批复创建了 163 家，除北京外，旱区共创建有 62 家林业和草原国家创新联盟（具体名单见表 2–8）。

表 2–8　2019—2020 年旱区林业和草原国家创新联盟名单

Table 2–8　List of national innovation alliance on forestry and grassland authored by NFGA in the arid areas from 2019 to 2020

序号	联盟名称	牵头单位	创建批次	省（区、市）
1	植物天然活性物质利用国家创新联盟	东北林业大学	第二批	黑龙江
2	林木分子生物学国家创新联盟	东北林业大学	第二批	黑龙江
3	野生动物生物安全管控国家创新联盟	东北林业大学	第二批	黑龙江
4	野生动物保护与利用国家创新联盟	东北林业大学	第二批	黑龙江
5	果松产业国家创新联盟	黑龙江省林业科学研究所	第二批	黑龙江
6	寒地花卉产业国家创新联盟	东北林业大学	第二批	黑龙江
7	红松产业国家创新联盟	东北林业大学	第二批	黑龙江
8	木工智能化国家创新联盟	东北林业大学	第二批	黑龙江
9	东北退化森林生态系统恢复国家创新联盟	东北林业大学	第二批	黑龙江

续表

序号	联盟名称	牵头单位	创建批次	省（区、市）
10	北方森林生态保护与利用产业国家创新联盟	东北林业大学	第二批	黑龙江
11	野生动物疫源疫病监控国家创新联盟	国家林业和草原局林草防治总站	第二批	辽宁
12	文冠果产业国家创新联盟	大连民族大学	第二批	辽宁
13	鹿产业国家创新联盟	辽阳千山呈龙科技有限公司	第二批	辽宁
14	农牧交错带草地保护国家创新联盟	辽宁省林业发展服务中心	第二批	辽宁
15	北方酸枣产业国家创新联盟	国营朝阳县六家子林场	第二批	辽宁
16	泡桐国家创新联盟	国家林业和草原局泡桐研究开发中心	第二批	河南
17	紫荆国家创新联盟	河南四季春园林艺术工程有限公司	第二批	河南
18	蜡梅国家创新联盟	河南省林业科学研究院	第二批	河南
19	构树国家创新联盟	河南省林业科学研究院	第二批	河南
20	葡萄与葡萄酒产业国家创新联盟	西北农林科技大学	第二批	陕西
21	漆树产业国家创新联盟	西北农林科技大学	第二批	陕西
22	樱桃产业国家创新联盟	西北农林科技大学	第二批	陕西
23	秦岭大熊猫国家创新联盟	陕西省林业科学院	第二批	陕西
24	雷击火和边境火防控技术国家创新联盟	内蒙古农业大学	第二批	内蒙古
25	蒙树生态修复国家创新联盟	蒙树生态建设集团有限公司	第二批	内蒙古
26	玫瑰产业国家创新联盟	平阴县玫瑰研究所	第二批	山东
27	欧李产业国家创新联盟	山东云农公社电子商务有限公司	第二批	山东
28	天津市自然保护地监控体系国家创新联盟	天津市测绘院	第二批	天津
29	天津市滨海湿地生态建设国家创新联盟	天津市城市规划设计研究院	第二批	天津
30	榆树产业国家创新联盟	河北省林业科学研究院	第二批	河北
31	宁夏干旱区生态治理国家创新联盟	宁夏宁苗生态园林公司	第二批	宁夏
32	青藏高原道地药材开发与利用国家创新联盟	青海师范大学生命科学学院	第二批	青海

续表

序号	联盟名称	牵头单位	创建批次	省（区、市）
33	油松国家创新联盟	山西省林业科学研究院	第二批	山西
34	猕猴桃产业国家创新联盟	西北农林科技大学	第一批	陕西
35	花椒产业国家创新联盟	西北农林科技大学	第一批	陕西
36	长柄扁桃国家创新联盟	陕西省林业科学院	第一批	陕西
37	牡丹芍药产业国家创新联盟	陕西省牡丹产业协会	第一批	陕西
38	西北地区特色林业产业国家创新联盟	国家林业和草原局西北调查规划设计院	第一批	陕西
39	自然保护地国家创新联盟	东北林业大学	第一批	黑龙江
40	森林草原火灾防控技术国家创新联盟	东北林业大学	第一批	黑龙江
41	东北森林资源加工利用产业国家创新联盟	东北林业大学	第一批	黑龙江
42	黑龙江森工重点国有林区产业发展国家创新联盟	中国龙江森林工业集团有限公司	第一批	黑龙江
43	皂荚产业国家创新联盟	河南省林业科学研究院	第一批	河南
44	柿产业国家创新联盟	国家林业和草原局泡桐研究开发中心	第一批	河南
45	中原地区枣产业国家创新联盟	洛阳师范学院	第一批	河南
46	毛梾产业国家创新联盟	山东万路达毛梾文化产业发展有限公司	第一批	山东
47	华东特色浆果产业国家创新联盟	山东省林业科学研究院	第一批	山东
48	集装箱底板国家创新联盟	康欣新材料股份有限公司	第一批	山东
49	桑黄产业国家创新联盟	延边兴林生物科技有限公司	第一批	吉林
50	东北山野菜产业国家创新联盟	中国科学院东北地理与农业生态研究所	第一批	吉林
51	北方沙区桑树产业国家创新联盟	沈阳农业大学	第一批	辽宁
52	林业生物灾害监测预警国家创新联盟	国家林业和草原局森林和草原病虫害防治总站	第一批	辽宁
53	草原生态修复国家创新联盟	内蒙古蒙草生态环境（集团）股份有限公司	第一批	内蒙古
54	节水林业国家创新联盟	内蒙古天龙生态环境发展有限公司	第一批	内蒙古

续表

序号	联盟名称	牵头单位	创建批次	省（区、市）
55	连翘产业国家创新联盟	山西省林业科学研究院	第一批	山西
56	油用牡丹产业国家创新联盟	山西潞安智华农林科技有限公司	第一批	山西
57	草原资源保护国家创新联盟	兰州大学	第一批	甘肃
58	枣产业国家创新联盟	河北农业大学	第一批	河北
59	枸杞产业国家创新联盟	宁夏林业研究院股份有限公司	第一批	宁夏
60	青海都兰有机枸杞产业国家创新联盟	都兰县枸杞产业协会	第一批	青海
61	绿色建筑与智慧旅游国家创新联盟	北科泰达投资发展有限公司	第一批	天津
62	干旱区防沙治沙与沙产业国家创新联盟	中国科学院新疆生态与地理研究所	第一批	新疆

说明：①此表未包含牵头单位登记归属地为北京的联盟；②牵头单位所归属省（区、市）根据单位组织机构登记信息进行查询确定，由编者整理得到；③按联盟批次、省份数量和省份名称进行排序。

资料来源：国家林业和草原局网站。

2.4.3 技术示范转移机构

近年来，全国技术市场交易活动日趋活跃，成交额屡创历史新高。对于旱区而言，技术交易市场整体表现为技术净吸纳，技术引进的需求空间巨大。从交易合同数来看（见图 2–27），2012 年技术交易合同总数为 26.6 万项，技术交易净输出合同数（输出与吸纳交易合同数的差值）为 1.2 万项；2018 年技术交易合同总数为 40.5 万项，技术净输出交易合同数扩大到 2.3 万项；2019 年技术交易合同总数为 45.1 万项，技术净输出交易合同数扩大到 2.5 万项。从交易金额来看，2012 年技术交易总金额为 6 593 亿元，技术净输出交易金额（技术输出金额与技术吸纳金额的差值）为 1 081 亿元；2018 年技术交易总金额为 16 359 亿元，技术净输出交易金额扩大到 2 527 亿元；2019 年技术交易总金额为 20 154 亿元，技术净输出交易金额扩大到 2 688 亿元。

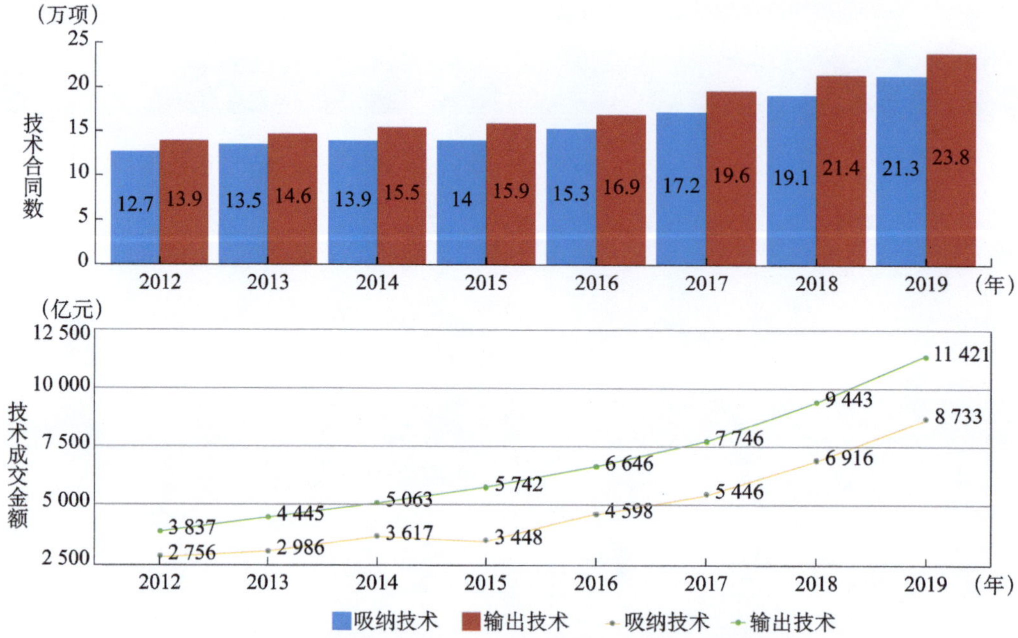

图 2-27　2012—2019 年旱区技术合同成交情况

Figure 2-27　Trade of technology contract in the arid areas from 2012 to 2019

资料来源：《中国科技统计年鉴》(2013—2020 年)。

从旱区各省份的技术交易合同数来看（见图 2–28），交易合同总数排在前五的省（市）分别为北京（14.83 万项）、陕西（8.07 万项）、山东（6.81 万项）、辽宁（3.10 万项）、天津（2.52 万项）。其中，技术交易合同数表现为净输出的前五个省（市）(净输出合同项数）分别为陕西（2.53 万项）、北京（1.80 万项）、天津（0.26 万项）、山东（0.23 万项）、辽宁（0.22 万项），技术交易合同数表现为净吸纳的前五个省（区）(净吸纳合同项数）分别为内蒙古（0.47 万项）、河北（0.40 万项）、山西（0.37 万项）、新疆（0.31 万项）、河南（0.24 万项）。

从旱区各省份的技术交易金额来看（见图 2–29），技术交易总金额排在前五的省（市）分别为北京（8 919 亿元）、山东（2 221 亿元）、陕西（2 160 亿元）、天津（1 371 亿元）、河北（965 亿元）。技术交易金额表现为净输出（净输出金额）的前五个省（市）分别为北京（2 472 亿元）、陕西（774 亿元）、天津（447 亿元）、辽宁（202 亿元）、黑龙江（117 亿元），技术交易合同数表现为净吸纳（净吸纳金额）的前五个省（区）分别为山西（335 亿元）、河北（203 亿元）、河南（184 亿元）、新疆（168 亿元）、内蒙古（157 亿元）。

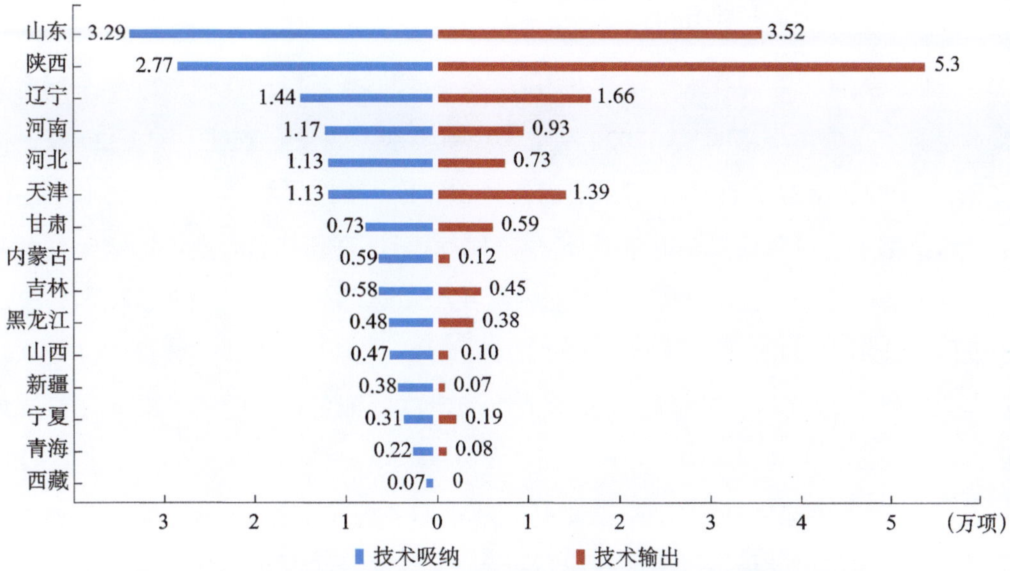

图 2-28　2019 年旱区省（区、市）吸纳和输出技术的市场交易合同数

Figure 2-28　Contracts comparison of the technology transaction market between in provinces of the arid areas in 2019

说明：北京的统计数据远高于其他省（区、市），因此图中没有显示。

资料来源：《中国科技统计年鉴 2020》。

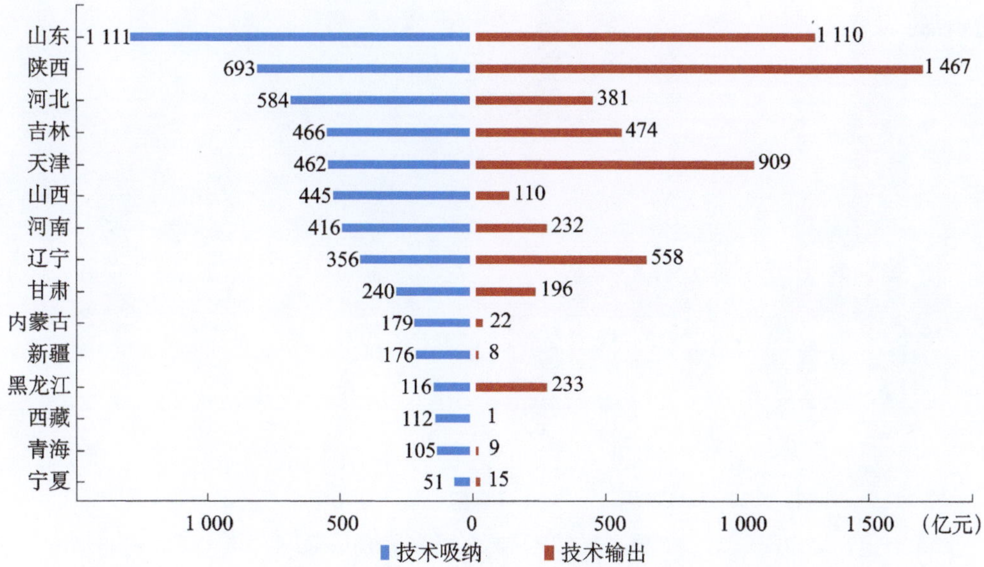

图 2-29　2019 年旱区省（区、市）吸纳和输出技术的市场交易成交金额

Figure 2-29　Funds comparison of the technology transaction market in provinces of the arid areas in 2019

说明：北京的统计数据远高于其他省（区、市），因此图中没有显示。

资料来源：《中国科技统计年鉴 2020》。

2.4.4 国家高新技术企业

根据科技部火炬高技术产业开发中心的公示数据来看，2018—2020 年全国高新技术企业认定数量增幅明显，2020 年全国高新技术企业认定数量为 117 225 家，相比 2019 年的认定数量 89 913 家，增幅达到 30.4%。区位优势和经济发展水平往往是高新技术企业培育和发展的重要环境条件。就旱区高新技术企业认定数量分布来看（见图 2–30），旱区省均高新技术企业认定数量远低于全国平均高新技术企业认定数量（分别为 2 399 家和 3 781 家），而且旱区省（区、市）认定数量的分布具有较大差异性。2020 年，旱区高新技术企业认定数量排名前五的省（市）分别是北京（10 968家）、山东（6 619 家）、河北（3 425 家）、陕西（3 185 家）、辽宁（3 171 家），认定数量超过全国平均高新企业认定数量的旱区省（市）只有 2 个，分别为北京、山东；而认定数量超过旱区省均高新企业认定数量的旱区省（市）有 7 个，分别为北京、山东、河北、陕西、辽宁、天津、河南。

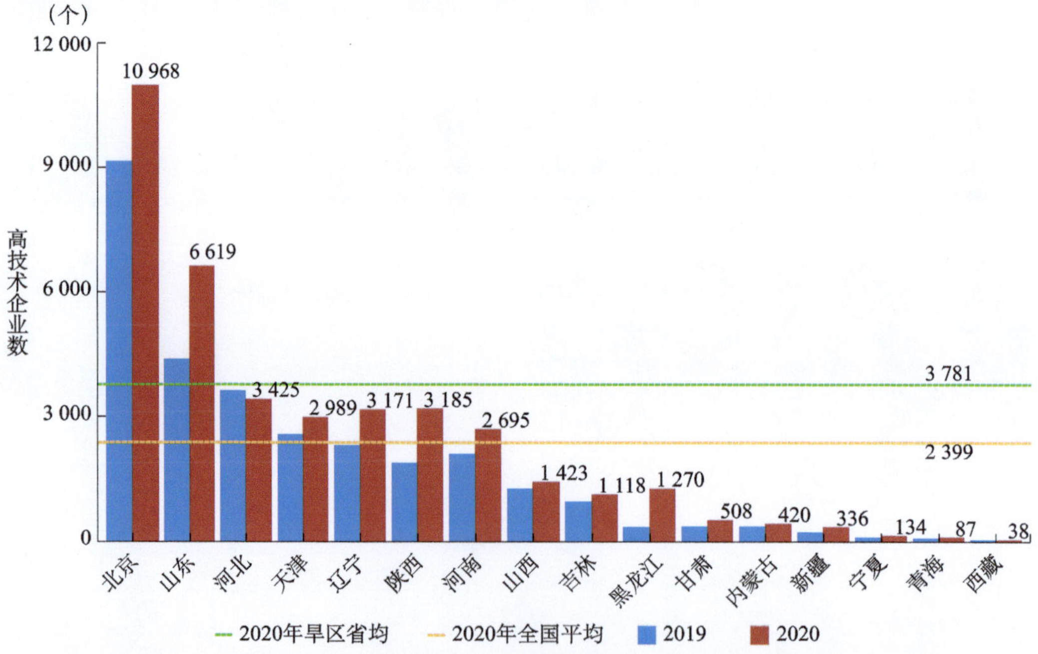

图 2-30 2019—2020 年旱区省（区、市）国家高新技术企业认定数量的分布情况

Figure 2-30 Amounts distribution of the national high-tech enterprises in provinces of the arid areas from 2019 to 2020

资料来源：科技部火炬高技术产业开发中心。

规模以上高新技术企业是我国企业创新的中坚力量，贡献了全部高新技术企业生产产值的六成左右。2018 年全国规模以上高技术产业企业数为 33 573 家，而到 2019 年全国规模以上高技术产业企业数增加到 35 833 家，其中旱区拥有规模以上高新技术企业数 6 880 家，约占全国总数的 1/5。对比来看（见图 2–31），2019 年旱区 16 个省份平均拥有的规模以上高新技术企业数量为 430 家，比 2018 年的平均数 443 家有所减少，但仍远低于全国省均拥有规模以上高新技术企业数 1 156 家的水平。旱区仅有山东（1564 家）超过了全国省均拥有规模以上高新技术企业数。就旱区省（区、市）而言，超过旱区省均规模以上高新技术企业数的有山东（1 564 家）、河南（1 106 家）、北京（853 家）、陕西（683 家）、河北（670 家）、辽宁（493 家）、天津（491 家），西北部其他旱区省（区、市）的高技术企业分布明显较少，但比往年的分布情况有所改善。2019 年，旱区各（区、市）规模以上高新技术产业研发机构数和研发项目数分布如图 2–32 所示。

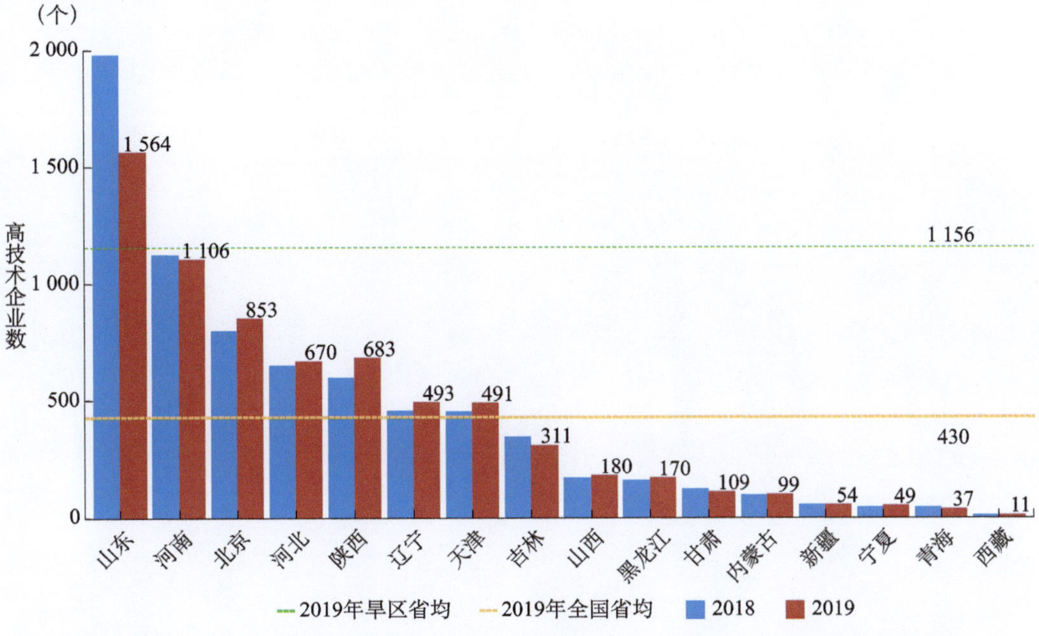

图 2-31　2018—2019 年旱区省（区、市）规模以上高新技术企业数分布及变化

Figure 2-31　Amounts distribution of the high-tech enterprises in provinces of the arid areas from 2018 to 2019

资料来源：《中国科技统计年鉴》（2019—2020 年）。

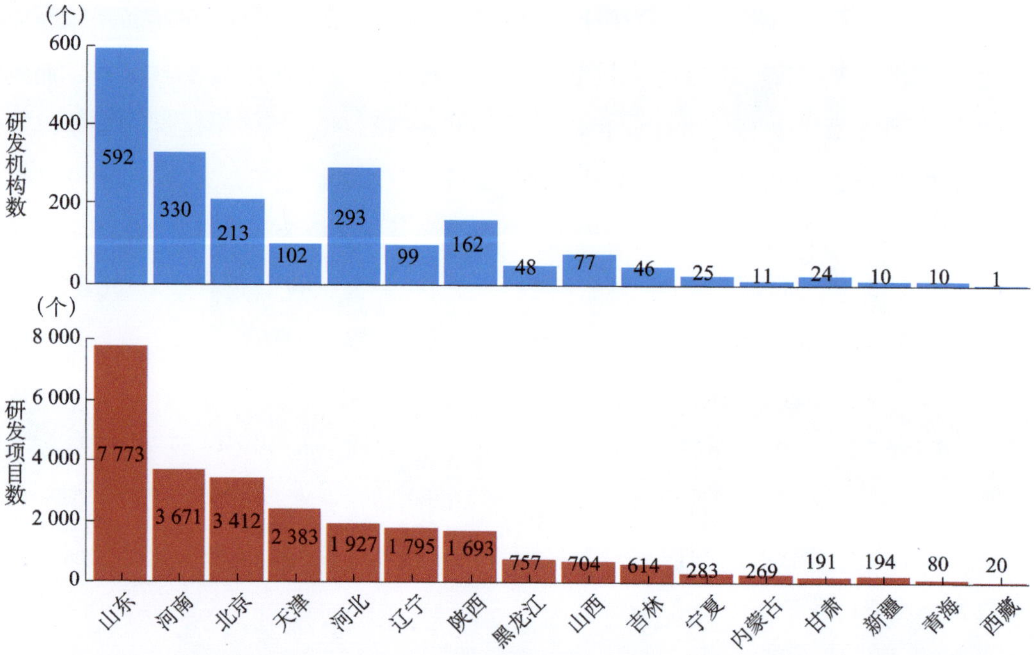

图 2-32　2019 年旱区省（区、市）规模以上高新技术产业研发机构数和研发项目数分布

Figure 2-32　Amounts distribution of the high-tech industry R&D institutions and projects in provinces of the arid areas in 2019

资料来源：《中国科技统计年鉴 2020》。

3 旱区农业技术产出情况

2020 年，旱区农业领域知识产权的创造保持良好的增长势头，在旱区农业发展中发挥着显著助推作用。旱区 16 省（区、市）农业领域专利授权量为 41 823 件，占全国农业领域专利授权量的 37.6%，较 2019 年有所上涨。截至 2020 年年底，旱区 16 省（区、市）植物新品种权申请量为 2 809 件，占全国植物新品种权申请量的 50.3%；植物新品种权授权量为 1 341 件，占全国植物新品种权授权量的 52.2%。

2020 年，旱区农业科研力量在全国范围的农业科研与创新活动中发挥越发重要的作用。近年来 SCI 收录旱区 16 省（区、市）农业领域科技论文的数量呈稳定上升趋势，从 2016 年到 2020 年增长了 1.7 倍；EI 收录旱区农业领域科技论文数量持续增长，2020 年上升至 8 756 篇，达到最高点；ISTP 和中国知网收录旱区农业科技领域论文数量相对稳定。总的来说，科研产出相关要求在不断提高，旱区农业科研论文产出质量在不断优化。2020 年旱区农业领域国家科技奖励为 24 项，全国为 37 项。获得农业领域国家级科技奖励的项目中，用旱区各省（区、市）相关科研单位为主要完成单位获得国家级科技奖励占全国科技奖励的比例，表示旱区在国家科技奖励项目中的参与度，2020 年旱区相关科研单位的参与比例达到 64.9%，其中，在国家技术发明奖上，旱区参与度为 80%。总之，旱区农业科研力量在全国范围的农业科研与创新活动中发挥着越来越重要的作用。

“十四五”时期，是乘势而上开启全面建设社会主义现代化国家新征程、向第二个百年奋斗目标进军的第一个五年。面向“十四五”，打好 2020 年“十三五”收官之战、应对国内外各种风险挑战，基础支撑在“三农”。稳住农业基本盘，守好“三农”基础，辐射带动干旱半干旱地区农业产业发展，这是国家赋予杨凌的重要使命。杨凌示范区自成立以来，始终不断促进农业科技发展，探索农业科技示范推广新模式，构建了多元立体化的农业科技推广体系，产生了显著的社会经济效益。2020年，杨凌示范区全面落实各项决策部署和政策措施，科学统筹疫情防控和经济社会发展，扎实做好“六稳”工作，全面落实“六保”任务，基本民生保障有力，发展动力活力稳步增强。特别是近年来，围绕国家脱贫攻坚战略，杨凌示范区将示范推广与科技扶贫紧密结合，坚持立足陕西，面向有扶贫任务的中西部省份，重点在国家集中连片特殊困难地区建立科技示范推广基地，为全省、全国脱贫攻坚战贡献“杨凌力量”。

3.1 旱区农业领域三种专利授权情况

科技作为现代农业的第一生产力，是保障农业竞争力的决定性因素。我国农业知识产权的快速发展，管理水平的不断提升，农业知识产权拥有量的飞速增长，对我国农业竞争力的提升起到重要的推动作用。从总体来看，旱区的技术创新能力在不断增强，专利授权量在全国范围占据较大比重，保持着良好的势头，对转变旱区农业生产方式、扭转资源因素造成农业发展的劣势、加快现代化农业建设有着极为重要的意义。

2020年，旱区16省（区、市）农业领域专利授权量为41 823件，占全国农业领域专利授权量的37.6%。其中，发明专利授权量为4 036件，占全国发明专利授权量的30.6%；实用新型专利授权量为37 787件，占全国实用新型专利授权量的38.6%。与2019年数据相比，2020年旱区16省（区、市）农业领域专利授权量有小幅上升，其中发明专利授权量全国占比有所下降，实用新型专利授权量全国占比有所上升。旱区16省（区、市）农业领域专利授权量如表3–1所示，各省（区、市）农业领域专利授权量从多到少排名依次是山东、河南、河北、北京、黑龙江、甘肃、辽宁、天津、陕西、山西、内蒙古、新疆、吉林、宁夏、青海、西藏。山东、河南作为农业大省，专利授权量位居旱区前列；北京作为中国的科教中心，集聚大量农业科研力量，专利授权量排在旱区第四，较2019年下降一位；河北超过北京，其农业领域专利授权量位居旱区第三。

表 3-1 2020 年旱区农业领域专利授权量

Table 3-1 The number of the three types of patent granted in arid areas in 2020

单位：件

省份	发明	实用新型	外观设计	合计
北京	1 026	2 384	—	3 410
天津	92	1 816	—	1 908
河北	231	3 890	—	4 121
山西	121	1 285	—	1 406
内蒙古	138	1 224	—	1362
辽宁	149	2 073	—	2 222
吉林	124	970	—	1094
黑龙江	174	3 011	—	3 185
山东	1 093	9 260	—	10 353
河南	413	4 877	—	5 290
西藏	26	210	—	236
陕西	178	1 552	—	1 730
甘肃	99	2 771	—	2 870
青海	14	571	—	585
宁夏	65	827	—	892
新疆	93	1 066	—	1 159
旱区	4 036	37 787	—	41 823
全国	13 206	97 892	—	111 098

资料来源：通过国家知识产权局专利检索及分析系统查询获得，按 IPC 部的分类，统计与农产品生产及加工有关的 A01、A22、A23B、A23C、A23D、A23F、A23G、A23K、A23N、A24B、A61D 部分的专利授权量。

整个“十三五”期间，全国共授权专利 549 954 项，其中包括发明专利 149 013 项和实用新型专利 400 941 项，具体情况见图 3-1。旱区共授权专利 177 783 项，占全国 32.3%，其中发明专利为 44 948 项、实用新型专利为 132 835 项。“十三五”期间以 2017 年度最为突出，共授权专利 229 163 项，占整个“十三五”的 41.7%。

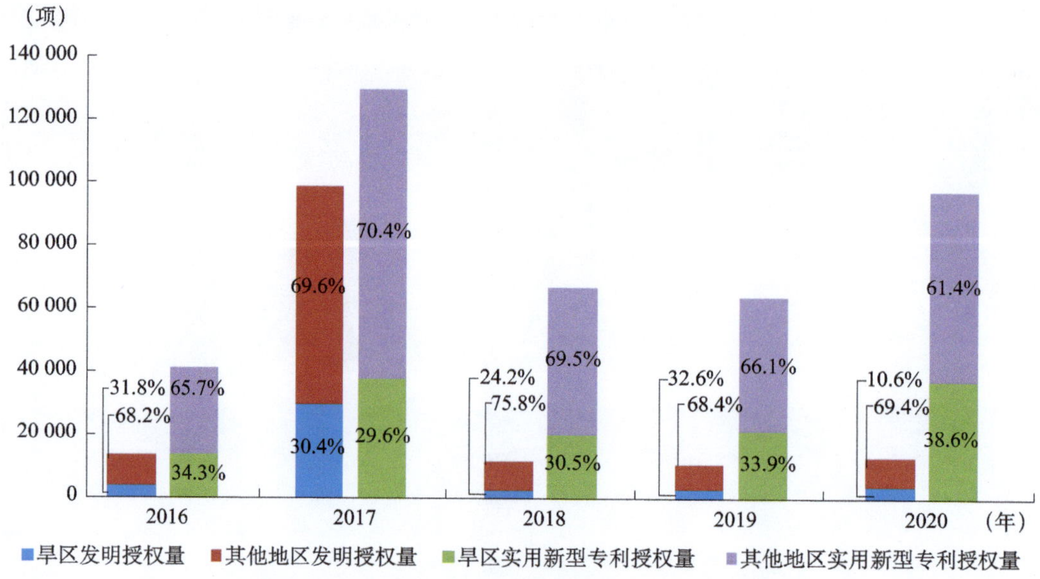

图 3-1 “十三五”期间发明和实用新型专利授权情况

Figure 3-1 Patent authorization of invention and utility model during the 13th five-year Plan period

资料来源：通过国家知识产权局专利检索及分析系统查询获得，按 IPC 部的分类，统计与农产品生产及加工有关的 A01、A22、A23B、A23C、A23D、A23F、A23G、A23K、A23N、A24B、A61D 部分的专利授权量。

3.2 旱区植物新品种申请受理与授权情况

植物新品种在现代农业发展中具有重要的战略地位，是现代农业发展的重要基础，其创新和培育是现代农业科技发展水平的重要体现。近年来，我国农业植物新品种权申请受理量持续增长，截至 2020 年年底，我国累计受理农业植物新品种权申请约 3.9 万件，授予品种权约 1.6 万件。强化植物新品种保护是实施国家知识产权战略、建设知识产权强国的重要内容，也是发展现代种业、保障国家粮食安全的重要支撑。

根据农业农村部科技发展中心品种公告查询，截至 2020 年年底，旱区 16 省（区、市）植物新品种权申请量为 2 809 件，占全国植物新品种权申请量的 50.3%；植物新品种权授权量为 1 341 件，占全国植物新品种权授权量的 52.2%。与 2019 年数据相比，2020 年旱区 16 省份植物新品种权申请量和授权量总量均有所增加，在全国所占比重相较 2019 年略有降低。旱区各省份植物新品种权申请量和授权量如表 3–2 所示，各省份植物新品种权申请量从多到少排名依次是北京、河南、黑龙江、山东、河北、吉林、陕西、天津、辽宁、山西、甘肃、内蒙古、宁夏、新疆、西藏、青海，各省份植物新品种权授权量从多到少排名依次是北京、河南、山东、黑龙江、河北、吉林、山西、内蒙古、甘肃、天津、辽宁、新疆、陕西、宁夏、青海、西藏。在 2020 年中国植物新品种权申请量和授权量中北京居于旱区第一，河南、山东、黑龙江、河北这几个农业大省植物新品种权申请量和授权量也均排在前五。植物新品种在旱区农业创新和种业发展中发挥着显著助推作用。

表 3–2　2020 年旱区植物新品种权申请和授权情况

Table 3–2　The number of plant variety right applications in the arid areas in 2020

单位：件

省份	申请量	授权量
北京	579	315
天津	81	27
河北	237	132
山西	63	48
内蒙古	42	34
辽宁	79	26
吉林	165	51
黑龙江	436	168
山东	416	229
河南	518	229
西藏	4	0
陕西	81	24
甘肃	50	30
青海	2	0
宁夏	32	2
新疆	24	26
旱区	2 809	1 341
全国	5 582	2 570

资料来源：农业农村部科技发展中心。

整个“十三五”期间，全国总共申请新品种 21 436 件，授权 10 173 件。旱区共申请新品种 9 967 件，授权 5 880 件（见图 3–2）。

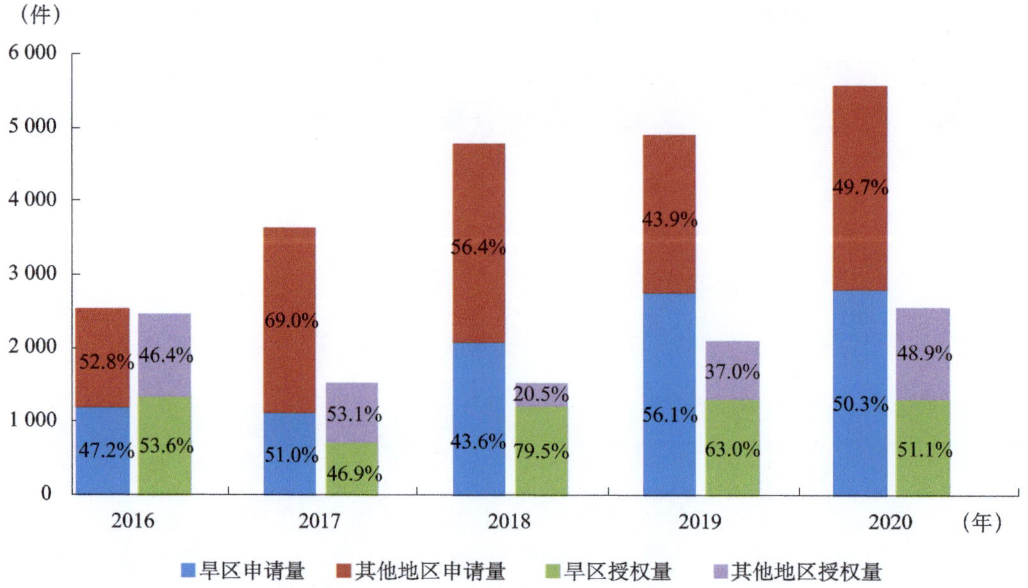

图 3-2 “十三五”期间植物新品种申请和授权情况

Figure 3-2 Application and authorization of new plant varieties during the 13th five-year plan period

资料来源：农业农村部科技发展中心。

3.3 旱区农业领域科技论文被主要检索工具收录情况

3.3.1 SCI 收录旱区农业领域科技论文情况

SCI 收录论文数量在一定程度上可衡量基础研究水平的实力。“十三五”期间 SCI 收录旱区 16 省（区、市）农业领域科技论文数量呈稳定的上升趋势（见图 3–3）。SCI 收录农业领域科技论文数量从 2016 年的 21 186 篇增加到 2020 年的 36 532 篇，增长了 1.7 倍，其间 2019 年的增长速度较快，2020 年较 2019 年的增长速度有所下降。

从 2020 年旱区 16 省（区、市）SCI 收录农业领域科技论文数量的地区构成来分析（见图 3–4），各省（区、市）论文收录量从多到少排名依次是北京、山东、陕西、河南、辽宁、黑龙江、天津、吉林、河北、甘肃、内蒙古、新疆、山西、宁夏、青海、西藏。前三位是北京、山东和陕西，分别为 10 939 篇、4 857 篇和 3 066 篇，分别占旱区 SCI 收录农业领域科技论文数量的 29.9%、13.3% 和 8.4%（见图 3–3）。

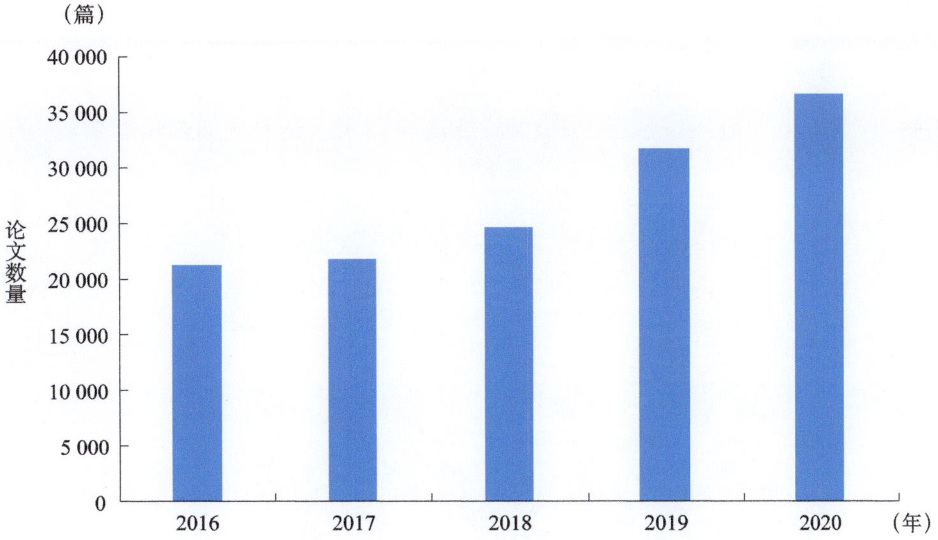

图 3-3 “十三五”期间 SCI 收录旱区农业领域科技论文数量

Figure 3-3 Agriculture science and technology papers retrieved by SCI in arid areas during the 13th five-year plan period

资料来源：Web of Science 数据库。

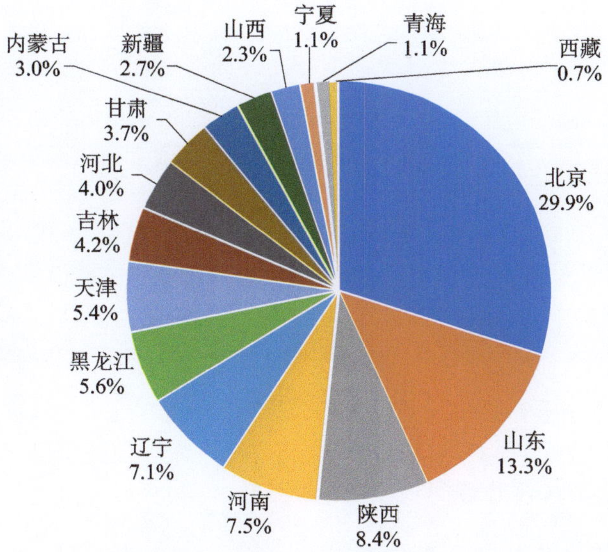

图 3-4 2020 年 SCI 收录旱区农业领域科技论文数量地区构成

Figure 3-4 The region proportion of agriculture science and technology papers retrieved by SCI in the arid areas in 2020

资料来源：Web of Science 数据库。

与 2019 年相比，2020 年旱区各省（区、市）SCI 收录农业领域科技论文数量均有一定幅度的上升（见表 3-3）。就增量而言，位列前三的是北京、山东、河南，较 2019 年，2020 年分别增加了 1 212 篇、583 篇和 421 篇；从增速角度来看，宁夏、青海、山西排名前三。

表 3-3　2019—2020 年 SCI 收录旱区农业领域科技论文数

Table 3-3　The number of agriculture science and technology papers retrieved by SCI in arid areas from 2019 to 2020

单位：篇

省份	2019 年	2020 年
北京	9 727	10 939
天津	1 698	1 976
河北	1 243	1 472
山西	658	827
内蒙古	908	1 100
辽宁	2 201	2 585
吉林	1 361	1 547
黑龙江	1 744	2 062
山东	4 274	4 857
河南	2 314	2 735
西藏	223	241
陕西	2 772	3 066
甘肃	1 092	1 337
青海	318	402
宁夏	316	408
新疆	815	978
旱区	31 664	36 532
总计	52 213	59 957

资料来源：Web of Science 数据库。

3.3.2　EI 收录旱区农业领域科技论情况

EI 也是著名的科技文献检索系统之一。“十三五”期间 EI 收录我国旱区 16 省（区、市）农业领域科技论文数量呈逐年上升趋势（见图 3–5），在 2017 年的增长速度较缓，随后几年的增长速度相对较快。2020 年 EI 总共收录旱区农业领域科技论文数量 8 756 篇，相比 2019 年增加了 916 篇。

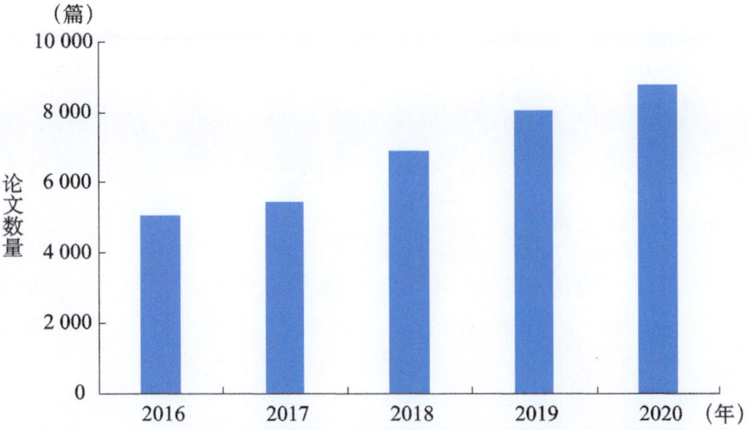

图 3-5 “十三五”期间 EI 收录旱区农业领域科技论文数量

Figure 3-5 Agriculture science and technology papers retrieved by EI in arid areas during the 13th five-year plan period

资料来源：Engineering Village Compendex 数据库。

从 2020 年 EI 收录旱区 16 省（区、市）农业领域科技论文数量地区构成来看（见图 3-6），收录各省（区、市）发表的论文量从多到少排名依次是北京、山东、

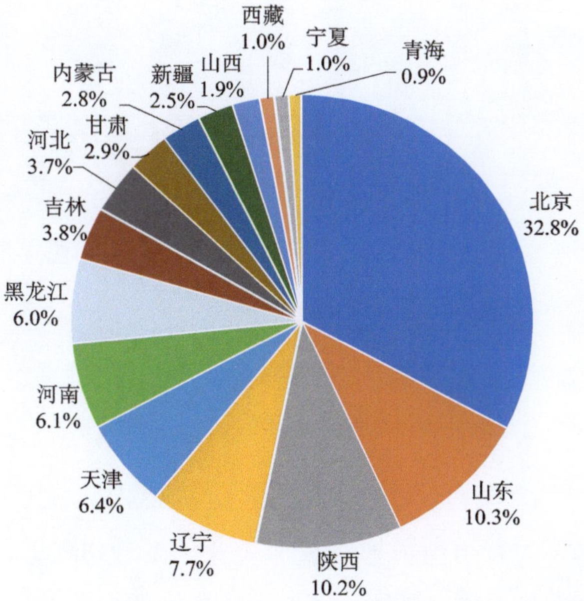

图 3-6 2020 年 EI 收录旱区农业领域科技论文数量地区构成

Figure 3-6 The region proportion of agriculture science and technology papers retrieved by EI in the arid areas in 2020

资料来源：Engineering Village Compendex 数据库。

陕西、辽宁、天津、河南、黑龙江、吉林、河北、甘肃、内蒙古、新疆、山西、西藏、宁夏、青海。排名前三位的北京、山东、陕西，分别收录 2 871 篇、902 篇和 892 篇（见表 3–4），相比 2019 年数量均有所上升，分别占 EI 收录旱区农业领域科技论文数量的 32.8%、10.3% 和 10.2%。天津排名较 2019 年有所提升，由第六上升至第五，而河南排名则稍有下降。

表 3-4　2019—2020 年 EI 收录旱区农业领域科技论文数量

Table 3-4　The number of agriculture science and technology papers retrieved by EI in arid areas from 2019 to 2020

单位：篇

省份	2019 年	2020 年
北京	2 773	2 871
天津	503	560
河北	271	326
山西	151	170
内蒙古	207	244
辽宁	564	671
吉林	326	329
黑龙江	483	523
山东	860	902
河南	509	536
西藏	76	87
陕西	790	892
甘肃	219	258
青海	47	80
宁夏	71	87
新疆	211	220
旱区	8 061	8 756
总计	11 106	12 505

资料来源：Engineering Village Compendex 数据库。

与 2019 年相比，2020 年 EI 收录全国农业领域科技论文数量以及收录旱区农业领域科技论文数量都有所增加，但 2020 年的增量相较于 2019 年总体上是有所下降的。从增量角度来看，辽宁、陕西、北京论文的增量排名前三，依次增加了 107 篇、102 篇和 98 篇；从增速角度来看，青海、宁夏、河北的论文增速排名前三。

3.3.3 ISTP 收录旱区农业领域科技论文情况

ISTP 是国际上重要的检索工具之一，主要用于检索会议文献，会议论文是科研成果产出的一种补充。“十三五”期间 ISTP 收录旱区 16 省（区、市）农业领域科技论文数量的趋势略有波动，2016—2017 年间呈下降趋势，2018 年的收录数量有所增加，随后又出现下降的趋势（见图 3–7）。2020 年旱区在农业科技领域被收录的科技论文总量为 440 篇，全国共收录 896 篇论文。

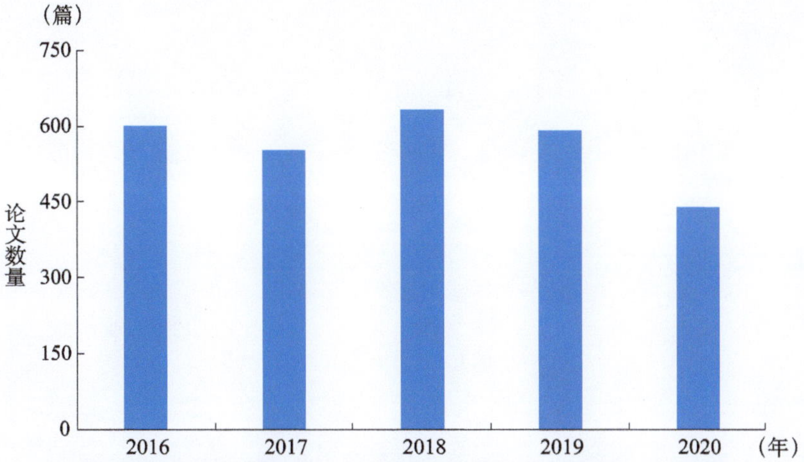

图 3-7 “十三五”期间 ISTP 收录旱区农业领域科技论文数量

Figure 3-7 Agriculture science and technology papers retrieved by ISTP in arid areas during the 13th five-year plan period

资料来源：Web of Science 数据库。

从 2020 年 ISTP 收录旱区农业领域科技论文数量地区构成来看（见图 3–8），各省（区、市）发表收录论文量从多到少排名依次是北京、山东、陕西、天津、辽宁、河南、黑龙江、内蒙古、吉林、河北、山西、甘肃、新疆、西藏、青海、宁夏。排名前三位的是北京、山东、陕西，分别为 121 篇、59 篇和 39 篇（见表 3–5），分别占 ISTP 收录旱区农业领域科技论文数量的 27.5%、13.4% 和 8.9%。

由于新冠肺炎疫情影响，与 2019 年相比，2020 年 ISTP 收录全国农业领域科技论文数量及旱区农业领域科技论文数量都有所下降。山西、内蒙古、辽宁、黑龙江、西藏、青海、甘肃 2020 年 ISTP 收录的数量有微幅增加，内蒙古、辽宁、山西的增量排名前三，分别增加了 12 篇、11 篇和 9 篇；其余省（区、市）的收录数量都有所减少，北京、陕西、河北减少的量排名前三，分别减少了 78 篇、26 篇和 25 篇。

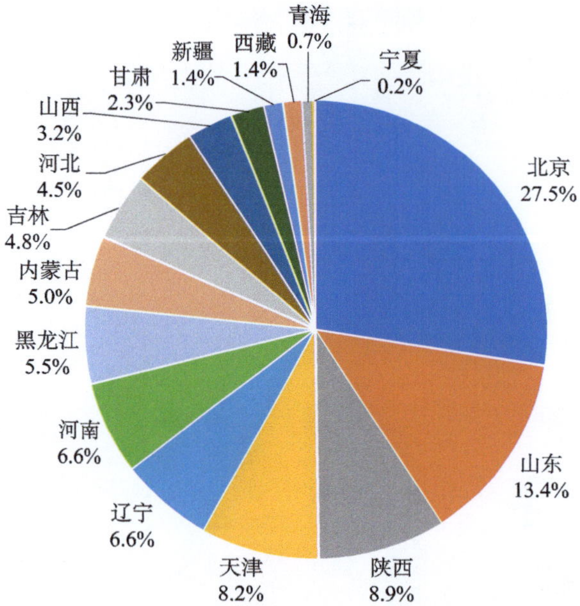

图 3-8　2020 年 ISTP 收录旱区农业领域科技论文数量地区构成

Figure 3-8　The region proportion of agriculture science and technology papers retrieved by ISTP in the arid areas in 2020

资料来源：Web of Science 数据库。

表 3-5　2020 年 ISTP 收录旱区农业领域科技论文数量

Table 3-5　The number of agriculture science and technology papers retrieved by ISTP in arid areas in 2020

单位：篇

省份	2019 年	2020 年
北京	199	121
天津	46	36
河北	45	20
山西	5	14
内蒙古	10	22
辽宁	18	29
吉林	35	21
黑龙江	21	24
山东	72	59
河南	40	29
西藏	3	6
陕西	65	39
甘肃	9	10

续表

省份	2019 年	2020 年
青海	2	3
宁夏	4	1
新疆	16	6
旱区	590	440
总计	1 234	896

资料来源：Web of Science 数据库。

3.3.4 国内旱区农业领域科技论文收录情况

通过对中国知网平台的不完全检索和统计，2016—2020 年旱区在农业科技领域被中国知网平台来源期刊收录的论文总量总体上波动不大。2016 年收录的论文数量为 25 273 篇，之后略微下降，在 2019 年出现回升，共收录论文 23 008 篇，2020 年收录的论文数量有所减少，共收录了 22 717 篇（见图 3–9）。

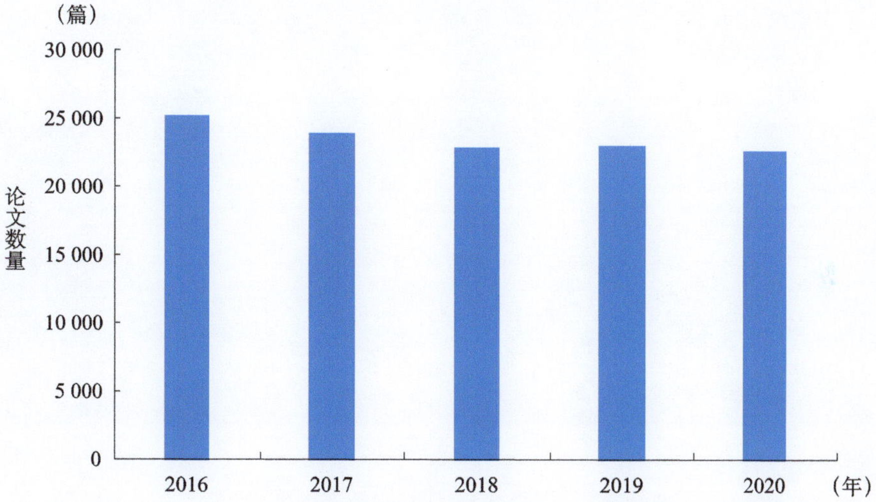

图 3-9 “十三五”期间中国知网收录旱区农业领域科技论文数量

Figure 3-9 Agriculture science and technology papers retrieved by CNKI in arid areas during the 13th five-year plan period

说明：通过中国科学院文献情报中心进行检索和统计，其中科技论文只包含农业科技领域的北大中文核心期刊收录的论文。

资料来源：中国知网。

2020 年旱区在农业科技领域被核心期刊收录论文数量为 22 717 篇（见表 3–6），较 2019 年有所减少。但其中，山西、河南、甘肃、青海、宁夏 2020 年的论文收录数量相比于 2019 年有所增加。而 2020 年全国农业科技领域被核心期刊收录论文数量相较于 2019 年有略微上升，为 41 634 篇。

表 3-6　2019—2020 年中国知网检索旱区农业领域科技论文数量

Table 3-6　The number of agriculture science and technology papers retrieved by CNKI in arid areas from 2019 to 2020

单位：篇

省份	2019 年	2020 年
北京	5 158	5 052
天津	456	424
河北	1 387	1 356
山西	959	1 045
内蒙古	1 126	1 099
辽宁	1 064	1 015
吉林	1 253	1 232
黑龙江	1 778	1 687
山东	2 254	2 154
河南	1 988	2 025
西藏	231	190
陕西	1 651	1 642
甘肃	1 320	1 370
青海	321	335
宁夏	526	587
新疆	1 536	1 504
旱区	23 008	22 717
总计	41 593	41 634

资料来源：中国知网。

依据几大主要科技论文检索工具的检索和统计结果可知，近年来旱区在农业领域的 EI、SCI 论文收录数量在持续增加，ISTP、中国知网平台收录的论文数量较为稳定。总体而言，从旱区农业领域科技论文总量和地区构成来分析，中国旱区农业领域科研水平在不断提升，科研产出的质量也在不断提高。

3.4 旱区农业领域科技奖励情况

3.4.1 旱区农业领域国家级科技奖励

2020 年，旱区 16 省份获得农业领域国家级科技奖励 24 项，各省份以主要完成人获得农业领域国家级科技奖励数量从多到少排名前两位的是北京、山东，分别为 20 件和 4 件，占旱区农业领域国家级科技奖励累计数量的 83.3% 和 16.7%。

具体对比旱区农业领域科技奖励数量与全国的情况，2020 年旱区农业领域国家科技奖励为 24 项，全国为 37 项。获得农业领域国家级科技奖励的项目中，用旱区各省（区、市）相关科研单位为主要完成单位获得国家级科技奖励（项）占全国科技奖励（项）的比例，表示旱区各省份相关科研单位在国家科技奖励项目中的参与度，2020 年旱区相关科研单位参与比例达到 64.9%，较 2019 年的 85.5% 有所下降。与 2019 年相比，2020 年旱区在国家自然科学奖和国家科学技术进步奖的获奖数量和参与度上，均有一定程度下降（见表 3-7）。

表 3-7 2019—2020 年旱区农业领域国家级科技奖励情况

Table 3-7 State-level science and technology awards in agriculture field in the arid areas from 2019 to 2020

奖项	2019 年			2020 年		
	全国（项）	旱区（项）	参与度（%）	全国（项）	旱区（项）	参与度（%）
农业领域国家级科技奖励	55	47	85.5	37	24	64.9
国家自然科学奖	7	7	100.0	7	5	71.4
国家技术发明奖	9	7	77.8	5	4	80.0
国家科学技术进步奖	39	33	84.6	25	15	60.0

资料来源：国家科学技术奖励工作办公室网站。

3.4.2 旱区农业领域省级科技奖励

根据旱区各省（区、市）科技厅网站查询，截至 2020 年年底，旱区 16 省（区、市）农业领域科技奖励数总量为 629 件，较 2019 年有所下降。从多到少排名依次为山东、甘肃、吉林、黑龙江、河南、山西、陕西、内蒙古、宁夏、河北、新疆、辽宁、天津、西藏、北京、青海，各省份省级科技奖励数依次为 96 件、69 件、65 件、63 件、56 件、50 件、37 件、37 件、32 件、29 件、25 件、22 件、20 件、14 件、

8 件、6 件（见图 3–10）。总体而言，根据旱区农业领域科技奖励数量在全国的占比及省级科技奖励数量的年际变化判断，虽然 2020 年有所下降，但是旱区农业科研力量在全国范围的农业科研与创新活动中持续发挥重要作用的长期趋势没有改变。

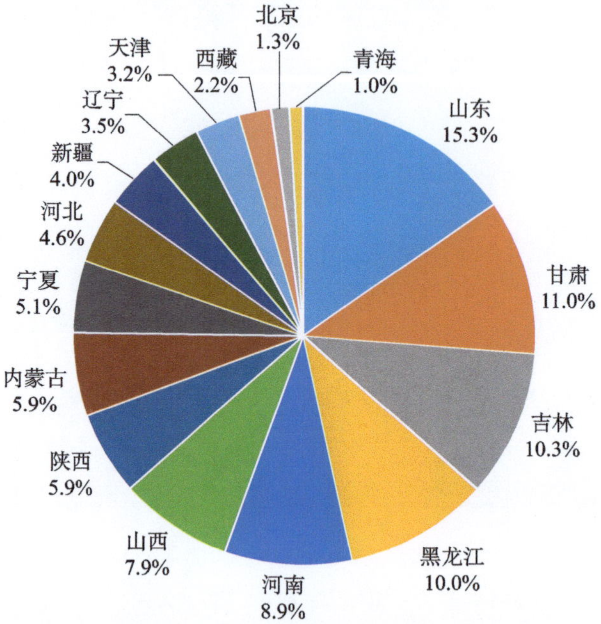

图 3–10　2020 年旱区农业领域省级科技奖励情况

Figure 3–10　The number of provincial agriculture science and technology awards in arid areas in 2020

资料来源：各省（区、市）科技厅网站。

3.5　杨凌农业高新技术产业示范区农业技术发展情况

2020 年，示范区全面落实各项决策部署和政策措施，科学统筹新冠肺炎疫情防控和经济社会发展，扎实做好“六稳”工作，全面落实“六保”任务，基本民生保障有力，发展动力活力稳步增强，主要经济指标逐步恢复，全区经济有序运行。

3.5.1　杨凌示范区经济发展情况

2020 年，示范区实现生产总值 151.7 亿元（见图 3–11）。其中，第一产业增加值 9.8 亿元，增长 4.1%；第二产业增加值 62.1 亿元，下降 21.9%；第三产业增加值 79.9 亿元，下降 0.9%。三次产业结构为 6.4 ∶ 40.9 ∶ 52.6。

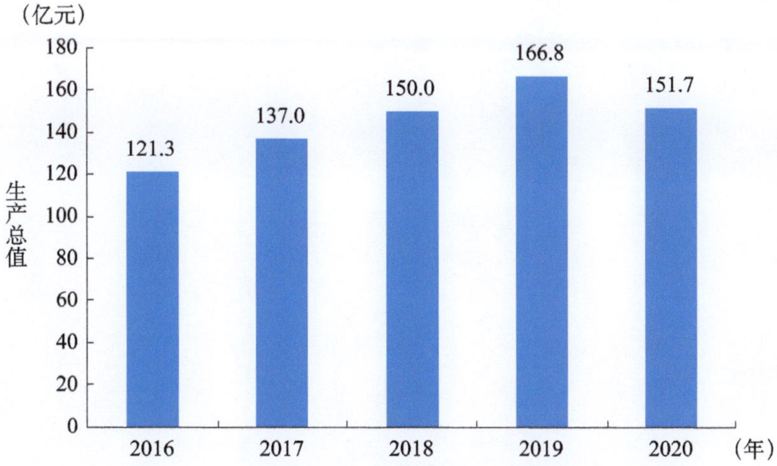

图 3-11　2016—2020 年杨凌示范区生产总值

Figure 3-11　GDP of Yangling city from 2016 to 2020

资料来源：杨凌农业高新技术产业示范区管委会网站。

2020 年，全区全社会固定资产投资（含农户和跨区域投资）增长 3.5%，其中，固定资产投资增长 4.5%，房地产投资增长 16.4%，农户投资下降 25.0%，跨区域投资下降 43.9%。商品房销售面积 49.6 万平方米，下降 37.6%；待售面积 4.6 万平方米，下降 33.5%。分行业看，第一产业投资同比增长 34.9%，第二产业投资同比下降 15.0%，第三产业投资同比增长 8.6%（见图 3–12）。民间投资下降 3.3%。工业投资下降 15.0%。“十三五”期间，示范区率先建成小康社会，经济在逆势中保持“稳中有进、量质齐升”的良好局面，五年全社会固定资产投资总量在 860 亿元左右，围绕打造涉农工业战略高地，形成了现代种业、人工智能设施农业、生物医药、农产品加工、农业装备制造等八大特色主导产业。2020 年示范区生产总值达到了 151.7 亿元，比 2016 年增长了 27.5%；2020 年，示范区全体居民人均可支配收入 29 347 元，比 2016 年增长了 9.5%。2017 年、2019 年分别获全省年度考核目标责任优秀等次。

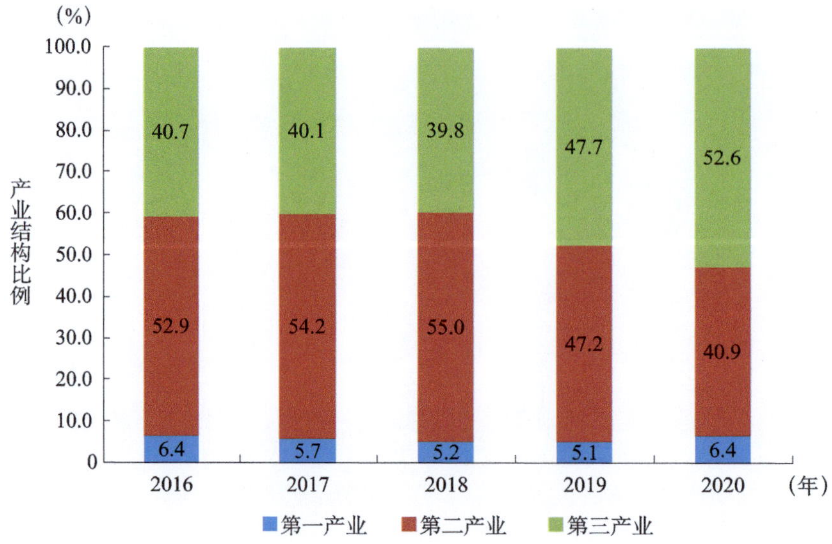

图 3-12　2016—2020 年三次产业结构对比

Figure 3-12　Structural radio of three industries from 2016 to 2020

资料来源：杨凌农业高新技术产业示范区管委会网站。

3.5.2　科技创新能力

1. 科技奖励

2020 年，杨凌示范区获得省部级科学技术奖 16 项（其中一等奖 7 项、二等奖 8 项、三等奖 1 项，见表 3-8）。

表 3-8　2020 年杨凌示范区获省部级科学技术奖名单

Table3-8　List of Awards named on Yangling for Shanxi Science and Technology in 2020

序号	项目名称	主要完成单位	等级
1	黄土高原土壤有机碳过程、格局和区域响应研究	西北农林科技大学、中国科学院水利部水土保持研究所、中国科学院地理科学与资源研究所	一等奖
2	奶牛高效环保型饲养关键技术研发与推广应用	西北农林科技大学、内蒙古农业大学、兰州大学、陕西华秦农牧科技有限公司、宝鸡得力康乳业有限公司	一等奖
3	猕猴桃溃疡病绿色防控技术创新与应用	西北农林科技大学、陕西省农村科技开发中心、陕西省 植物保护工作总站、陕西枫丹百丽生物科技有限公司、眉县果业技术推广服务中心	一等奖
4	陕西省茶产业高质量发展关键技术集成与示范推广	陕西省园艺技术工作站、西北农林科技大学、安康市农业科学研究院	一等奖

续表

序号	项目名称	主要完成单位	等级
5	苹果高效轻简化栽培模式及技术体系研究与示范	西北农林科技大学、延安市果业管理局、宝鸡华圣果业有限责任公司、咸阳市园艺站、榆林市果业技术推广中心	一等奖
6	鲜食葡萄果实品质调控途径与机理	中国科学院水利部水土保持研究所、西北农林科技大学	一等奖
7	结构性黄土力学及其工程应用	西安理工大学、中国水利水电科学研究院、西北农林科技大学、中国人民解放军陆军勤务学院	一等奖
8	退耕还林（草）工程固碳效益评价与机理解析	西北农林科技大学、中国科学院地球环境研究所	二等奖
9	牛羊肉营养安全生产及产品开发关键技术研究与示范	陕西师范大学、西北农林科技大学、中国农业科学院农产品加工研究所、西安兆龙食品有限公司	二等奖
10	核桃综合配套栽培技术研究与示范	陕西省林业科技推广与国际项目管理中心、商洛市林业科学研究所（中国.商洛核桃研究所）、西北农林科技大学、宜君县核桃产业办公室	二等奖
11	优质高产奶牛选育改良关键技术研究集成与应用	陕西省畜牧产业试验示范中心、西北农林科技大学	二等奖
12	糜子优质抗逆增效关键技术研究集成与示范	西北农林科技大学、神木市农业技术推广中心（陕西省神木市植保植检站）、府谷县种子管理站、宝鸡市农业科学研究院	二等奖
13	黄土区林草—土壤系统修复机理与近自然经营关键技术	西安理工大学、西北农林科技大学、陕西省林业调查规划院、国家林业和草原局西北调查规划设计院	二等奖
14	猪呼吸系统重要传染病新型疫苗的创制与应用	陕西诺威利华生物科技有限公司、陕西省动物疫病预防控制中心、西安市动物疫病预防控制中心、陕西省畜牧产业试验示范中心	二等奖
15	黄土丘陵区退化草地恢复过程及其碳氮效应	宁夏云雾山国家级自然保护区管理局、西北农林科技大学、中国科学院水利部水土保持研究所、中国科学院地理科学与资源研究所	二等奖
16	Contrasting responses of leaf stomatal characteristics to climate change: a considerable challenge to predict carbon and water cycles	中国科学院水利部水土保持研究所、西北农林科技大学	三等奖

说明："黄土丘陵区退化草地恢复过程及其碳氮效应"项目获得宁夏回族自治区2020年科学技术进步二等奖，"Contrasting responses of leaf stomatal characteristics to climate change: a considerable challenge to predict carbon and water cycles"获得2020年陕西省自然科学优秀学术论文奖三等奖。

资料来源：陕西省人民政府网站、水土保持研究所网站。

“十三五”期间，杨凌示范区共获得国家级科技奖励 43 项，其中一等奖 3 项、二等奖 36 项、三等奖 4 项；省部级奖励 455 项，其中一等奖 102 项、二等奖 193 项、三等奖 154 项；另有 6 项何梁何利科学与技术进步奖。

2. 科技人才

杨凌示范区坚持人才强区发展战略，出台加快人才引进集聚 10 项政策措施。2020 年末，全区共有农业科教人才 7 000 多名，其中两院院士 15 人（含双聘）。区内两所高校共有教职工 5 481 人，其中教师 2 932 人。大专院校在校学生共计 51 374 人，其中全日制专科生 18 844 人；全日制本科生 21 020 人；在校研究生 11 510 人，含博士生 2 479 人。4 所中等职业教育学校共有教职工 299 人，在校学生 4 757 人。中小学校 30 所，教师 2 264 人，在校中小学生 31 979 人。幼儿园 40 所，在园幼儿 10 762 人，教职工 1 473 人。

3. 科技创新

科技创新和转化推广是党中央国务院赋予杨凌的职责使命，也是杨凌示范区的立身之本和重中之重的工作任务。在科技创新方面，“十三五”期间，杨凌示范区科技创新和转化推广局认真贯彻落实国务院《关于进一步支持杨凌农业高新技术产业示范区发展若干政策的批复》和陕西省委省政府《支持杨凌示范区高质量发展的实施意见》，坚守服务“三农”初心，深入实施创新驱动发展战略，为示范区高质量发展增添了新动力。

（1）坚持协同创新，科技创新形成新机制取得新成效。积极推进杨凌示范区纳入中国农村中心“100+N”开放协同创新体系，成功举办省科技厅与示范区管委会科技工作会商制度协议书签订仪式暨第一次会议。围绕产业链部署创新链，大力实施“标志性农业科技创新成果攻关转化行动”，与两所大学组织实施“产学研用”协同创新项目 63 个，组建国家农业科技园区、全国高校新农村发展研究院两个“协同创新战略联盟”，探索形成“政产学研”协同创新机制。依托农科教资源和产学研优势，大力实施种业优先发展战略，努力提高种业核心竞争力，致力打造旱区种业硅谷、西部种业中心，为国家粮食安全和现代农业发展贡献更多的“杨凌良种”。

（2）集聚创新资源，科技创新能力显著增强。坚持人才强区发展战略，杨凌示范区新增两院院士 3 人。围绕陕西“3+X”现代农业产业，以嘉禾药业、华秦农牧、陕果集团等企业为主体，建设省工程技术研究中心、“四主体一联合”等省部级科技平台25个、示范区级平台18个，累计建设省部级以上科技平台95个。全区研究与试验发展经费占比达2.85%，新增省部级以上科学技术奖励84项，其中国家级9项，万人发明专利拥有量位居全省第二。

（3）激发企业活力，企业创新主体不断壮大。以增强企业自主研发能力为核心，构建科技企业“微成长、小升高、高壮大”的梯次培育机制，实施农业科技小巨人企业培育计划，国家高新技术企业从19家增加到53家，其中2020年新认定22家。创新开展示范区高新技术企业认定，全区规模以上工业企业研发投入强度达0.7%，杨凌美畅新材料有限公司被认定为全省首家“独角兽”企业，并在深交所科创板成功上市。

3.5.3 科技推广带动辐射

立足陕西，辐射带动干旱半干旱地区农业产业发展，这是国家赋予杨凌的重要使命。杨凌示范区成立以来，始终坚持探索农业科技示范推广新模式，构建了多元立体化的农业科技推广体系，形成“核心示范、周边带动、广泛辐射”的农业科技示范推广新格局，产生了显著的经济社会效益。

“十三五”期间，杨凌大力实施“示范推广和科技扶贫融合升级行动”。作为农业科技推广中坚力量的杨凌示范区科技创新和转化推广局，积极履行农业科技示范推广的国家使命，不断完善推广体系，农业科技示范推广效益显著。持续探索“大学推广、产业链企业推广、科技特派员创业推广、农科培训推广、媒体推广、展会推广”等六种农业科技推广模式，组建了国家（杨凌）农业技术转移、国家（杨凌）植物品种权交易等六个中心，与延安市共建现代农业“飞地园区”，市场化、园区化推广农业科技，累计推广新品种新技术3 000余项。截至2020年，杨凌在全国18个省份累计建设示范推广基地350个，2020年全年新建示范推广基地6个，全年示范推广面积亿万亩，其中省内示范推广面积3 009万亩，推广总效益231亿元，通过国审、省审主要农作物品种数量59个，农业推广影响力不断增强。同时，强化科技服务，农科培训的品牌效应不断提升。搭建杨凌农科培训综合服务平台，制定农民教育培训机构管理和教学两项省级地方标准，出台了农业科技培训管理办法，完善职称考评管理体系。新增开展培训超过25万人次，累计面向旱区培训农村实用人才50余万人次，全国23个省份116个地市，274个县区的

16 299 名学员获得示范区农民技术职称，成为活跃在田间地头的“土专家”。创新结对科技帮扶，为全省脱贫攻坚贡献“杨凌力量”。坚持将科技示范推广与脱贫攻坚紧密结合，带动贫困地区农业产业发展，实现了陕西省 56 个国家级贫困县以及秦巴山区 75 个贫困县杨凌示范推广基地全覆盖。聚焦陕西深度贫困县区，扎实开展科技助力全省脱贫攻坚，组建 11 个科技服务团，与全省 11 个深度贫困县区结对“帮技术、帮市场、帮产业、帮人才”，为全省打赢脱贫攻坚战贡献“杨凌力量”。

在国际合作方面，杨凌聚焦上海合作组织（简称“上合组织”）成员国家农业技术需求，以公共服务、培训场地和培训设施完善、培训内容及培训课件制作、实训场所打造、基础设施完善等为创建内容，共同创建上合智慧农业示范基地、设施农业技术交流示范基地、智能节水灌溉示范基地等 10 类 16 个实训基地，不断加强与上合组织国家等的农业交流合作，共同推动各国农业创新和可持续发展，为同地区国家现代农业发展提供支持。2020 年受新冠疫情影响，杨凌示范区创新农业技术交流培训模式，依托驻区高校科技资源优势，统筹全国一流培训师资和农业科研力量，运用“5G+”直播等现代培训手段，开展了数期农业远程培训课，为上合组织国家农业领域的官员、大中型涉农企业高层管理人员、重点科研院所农业专家等数百名学员进行在线授课，全年累计完成 7 批次远程农业技术培训，累计面向 30 多个国家提供远程技术服务，报名参训学员人数达 2 500 余人次，视频点击量近万人次，为着力打造上合组织农业“智库”做出了“杨凌贡献”。

在品牌打造方面，作为农业科技推广品牌的杨凌农业高新科技成果博览会影响力持续扩大。2020 年 10 月 26 日，第 27 届中国杨凌农业高新科技成果博览会闭幕，该届农高会以习近平新时代中国特色社会主义思想和党的十九大精神为指导，全面贯彻落实习近平总书记关于“三农”工作的重要论述、在上海合作组织成员国元首理事会第十九次会议上的重要讲话和在陕西考察时的重要讲话精神，聚焦创新驱动发展战略和乡村振兴战略，围绕保障国家粮食安全和农业科技创新示范、推广合作主线，以“科技创新引领高质量发展”为主题，举办了杨凌现代农业高端论坛、全国地方金融论坛 2020 年会、特色现代农业展览展示等 81 项活动。设展馆（展区）6 个，标准展位 2 000 个，举办上合组织国家农业展、国际种业展、智慧农业技术集成展、乡村振兴暨脱贫攻坚展、创意农业展、品牌农业展、农业机械展等专题展

41 个。“十三五”期间，五届农高会项目签约投资及交易总额达 5 794.7 亿元，集中展示了 15 000 余项农业科技成果及涉农专利，通过农高会这个平台，大批农业高新技术成果得到转化，大量实用技术得到推广，人才、资金等多方面信息被扩散和辐射，技术、资金、人才在这里得到了有机结合。杨凌农高会影响力持续扩大，成为科技成果转移转化、产业化、国际合作的重要平台。

专栏 3-1 “十三五”期间历届杨凌农高会所取成果

[第 23 届农高会]：第 23 届中国杨凌农业高科技成果博览会与 2016 年 11 月 9 日下午落幕。为期 5 天的展会，集中展示了 8 500 多项农业科技成果及先进技术，接待客商等 170 万人次，项目签约投资及交易总额达 1 167.8 亿元，较上届增长 5.6%。其中：签约项目 349 个，总金额达 1 060.7 亿元；各展馆及场外贸易成交金额达 107.1 亿元。55 个参会国家和地区的与会者达成共识，以发展新理念引领农业现代化。

[第 24 届农高会]：2017 年 11 月 9 日，被誉为“农业奥林匹克”的第 24 届中国杨凌农业高新科技成果博览会在陕西杨凌闭幕。大会项目签约投资及交易总额达 1 411.1 亿元，较上届增长 20.8%；举办了 5 场现代农业杨凌发布活动，共发布涉农标准 24 项；发布最新农业科技成果及涉农专利 2 369 项；举办了全国植物新品种信息、现代农业技术服务体系集成发布，发布新品种信息共 2 523 项。5 天来，共接待国内外各界代表和群众 180 万人次。

[第 25 届农高会]：2018 年 11 月 9 日下午，第 25 届中国杨凌农业高科技成果博览会落幕。为期 5 天的展会，集中展示 1 963 项出自涉农高校、科研院所和农业企业的最新农业科研成果，接待客商 160 余万人次，项目签约投资及交易总额达 1 105.9 亿元。

[第 26 届农高会]：2019 年 10 月 22—26 日，以“新农业 新农村 新农民”为主题的第 26 届中国杨凌农高会在杨凌示范区举行。为期 5 天的展会集中展示了 551 项最新农业科技成果和 717 项专利信息，接待客商超过 166 万人次，项目签约投资和交易额达 1 007 亿元。

[第 27 届农高会]：2020 年 10 月 26 日，第 27 届中国杨凌农业高新科技成果博览会闭幕。会上组织开展了第二届杨凌农高会全球推介大会、集中签约、专场签约等活动 14 场，项目签约投资及交易总额 1 102.9 亿元，其中促成项目签约 405 个，总金额 1 097.0 亿元。征集、发布全国最新农业科技成果 819 项、涉农专利 616 项，组织开展 7 个植物品种权交易。评选出“后稷特别奖”35 项、“后稷奖”140 项。发布首批“杨凌农科”品牌建设团体标准 35 项。举办百名专家实用技术讲座 15 场，线上线下接待、培训群众 8 万人次。接待国内外宾朋、客商、农民群众 150 万人次。云上农高会平台入驻企业 6 800 多家，会期 5 天全网点击和浏览触达量 9 866 万人次，云上交易额达到 5.1 亿元。

资料来源：人民网、新华社、《光明日报》、中国杨凌农高会网站。

3.5.4 科技成果产业化平台

“十三五”期间，杨凌示范区深入实施创新驱动发展战略，打造科技成果转化机制，助推农业科技成果高效转化。

完善政策体系，成果转化体制机制初步形成。杨凌示范区探索出台了《杨凌示范区促进科技成果转化实施办法》，建成杨凌农业科技成果展示交易中心。通过机制创新，探索建立了成果集聚、筛选评估、转化撮合、支撑保障等成果产业化机制，组建了“三库一队伍”（成果库、需求库、专家库和技术经理人队伍），科技成果转移转化的体制机制初步形成。

聚焦全域科创，杨凌科创中心建成投运。示范区高位谋划了建设杨凌科创中心（大学科技园）核心区，进一步集聚科创要素资源，打造公共服务平台、金融服务平台、政策落实平台和成果展示交易平台，组建了杨凌智慧农业产业技术创新中心，构建功能齐备的科技服务体系，提供专业化公共配套服务，将区内大学省部级科研平台面向创新创业团队开放。集聚了农信互联、极飞农业智能装备、凯瑞生物等一批具有鲜明特色的科技服务企业和锦华生态、龙翔数字科技等科技人员创业企业、大学生创新创业团队，成果转化孵化明显加快。

构建服务体系，创新创业孵化能力不断提升。杨凌示范区积极构建“创业苗圃+众创空间+孵化器+加速器+产业园区”的全链条科创服务体系，新增孵化载体 13 家，其中国家级和省级 11 家。建立科创资源开放共享机制，新增技术创业资源共享平台 7 家，探索推行“科技创新券”，14 家服务机构纳入接券机构。新增招引创新创业团队 555 个，累计招引团队 981 个，创新创业生态不断优化。

同时强化投融资服务，破解中小企业发展难题。积极探索建立企业进入更高层次资本市场的发展路径，与陕西股权交易中心合作推动设立“农科板”，实现 10 多家科技类公司挂牌。加快成果对接，科技成果转化交易迈上新台阶。近年来，示范区先后举办全国水肥一体化与水溶肥科技成果转化大会、首届杨凌（国际）农业农村节水大会，每年举办全国（杨凌）油菜、小麦、玉米等新品种观摩展示交易活动，“十三五”期间技术合同交易额累计达 8.3 亿元，品种权交易额达 1.7 亿元，其中诺威利华公司两项发明专利技术转让费 9 000 万元创示范区新高，苹果新品种“瑞香红”以 1 100 万元苗木经营权转让费创下全国最高转让纪录。

1. 企业培育

为强化企业创新主体地位，杨凌示范区高度重视科技型企业培育工作，先后出台了《杨凌示范区促进科技型企业发展措施》《关于加快培育农业科技小巨人企业的实施意见》《关于支持“三个经济”发展的十条措施（2019—2021 年）》等一系列涉及科技型企业培育的政策措施，初步形成了“初创企业—科技型中小企业—示范区高企—国家高企—小巨人企业”的科技型企业培育体系。同时，示范区科技创新局主动梳理示范区规模以上工业企业专利情况，列出满足高新技术企业认定知识产权条件的企业清单，加强工作针对性，将满足高新技术企业基本专利条件的科技型中小企业纳入高新技术企业培育库。强化政策培训宣传和申报服务，协同财税等部门，积极落实高新技术企业所得税政策和奖补政策，多措并举培育和壮大科技型中小企业和高新技术企业。截至 2020 年年底，示范区有效期内国家高新技术企业首次突破 30 家达到 34 家，较 2020 年增长 36%；入库科技型中小企业达到 48 家，较 2020 年增长 33%。据市场监管局统计，2020 年全区新登记各类市场主体 4 591 户，增长 18.2%。其中，各类企业 1 495 户，增长 2.7%；个体工商户 3 075 户，增长 27.6%；农民专业合作社 21 户，下降 1.1%。截至 2020 年年底，示范区共登记有效市场主体 21 414 户，其中各类企业 7 455 户、个体工商户 13 576 户、农民专业合作社 383 户，注册资本 769.4 亿元，从业人员 83 175 人。示范区人均市场主体占有率 8.5%，每平方公里拥有市场主体 158 户。

2. 秦创原创新驱动平台

2021 年 3 月 30 日，省委、省政府在西咸新区召开秦创原创新驱动平台建设大会，作为全省创新驱动发展总平台，秦创原被各方寄予厚望。

（1）秦创原建设意义。

“秦创原”的启动，意味着陕西把“创新驱动”提升到了一个前所未有的高度。秦创原创新驱动平台定位明确，即把秦创原打造成为全省创新驱动发展的总源头和总平台，建设成辐射带动西部地区乃至全国和“一带一路”沿线高质量发展的市场化、共享式、开放型、综合性科技创新大平台。以创新来驱动高质量发展，以构建科技创新产业化平台为创新驱动发展加力加速，让创新资源成为发展优势；加快构建从研发到孵化，再到产业化的科创系统，让科创企业和科创产业迅速发展壮大，以最大限度激发全社会创新创业创造热情。

（2）《秦创原创新驱动平台建设三年行动计划（2021—2023年）》。

行动计划总体要求完整准确全面贯彻新发展理念，贯通落实习近平总书记两次来陕考察重要讲话，深入实施创新驱动发展战略，聚焦建设立体联动“孵化器”、成果转化“加速器”和两链融合“促进器”三大目标，把秦创原打造成为全省创新驱动发展的总源头和总平台，建设成为陕西高质量发展的强大引擎。

专栏3-2　秦创原创新驱动平台建设三年行动计划（2021—2023年）

［工作目标1］：自主创新能力明显增强，在重点领域建设50个以上创新联合体、共性技术研发平台及其他新型研发机构，攻克一批支撑产业和区域发展的关键核心技术。

［重点任务1］：围绕产业链部署创新链，提升产业创新发展能力。①以企业需求为导向，构建企业行业技术创新平台。推动创新型领军企业主导，产业链上下游企业参与，联合高等院校、科研院所组建创新联合体。②以产业创新为重点，构建区域协同创新平台，鼓励各市在秦创原建设协同创新平台，为产业发展提供智力支持和科技支撑。

［工作目标2］：新技术产业化应用不断壮大，推广转化科技成果1 000项以上，引进培育科技型企业达到2 000家。

［重点任务2］：围绕创新链布局产业链，加速科研成果转化和科技人员创业。①构建科技成果转化平台，促进供需精准对接，完善科研成果发现、收集、筛选、分析机制，形成以产业行业分类的科技成果库。②构建创新创业服务平台，提供一站式服务，构建“众创空间、孵化器＋加速器＋产业园”服务体系。③推进知识产权改革，创新知识产权运营方式，健全科研人员激励机制。

［工作目标3］：创新生态环境持续优化，建成双创服务平台30个以上，创新基金规模超过100亿元，实现技术合同成交额突破300亿元。

［重点任务3］：健全服务要素，优化科技创新环境。①设立秦创原创新促进中心。②加大财政金融支持，省级、西安市、西咸新区财政按照1∶1∶1比例3年共投入支持资金24亿元。③发挥人才在科技创新中的核心作用。通过重大人才工程，面向全球引进支持一批科技领军人才和团队在秦创原创新创业。

［工作目标4］：把秦创原建设成为辐射带动西部地区乃至全国和“一带一路”沿线高质量发展的市场化、共享式、开放型、综合性科技创新大平台。

［重点任务4］：打造“三支队伍”，构筑创新创业人才高地。①打造科技经纪人队伍，加强科技产业供需衔接。②打造“科学家＋工程师”队伍，推进科研成果工程化产品化。③打造“新双创”队伍，建立科技型企业培育模式。

（3）秦创原“杨凌板块”。

秦创原创新驱动平台是全省创新驱动发展总平台，杨凌作为秦创原创新驱动平台农业板块的承载区，既是参与者，又是受益者。近年来，杨凌示范区充分发挥农科教资源优势和产业优势，在协同创新、赋能扩能上下功夫，着力破解农业“卡脖子”问题，加速创新要素向创新主体聚集，并根据省委、省政府《秦创原创新驱动平台建设三年行动计划（2021—2023 年）》总体要求，制订了秦创原农业板块的三年计划。

专栏 3-3　秦创原农业板块建设三年行动计划（2021—2023 年）

［工作目标 1］：到 2023 年，在农业科技创新领域建设创新联合体、共性技术研发平台及产业创新中心等新型研发机构 10 个以上，攻克一批支撑现代农业发展的关键核心技术，旱区农业科技自主创新能力明显提升。

［工作目标 2］：建成双创服务平台 10 个，引进培育创新创业团队、科技型企业 200 家，推广转化农业科技成果 240 项，其中审定登记动植物新品种 100 个以上，技术合同成交额达到 3.5 亿元，年实现农业科技培训 4 万人次、推广面积 1 亿亩，农业科技成果推广和产业化示范效应持续增强。

［工作目标 3］：建成农业国际合作交流平台和载体 5 个，开展国际农业科技培训 1 500 人次，现代农业国际合作交流水平显著提高。

［重点任务 1］：围绕产业链部署创新链，构筑农业科技创新高地。①实施现代农业产业创新中心工程。吸引或联合国内外高等院校、科研院所和农业领域龙头企业在杨凌建设一批产业创新中心、共性技术研发平台，促进研究、开发、产业化与孵化同步推进。②推动创新资源要素集聚。打造中国（旱区）种业硅谷，布局建设育种共性技术研发、旱区种质资源库等平台，开展产业共性技术研发，面向产业提供开放共享服务，实现种业发展新突破。③推进农业科技协同创新。依托西北农林科技大学试验示范站建设一批区域农业科技创新服务中心，为农业重点产业领域和陕西“3+X”特色农业发展提供科技支撑。与旱区农业有关区域建立农业科技产业协作关系，推动在杨凌离岸孵化，对外开展农业新品种、新技术示范推广，服务乡村振兴。

［重点任务 2］：围绕创新链布局产业链，构筑农业科技产业高地。①建设农业科技成果转化平台。提升杨凌农业科技成果交易中心功能，健全成果集聚、筛选评估、转化撮合机制，进一步完善成果库、需求库、专家库建设，构建农业科技成果价值评估机制。统筹国家（杨凌）农业技术转移中心、旱区植物品种权交易中心及社会化专业机构力量，开展农业科技成果挂牌交易等服务。②推动农业技术示范推广。从农业种养殖品种、生产管理、加工储运、产品销售全链条汇聚技术、人才、产品等各类要素，集成杨凌科技，认证杨凌标准，为市场主体整合资源、集成服务产品提供平台支撑。发挥杨凌农高会在农业科技成果交易转化中的作用，打造国内一流、国际知名的农业科技展会。③培育发展农业高科技产业。实施种子孵化项目，支持科研人员携带科技成果创新创业，孵化和培育科技型创业团队和初创企业。通过整合科技资源和政策措施，引导创新链、资金链向企业和产业聚集，增强企业自主创新能力。

续表

专栏 3-3　秦创原农业板块建设三年行动计划（2021—2023 年）
［重点任务 3］：加强人才队伍建设，构筑创新创业人才高地。①打造科技经纪人队伍。依托西北农林科技大学、杨凌职业技术学院通过政府主导培育一批、依托西安交通大学职业技术经理人培训中心提升一批、鼓励市场引进集聚一批具有专业素养、投行思维的高水平农业领域科技经纪人队伍。②壮大“新双创”队伍。依托双创示范基地建设，优化技术创业课程体系，完善创新创业导师制度，健全企业家、行业专家等具有成功实践经验的导师队伍，以“项目制”培养一批符合农业产业需求、创新创业实践能力强的高层次人才，实现人才培养与企业需求“无缝对接”。③建设“科学家 + 工程师 + 农技员”队伍。发挥西北农林科技大学农民发展学院、杨凌职业技术学院继续教育培训学院等机构作用，强化高素质农民和农业管理人员队伍建设，把杨凌打造成为全国“三农”培训中心。 ［重点任务 4］：健全服务要素，优化创新创业环境。①设立工作窗口。规划建设集科研攻关、中试孵化、成果产业化、政务服务于一体的中国杨凌丝路农创汇，作为秦创原创新驱动平台农业板块总窗口，促进农业科技成果转化、科技型企业孵化。②搭建公共服务平台。大力推动孵化载体建设，构建“创业苗圃 + 众创空间 + 孵化器 + 加速器 + 产业园区”服务体系。促进科技资源共享服务，建设研发检测共享平台。推行“科技创新券”，支持各类创新平台开放共享科研仪器设备、数据资料等科技资源。③加大科技金融支撑。以政府推动、市场运作的方式，设立农业科技成果转化等专项基金和产业基金，并通过补贴或奖励的方式，引导秦创原各类创投基金投资农业板块创新要素。④发挥人才核心作用。实施后稷人才工程，引进和集聚一批科技领军人才创新创业，对认定的农业领域高层次人才，顶格享受资金奖励和科研经费、项目配套奖补。完善孵化基地、医疗教育、生活服务等配套建设，畅通人才绿色通道，完善专人联系服务工作机制，提升人才服务质量。 ［重点任务 5］：打造开放型创新平台，促进农业科技对外合作交流。①加快上海合作组织农业技术交流培训示范基地建设。依托上合组织现代农业交流中心、西北农林科技大学农业农村干部学院实施培训项目，定期举办杨凌国际农业科技论坛、丝绸之路农业教育科技创新合作论坛等，推动与上合组织国家及相关国家、地区农业科技交流活动机制化、常态化。②推进“一带一路”现代农业国际合作中心建设。积极融入国家“一带一路”倡议，搭建国际农业科技合作成果共享平台，进一步拓展在生物技术研究、种质资源改良、人才联合培养等领域与丝路沿线国家、世界农业发达国家的合作与交流，积极融入全球农业创新网络。

杨凌示范区将以秦创原创新驱动平台为依托，进一步推动农业领域人才、平台、项目等创新要素聚集，做好成果推广转化和产业化，把秦创原创新驱动平台建设成为现代农业高质量发展的强大引擎。

旱区农业技术进展 4

4.1 旱区农业关键领域技术

旱区农业关键技术涉及八大领域，包括作物种质资源创新与优良品种选育技术、农业高效节水技术、水土保持与生态系统修复技术、高产精细农田培育与土壤质量保育技术、设施农业优质高效栽培技术、畜牧业生产力改善与安全高效养殖技术、农产品深加工关键技术开发与技术集成、现代农业装备与农业信息化技术。

4.1.1 作物种质资源创新与优良品种选育技术

作物种质资源创新技术是指人们通过育种和遗传研究创造新的作物品种、品系，培育出具有一定抗病、抗旱、抗涝能力，并能更加适应生长环境变化的优质、高产、抗逆性强、适应性广等特点的作物品种。优良品种选育技术则是根据育种目标，应用各种不同的育种方法，在变异群体中选择符合育种目标的植株，经过连续多年的培育，选育出稳定的优良品系。作物种质资源创新与优良品种选育技术的突破主要体现在水稻高产与氮肥高效利用协同调控的分子基础、水稻驯化的分子机理研究、小麦耐热基因发掘与种质创新技术及育种利用、苹果优质高效育种技术创建及新品种培育与应用、玉米优异种质资源规模化发掘与创新利用以及高产优质、多抗广适玉米品种“京科 968”的培育与应用上。

4.1.2 农业高效节水技术

针对北方旱地频旱多变环境、水土过度利用、生产稳定性下降等问题，包括土壤水库营建、保护地高效节水灌溉、生物节水与高效种植、新型节水制剂、覆盖保墒等农业高效节水技术的研究尤为重要。其中，北方旱地农田抗旱适水种植技术应运而生，该领域技术将试验示范区农田降水利用率提高到 70.0% 以上。“十四五”期间，中国农业高效节水技术将以深度节水和极限节水为主攻方向，重点形成半干旱区和半湿润偏旱区农业聚水保土增效技术模式。

4.1.3 水土保持与生态系统修复技术

水土保持与生态系统修复技术是指在一定的地域范围内，采用自然修复法和自然环境与人工相结合的方法，在生态系统自身调节与控制以及在人工辅助作用下，确保一些生态系统回到以往的状态，使包括土壤修复、地表植被、水土保持、生态环境在内的整个自然生态系统都有所改观。该技术在黄土高原生态系统过程与服务、河流动力学及江河工程泥沙调控新机制、农林废弃物快速熟解创制腐殖酸环境材料及其应用方面取得了重要进展。

4.1.4 高产精细农田培育与土壤质量保育技术

高产精细农田培育与土壤质量保育技术旨在通过精细定位、精细技术、精细管理和精细功夫，提高土壤肥力与质量，促进农业增产增质增效，该技术在盲蝽类重要害虫灾变规律与绿色防控技术及主要粮食作物养分资源高效利用关键技术方面取得了重要进展。

4.1.5 设施农业优质高效栽培技术

设施农业优质高效栽培技术是指在环境安全型温室、环境安全型畜禽舍、环境安全型菇房等使农作物能够全天候生长的设施环境中高度集成世界最新实用科技，凝练国内外栽培模式和创新技术，运用无土栽培技术，对果树、蔬菜、花卉等进行栽培，以达到优质、高产、高效的生产。旱区的设施农业优质高效栽培技术在 2020 年暂无取得重大技术成果突破，需进一步针对其技术瓶颈问题，集中力量加大投入，发展设施农业优质高效栽培技术。

4.1.6 畜牧业生产力改善与安全高效养殖技术

畜牧业生产力改善与安全高效养殖技术是指在畜牧业行业采用先进、高效、超越传统的技术和生产方式来加快和提升畜牧业的高水平发展，提高畜牧业安全养殖的效率。该技术在良种牛羊卵子高效利用快繁关键技术、食品动物新型专用药物的创制与应用、畜禽饲料质量安全控制关键技术创建与应用、奶牛高发病防治系列新兽药创制与应用上取得了重大创新与突破。

4.1.7 农产品深加工关键技术开发与技术集成

农产品深加工关键技术开发与技术集成旨在通过对农产品深加工重大关键技术的研究、集成与产业化开发，突破一批制约我国农产品加工产业发展的关键技术问题，为实现我国农产品加工业的跨越式发展提供强有力的科技支撑。其中，农产品深加工关键技术开发与集成在海参功效成分解析与精深加工关键技术及应用、奶及奶制品安全控制与质量提升关键技术、玉米淀粉及其深加工产品的高效生物制造关键技术与产业化上取得了重大创新与突破。

4.1.8 现代农业装备与农业信息化技术

现代农业装备是指用于现代农业生产过程的先进农业机械、设备和设施。主要包括：农业田间作业机械、设施农业装备、农产品加工装备、农业生物质利用装备、农田设施与装备、农业信息化装备等。农业信息化是指在农业领域全面地发展和应用现代信息技术，使之渗透到农业生产、市场、消费以及农村社会、经济、技术等各个具体环节的全过程。2020 年，旱区各省（区、市）在现代农业装备与农业信息化暂无取得重大技术成果突破，需进一步集中力量加大投入，发展农业装备与农业信息化技术。

4.2 旱区农业关键领域技术重点成果

2020 年，我国旱区农业技术研究成果显著，共取得 19 项关键农业技术领域的国家级奖励，对种质资源创新与优良品种选育技术、农业高效节水技术、水土保持与生态系统修复技术、高产精细农田培育与土壤质量保育技术、畜牧业生产力改善与安全高效养殖技术、农产品深加工关键技术开发与技术集成等关键技术领域的研究均有涉及，保障了我国的粮食安全、生态安全和现代农业可持续发展（见表 4-1）。其中，种质资源创新与优良品种选育在 2020 年所获农业类国奖数量最多，在国家科技进步奖、国家技术发明奖、国家自然科学奖三大奖上均有技术成果突破，共获奖 6 项，三大奖小计占比为 31.6%；设施农业优质高效栽培技术以及现代农业装备与农业信息化技术所获农业类国奖数量最少，在国家科技进步奖、国家技术发明奖、国家自然科学奖三大奖上暂无技术成果突破。

表 4-1　2020 年旱区农业关键技术领域的国家级奖项情况

Table 4-1　National awards in the field of agricultural technology in arid areas in 2020

技术领域	国家科技进步奖（项）	国家技术发明奖（项）	国家自然科学奖（项）	三大奖（项）小计	占比（%）
种质资源创新与优良品种选育	2	2	2	6	31.6
农业高效节水	1	0	0	1	5.3
水土保持与生态系统修复	0	1	2	3	15.8
高产精细农田培育与土壤质量保育	2	0	0	2	10.5
设施农业优质高效栽培	0	0	0	0	0
畜牧业生产力改善与安全高效养殖	3	1	0	4	21.1
农产品深加工关键技术开发与技术集成	3	0	0	3	15.8
现代农业装备与农业信息化	0	0	0	0	0

说明：①此表依据 2020 年公布的初评获奖名单统计（最终获奖名单截至 2021 年 9 月，暂未公布）；②此表仅统计了第一完成单位属于旱区各省（区、市）的八大类技术成果获奖情况。

资料来源：国家科学技术奖励工作办公室。

4.2.1　作物种质资源创新与优良品种选育技术

作物种质资源创新与优良品种选育技术在旱区取得诸多重要成果，具体表现在以下几个方面：

（1）水稻高产与氮肥高效利用协同调控的分子基础。该技术在植物生长发育与氮素代谢协同作用机制的研究以及氮肥高效利用的新种质培育方面取得了突破性进展，为“少投入、多产出、保护环境”的农作物设计育种提供了理论依据和技术支撑。并取得了以下创新成果：通过遗传改良和分子设计育种手段培育氮肥高效利用的作物新品种，将优异等位基因应用于当前主栽高产水稻和小麦品种中，不仅成功地实现了氮肥利用效率的改良，而且能够保持作物品种优良的半矮化和高产特性，向着“少投入、多产出、保护环境”的可持续农业发展的育种目标迈出了重要一步，对保障粮食安全和农业可持续发展至关重要（刘学英等，2019）。“水稻高产与氮肥高效利用协同调控的分子基础”获2020年度国家自然科学奖初评二等奖。

（2）水稻驯化的分子机理研究。亚洲栽培稻由其野生祖先种——普通野生稻驯化而来，在驯化过程中，诸多性状发生了改变。在株型上，野生稻表现较大的分蘖角度，以获取更多的水分、养分和阳光，有利于自然环境下生存繁衍；栽培稻则多为直立株型，有利于增加密度、提高产量，且便于收获。该技术利用一个分蘖倾斜生长的野生稻渗入系，通过图位克隆，鉴定了控制倾斜生长表型的基因TIG1，表明该基因在籼稻中受到了人工选择。TIG1基因的克隆不仅为揭示水稻分蘖角度的调控机制提供了重要线索，而且为深入阐释水稻驯化过程中株型演变的分子机理提供了新的认识。“水稻驯化的分子机理研究”获2020年度国家自然科学奖初评二等奖。

（3）小麦耐热基因发掘与种质创新技术及育种利用。该技术实现了耐热资源广泛收集与系统评价、资源改良创新和新品种选育、常规育种手段和现代分子育种技术的有机结合，真正解决了气温升高、极端高温天气频发下小麦主产区产量下降、品质变劣等问题，保障了我国的粮食安全。取得了以下创新成果：①建立了一套“小麦资源耐热性三级鉴定体系”。②在国际上首次报道组蛋白修饰基因GCN5和非编码RNA参与了小麦对高温胁迫的响应过程，为从表观遗传途径进行小麦耐热遗传改良提供了新思路。③确定了耐热基因的染色体位置，为小麦耐热性改良提供了基因资源。④创制出耐热骨干亲本“农大3097”和“农大3338”，并培育出4个耐热高产的小麦品种，实现了耐热和高产的协同改良（孙其信等，2018）。“小麦耐热基因发掘与种质创新技术及育种利用”获2020年度国家技术发明奖初评二等奖。

（4）苹果优质高效育种技术创建及新品种培育与应用。针对我国苹果和梨产业品种结构不合理、加工滞后、良种良法不配套、劳动力成本高及春旱秋涝等不平衡、不充分的共性问题，该技术以“新疆野苹果资源的保护利用及果实品质”为核心，提出并实施了“四品一线、七位一体”的苹果和梨系统创新成果研发与推广体系，取得了以下创新成果：①创建了苹果和梨资源育种的理论体系，明确了世界栽培苹果起源于新疆，提出了“高类黄酮苹果”的概念及育种思路。②创建了优势互补、常规杂交育种和芽变选种与生物技术相结合的苹果和梨优质高效育种技术体系。③育成的苹果和梨系列优质新品种为高效栽培模式创建提供了品种支撑。④创建了苹果和梨新品种优质高效生产技术体系，实现了良种良法配套（陈学森等，2020）。“苹果优质高效育种技术创建及新品种培育与应用”获2020年度国家技术发明奖初评二等奖。

（5）玉米优异种质资源规模化发掘与创新利用。种质创新是连接种质资源和育种的关键环节，玉米种质创新在玉米育种中发挥着重要作用。我国玉米育种种质基础狭窄，其主要原因在于育种工作者以选育二环系和模拟育种为主，多数玉米育种单位和种子企业以追求短期目标为导向，对种质资源鉴定评价和种质创新等基础性研究投入很少，并缺乏长远的顶层设计和覆盖全国的种质创新计划和网络，致使遗传基础狭窄的局势更加严峻。因此，强化我国的玉米种质创新不仅显得十分必要，而且十分紧迫。我国玉米种质创新的主要发展方向：①加强优异种质资源的精准鉴定评价，为高效的种质创新提供支撑。②加强基于野生近缘植物和地方品种的种质创新。③加强热带、亚热带种质导入的遗传规律、选择鉴定、应用方法等研究，拓宽温带玉米种质基础（黎裕和王天宇，2017）。“玉米优异种质资源规模化发掘与创新利用”获2020年度国家科技进步奖初评二等奖。

（6）高产优质、多抗广适玉米品种“京科968”的培育与应用。针对我国玉米育种中存在的模仿育种、杂优模式单一、同质化严重等问题，该技术培育出了符合需求并可与国外品种抗衡的高产优质、多抗广适突破性品种，满足了生产上节本增效和绿色发展对品种的更高需求，创新了核心种质及杂优模式，并取得了以下创新成果：①创制选育出“京科968”等系列强优势杂交种30多个，其中突破性品种“京科968”集“高产优质、多抗广适、易制种”于一体，成为当前我国主导大品种。②创制出不育性彻底且稳定的S型雄性不育新种质和骨干亲本不育系，并通过研发建立“京科968”雄性不育三系配套杂交制种、优质高产种子生产及绿色高产栽培技术体系，全面实现单粒精播和良种良法配套。③建立“京科968”玉米新品种研发“1+N”科企联合体，实施联合体科企合作，产学研结合、育繁推一体化，加快玉米新品种产业化开发和大面积推广速度（赵久然等，2020）。“高产优质、多抗广适玉米品种京科968的培育与应用”获2020年度国家科技进步奖初评二等奖。

4.2.2 农业高效节水技术

农业高效节水技术在旱区取得重要成果主要表现在北方旱地农田抗旱适水种植技术及应用上。

我国旱作农业区耕地面积广，在国家现代农业发展中的战略地位举足轻重。为了在干旱加剧和农业用水负增长态势下，依靠科技大力发展现代旱作农业，缓解水资源短缺、保障粮食安全、消除贫困和保护生态环境，北方旱地农田抗旱适水种植技术及应用项目围绕持续提高旱作农业区降水保蓄率、利用率、水分利用效率和效益等重大关键技术难点，取得了重大创新和突破：①首次探明了旱作区农田降水转化定量关系和作物耗水结构特征，创建了以降水生产潜力开发为重点的旱作农业决策支持系统。②重点突破了旱作农业“集、蓄、保、提”共性关键技术，创造性地研制出储冬保春的核心技术。③系统集成了与降水特点相吻合的半湿润偏旱区、半干旱区、半干旱偏旱区、干旱区增产增效集雨补灌等技术体系与模式（梅旭荣等，2016）。“北方旱地农田抗旱适水种植技术及应用”获 2020 年度国家科技进步奖初评二等奖。

4.2.3 水土保持与生态系统修复技术

水土保持与生态系统修复技术在旱区取得重要成果表现在黄土高原生态系统过程与服务、河流动力学及江河工程泥沙调控新机制、农林废弃物快速熟解创制腐殖酸环境材料及其应用上。

（1）黄土高原生态系统过程与服务。黄土高原生态建设，关系到黄土高原生态环境的改善，是黄土高原地区、黄河流域系统合理调控的焦点。因此，开展黄土高原社会—生态系统研究，是实现黄土高原可持续发展的迫切需求。研究发现，“耕种快速扩张”“耕种持续扩张”“农田工程以增加粮食生产”三个阶段加剧了黄土高原的土壤侵蚀，而生态恢复和水土保持措施的实施减少了黄土侵蚀和黄河泥沙的累积，同时也带来了径流减少、黄河三角洲蚀退等新的问题。这一研究成果为社会—生态系统的动态演变研究提供了新的视角，实现了从追求单一目标到考虑要素相互作用、从关注局地到关注跨区域影响的转型。将黄土高原中社会—生态系统的阶段与其驱动因素和影响联系起来，可以更好地理解社会—生态系统问题是如何出现的以及应该如何解决（Wu 等，2020）。“黄土高原生态系统过程与服务”获 2020 年度国家自然科学奖初评二等奖。

（2）河流动力学及江河工程泥沙调控新机制。生态河流动力学是研究河流中水沙输移及床面形态与河流生物化学过程之间耦合关系的科学，泥沙颗粒的表面特性与输移规律及其生态影响机制研究是生态河流动力学的核心内容。该研究提出了生态河流动力学的概念及理论框架，梳理了生态河流动力学研究中涉及的多个方面的研究进展，包括水沙输移及微地形演变的物理过程、营养盐和污染物质随泥沙输移的化学过程，以及水体中及床面处各类生物过程对于水沙输移及微地形演变的响应等，探讨了水沙输移与河流生物化学过程之间的相互耦合关系，进而提出了生态河流动力学研究所面临的多学科交叉、多尺度耦合等方面的挑战（方红卫等，2019）。“河流动力学及江河工程泥沙调控新机制”获 2020 年度国家自然科学奖初评二等奖。

（3）农林废弃物快速熟解创制腐殖酸环境材料及其应用。我国有近 70 个主要铬渣污染场地，造成了严重土壤铬污染，威胁或危害着地下水及饮用水源。另外，城市固体废物和磷肥中含有铬，也成为铬污染的来源之一。因此，研发绿色、高效、经济的污染土壤绿色修复技术是改善我国环境质量的迫切要求，也是国内外环保科技的研究难点和热点。该项目开发了铬污染土壤生物腐殖酸绿色修复技术，达到了土壤脱毒的同时恢复绿色种植的效果，取得了重大创新性：①首次分析确定了生物质热解液体与矿源腐殖酸组成和物化性质相同，拓宽了腐殖酸的来源和生物质热解液体的用途。②开发了生物质自混合下行循环流化床毫秒热解技术，解决了超短接触热质传递与反应调控、液体带灰、半焦载体异重返料、钾离子导致床料结焦死床等难题。③首次提出了生物腐殖酸还原、络合固定、包裹阻断和土壤团粒化恢复种植功能四位一体的协同修复铬污染土壤的机理（田原宇等，2016）。“农林废弃物快速熟解创制腐殖酸环境材料及其应用”获 2020 年度国家技术发明奖初评二等奖。

此外，2020 年杨凌示范区也在该领域取得了重要成果：

第一，黄土高原土壤有机碳过程、格局和区域响应研究。该研究揭示了不同时空尺度上土壤有机碳的分布特征及影响因素，阐明了土壤有机碳迁移、矿化和土壤呼吸等循环过程及其控制因子，刻画了土壤有机碳对土地利用变化响应的团聚体物理保护、区域分异、土壤水分和气候驱动特征，拓宽了恢复生态系统土壤碳循环的研究领域，奠定了不同环境变化情景下碳动态预测的基础。该项目取得如下主要成果：①揭示了区域尺度土壤有机碳分布格局和主控因子。②发现土壤呼吸能够对降水变化造成的土壤水热环境变化产生适应。③揭示了土壤有机碳迁移的主要控制过程和影响因素。④阐明了土壤有机碳响应的区域分异特征。⑤明确了气候条件对土壤有机碳响应土地利用变化的驱动作用（邵明安等，2017）。由西北农林科技大学、中国科学院水利部水土保持研究所、中国科学院地理科学与资源研究所一起完成的“黄土高原土壤有机碳过程、格局和区域响应研究”获2020年度陕西省自然科学奖一等奖。

第二，退耕还林（草）工程固碳效益评估及其驱动机制。该研究以退耕后典型恢复生态系统为研究对象，建立了适合我国退耕还林（草）工程固碳速率和潜力的评估方法，解决了由于缺少退耕还林（草）工程固碳效益的整体系统评价所导致的影响退耕还林工程固碳效益的准确评价和对未来固碳前景的科学预测。该项目取得如下主要成果：①揭示了区域尺度土地利用变化与碳收支的关系，为我国退耕还林（草）工程生态效应评估、生态系统碳汇能力的估算提供数据佐证以及碳评估模型的校验和发展等提供了参考。②揭示了不同植被恢复措施下土壤固碳动态演变规律及稳定时间阈值，为区域退化生态系统恢复与重建提供技术支撑和科学依据。③揭示了侵蚀环境下土壤碳库稳定性机制的分层差异，为科学调控土壤碳库提供理论支撑（邓蕾等，2018）。由西北农林科技大学、中国科学院地球环境研究所一起完成的“退耕还林（草）工程固碳效益评估及其驱动机制”获2020年度陕西省自然科学奖二等奖。

第三，黄土区林草—土壤系统修复机理与近自然经营关键技术。该研究以黄土丘陵区安塞野外试验站川地长期肥料试验样地的土壤为研究对象，分析不同施肥处理对土壤微生物群落多样性及其活性的影响。明确影响土壤微生物学特征的关键因子，以期为该区域农田系统进行土壤质量评价、建立合理施肥制度、提高土地生产力提供数据支持和科学依据（梁楚涛等，2018）。由西北农林科技大学的肖列和薛莲研究员参与完成的“黄土区林草—土壤系统修复机理与近自然经营关键技术”获陕西省科学进步二等奖。

4.2.4 高产精细农田培育与土壤质量保育技术

高产精细农田培育与土壤质量保育技术在旱区取得重要成果表现在盲蝽类重要害虫灾变规律与绿色防控技术及粮食作物养分资源高效利用关键技术上。

（1）盲蝽类重要害虫灾变规律与绿色防控技术。针对我国黄河流域和长江流域等地区因盲蝽连年成灾，农作物受害严重、经济损失巨大等问题，该项目系统研究了我国盲蝽的种类组成、为害习性、灾变规律、种群监测与关键防控技术，取得了如下主要成果：①鉴定发现了 42 种盲蝽类害虫。其中绿盲蝽、中黑盲蝽、三点盲蝽是黄河流域与长江流域地区的优势种类，牧草盲蝽和苜蓿盲蝽为西北内陆地区的主要种类。②研究发现降雨、温度、寄主植物和天敌是影响盲蝽种群发生与消长的主要生态学因子。③建立了盲蝽发生期与发生程度预测模型和预警技术体系。④研发了红颈常室茧蜂种群规模饲养技术与田间释放防治技术，构建了以盲蝽行为阻断和生物防治为核心的绿色防控技术体系（吴孔明等，2016）。“盲蝽类重要害虫灾变规律与绿色防控技术”获 2020 年度国家科技进步奖初评一等奖。

（2）粮食作物养分资源高效利用关键技术。针对我国集约化农田化肥过量施用、肥料利用率低、危害生态环境安全等问题，“肥料养分推荐方法与限量标准”项目以主要粮食作物为研究对象，以化肥减施增效为目标，首次创建了基于产量反应和农学效率的推荐施肥新方法，研发了 NE 养分专家系统，并建立了集成推荐施肥、有机肥资源高效利用、秸秆高效还田、化肥深施等基于“NE 系统 +”的肥料减施增效技术模式，并规模化应用。该技术成果尤其是关于水稻、小麦和玉米等主要粮食作物“NE 系统 +”技术，在我国主要粮食作物主产区的推广应用，为化肥减施增效与农业绿色发展提供了重要科技支撑。“粮食作物养分资源高效利用关键技术”获 2020 年度国家科技进步奖初评二等奖。

4.2.5 设施农业优质高效栽培技术

2020 年，旱区在设施农业优质高效栽培技术领域没有取得国家级重要成果。而 2020 年杨凌示范区则在该类技术领域取得了一些成果，获得省级科技类奖项。

（1）猕猴桃溃疡病绿色防控技术创新与应用。针对果农防治猕猴桃溃疡病投入的人力、物力、财力等成本极高的重大生产难题，由西北农林科技大学、陕西省农村科技开发中心等多家单位历经十余年联合攻关，取得了猕猴桃溃疡病绿色防控技术创新应用研究的一系列成果：①揭示了Ⅲ型分泌系统效应蛋白是重要毒性因子，为猕猴桃果品及繁殖材料进出口检疫检验、抗病育种和防治技术研发提供了重要科学依据。②揭示了强致病力菌株侵染树干、叶片和根系的时空规律。③发明了繁殖材料带菌检测技术，建立了田间病害流行预警技术，开发了微生物菌剂，研发了“两前两后”精准施药防控技术。④创建了安全高效防控技术体系并进行了示范应用。该技术的广泛推广和应用，有效遏制了猕猴桃溃疡病在陕西省及全国产区的流行蔓延，保障了猕猴桃产业健康持续发展（黄丽丽等，2020）。“猕猴桃溃疡病绿色防控技术创新与应用”获2020年度陕西省科学技术进步奖一等奖。

（2）陕西省茶产业高质量发展关键技术集成与示范推广。为进一步加快全省茶产业高质量发展，做大做强陕西省茶饮产业，促进农民增收、提高人民生活水平，由陕西省园艺技术工作站主持，联合安康市农业科学研究院、西北农林科技大学、汉中茶叶办公室、商洛市茶叶办等单位，组建了“陕西省茶产业高质量发展关键技术集成与示范推广”课题组。具体研究成果如下：①采用减施化肥提质增效、病虫害绿色防控及机械化耕作、剪采技术等方式建立高标准茶园，改进名优茶制作工艺，提高名优茶外在和内在品质，增加名优茶的产量和市场竞争力。②充分发挥自然生态禀赋和区域农业产业特色，开发茶叶新产品，并利用政策引导、品牌培育等手段，对各地的茶叶品牌进行整合。③建成一批高标准茶叶生产基地，提高了名优茶的产量和质量，推进了茶产业快速、健康发展（孙越赟等，2020）。“陕西省茶产业高质量发展关键技术集成与示范推广”获2020年度陕西省科学技术进步奖一等奖。

（3）核桃综合配套栽培技术研究与示范。由陕西省林业科技推广与国际项目管理中心、商洛市林业科学研究所、西北农林科技大学、宜君县核桃产业办公室等单位共同完成的核桃综合配套栽培技术研究与示范项目取得了重要成果。主要技术内容如下：①标准化建园：规范园址选择及“四大一膜”技术要点。②低产核桃园高接换优：完善接穗的采集与保存、嫁接时间、控制伤流、嫁接方法、接后保湿、接后管理等系列流程。③规范化管理：在核桃示范园管理方面，新建园及高接园均推广了“巧施肥、勤垦复、细间作、精修剪、防病虫”五项关键技术。④有机核桃生产：选择空气清新、水质纯净、土壤无污染、生态环境良好、适宜核桃栽培、周围有15米以上的自然隔离带或人工林带建园。该研究建立核桃良种示范园4 512亩，新增产值17.97亿元，新增纯收入14.57亿，投入产出比为1∶5.29，农民得益率4.33（原双进等，2012）。“核桃综合配套栽培技术研究与示范”获2020年度陕西省科学技术进步奖二等奖。

（4）糜子优质抗逆增效关键技术研究集成与示范。由西北农林科技大学、神木市农业技术推广中心、府谷县种子管理站、宝鸡市农业科学研究院共同完成的糜子优质抗逆增效关键技术研究集成与示范取得了一系列成果。主要成果如下：①先后培育了榆糜1号、2号、3号，陕糜1号、2号等糜子新品种，研究推广了旱地糜子抗逆高产栽培技术。②制定了糜子千粒重分级方法（柴岩等，2014）。③制定了糜子生产技术规程和标准，规定了糜子生产的产地条件、种子及其处理、选地、选茬与整地、施肥、播种、田间管理、收获等技术要求。④制定了糜子病虫害防控技术规程，采用农业防治、物理防治、化学防治相结合的办法进行综合防治（冯佰利等，2016a；冯佰利等，2016b）。⑤制定了糜子机械化生产技术规程。建立有机糜子生产基地，积极开展糜子机械化栽培技术集成与示范，打造府谷黄米品牌（高小丽等，2016）。"糜子优质抗逆增效关键技术研究集成与示范"获2020年度陕西省科学技术进步奖二等奖。

4.2.6 畜牧业生产力改善与安全高效养殖技术

畜牧业生产力改善与安全高效养殖技术在旱区取得重要成果表现在良种牛羊卵子高效利用快繁技术、食品动物新型专用药物的创制与应用、畜禽饲料质量安全控制关键技术创建与应用以及奶牛高发病防治系列新兽药创制与应用上。

（1）良种牛羊卵子高效利用快繁技术。繁殖速度慢致使良种覆盖率低一直是困扰我国良种牛羊产业发展的关键问题，而历经16年针对良种牛羊核心群和生产群的良种牛羊卵子高效利用快繁技术有了重要技术突破。该技术主要创新如下：①独创了牛羊卵子核—质同步成熟新技术。②首次阐明了生理因子维甲酸缺乏引起X染色体失活不足，是雌性体外胚胎死亡率高的关键原因，并创建了维甲酸"生理窗口期"短时补偿技术。③发明了牛羊精准排卵控制技术，创制三个排卵调控关键药物，实现了良种牛羊生产群的大批量扩繁。该技术成果引领了牛羊快繁技术进步，推动了我国牛羊种业发展和生产水平提高（田见晖，2016）。"良种牛羊卵子高效利用快繁关键技术"获2020年度国家技术发明奖初评二等奖。

（2）食品动物新型专用药物的创制与应用。抗生素作为饲料添加剂在家禽业上已普遍得到了应用，它能防治家禽肠道疾病，改善新陈代谢，提高饲料转化率，促进生长。目前，用于肉鸡药物添加剂的抗生素种类很多，金霉素和杆菌肽锌在国内应用较为广泛。黄霉素作为新型的抗生素药物添加剂，目前尚未在我国推广使用。该技术通过上述几种抗生素饲喂肉鸡的对比试验，以确定其对肉鸡的促生长作用，为目前养鸡业推广使用较为理想的抗生素药物添加剂提供科学依据。最终该项目得出结论，黄霉素和杆菌肽锌对动物肠道中的革兰氏阳性菌和少数革兰氏阴性菌具有较强的抑制或杀灭作用，金霉素对动物肠道中的大多数革兰氏阳性菌和阴性菌均有抑制作用。因此，这 3 种药物添加剂分别添加于肉鸡日粮中，均能抑制肠道中有害细菌的生长繁殖，增强机体的抗病能力，降低肉鸡死亡率（沈建忠等，1994）。“食品动物新型专用药物的创制与应用”获 2020 年度国家科技进步奖初评二等奖。

（3）畜禽饲料质量安全控制关键技术创建与应用。我国在优质高效饲料生产和饲料质量安全控制方面总体水平较低，一些关键技术措施比较落后且缺乏精准生产管理和质量控制技术。针对以上问题，畜禽饲料质量安全控制关键技术创建与应用这一研究有了重要突破。主要科技创新如下：①创建了饲料质量安全检测关键技术。②创新了饲料高效低耗加工关键技术，实现饲料生产提质增效。③创建了饲料数据库，研发了饲料质量安全管理系统。该研究成果在饲料生产企业、检测机构、设备制造企业等得到了推广应用，提高了饲料生产效率和产品品质，降低了加工能耗，取得了显著的经济效益（秦玉昌等，2018）。“畜禽饲料质量安全控制关键技术创建与应用”获 2020 年度国家科技进步奖初评二等奖。

（4）奶牛高发病防治系列新兽药创制与应用。针对目前我国奶牛重要细菌性疾病病原体本底不清、高效防治药物缺乏等突出问题，该研究重点开展了奶牛乳房炎、子宫内膜炎、呼吸道病的病原菌的调查，药物筛选和新兽药创制等研究和应用工作，取得如下创新性成果：①首次建立了我国奶牛重要细菌性病原库及病原信息数据库，为奶牛细菌性疾病防治和药物创制提供了研究基础和科学依据。②筛选了 4 种高活性高特异性抗菌药物，为兽药剂型创新和产品成本降低提供了技术基础。③创新了奶牛用原料药及制剂的生产关键技术，形成了 9 个兽药国家标准。④研创了 9 种高效、安全、低残留、低成本的新兽药，打破了国外同类产品的垄断（李秀波等，2017）。“奶牛高发病防治系列新兽药创制与应用”获 2020 年度国家科技进步奖初评二等奖。

此外，2020 年杨凌示范区在该类技术领域也取得了一些重要成果：

（1）奶牛高效环保型饲养关键技术研发与推广应用。由西北农林科技大学、内蒙古农业大学、兰州大学、陕西华秦农牧科技有限公司、宝鸡得力康乳业有限公司共同完成的奶牛高效环保型饲养关键技术研发与推广应用取得了一系列成果：该项目以高效环保型奶牛养殖关键技术的研究为核心，以主要营养素的平衡、动态及精准营养供给为技术关键，通过研制适合中国饲料资源的DNM奶牛精准营养管理系统，为饲料工业和奶业的持续发展提供技术支持，该成果的综合推广应用可明显提高饲料转化率和产奶效率，降低瘤胃甲烷气体排放，缓解粮食和饲料资源不足问题，显著增加社会、经济和生态效益（姚军虎等，2014）。“奶牛高效环保型饲养关键技术研发与推广应用”获2020年度陕西省科学技术进步奖一等奖。

（2）优质高产奶牛选育改良关键技术研究集成与应用。由陕西省畜牧产业试验示范中心、西北农林科技大学一起完成的优质高产奶牛选育改良关键技术研究集成与应用项目，针对陕西奶牛良种率低、单产低、遗传基础差等严重制约奶牛业发展的瓶颈问题，以研发奶牛新型冷冻精液稀释液、提高冷冻精液品质为技术关键，以优质高产奶牛选育改良和核心群选育为目标，以提高奶牛群体生产水平为技术配套，以促进奶牛产业提质增效和持续健康发展为根本，以提高推广应用技术水平为保障，集成优质高产奶牛选育关键技术和推广应用服务链。“优质高产奶牛选育改良关键技术研究集成与应用”获2020年度陕西省科学技术进步奖二等奖。

（3）牛羊肉营养安全生产及产品开发关键技术研究与示范。由陕西师范大学、西北农林科技大学、中国农业科学院农产品加工研究所、西安兆隆食品有限公司合作的对陕西特色牛羊肉产品的开发中，创新开展了牛羊肉营养、安全化精深加工关键技术研究。主要研究成果如下：①创新优化了牛羊肉生产加工工艺，形成了牛羊肉营养、安全化加工方法。②明确了四种贮藏条件下牛羊肉理化品质、营养品质的变化规律，构建了四种条件下肉品质检测体系。③筛选出了最优的蒸制工艺，形成了牛羊肉蒸制产品的企业标准。该研究开发了安全营养产品，推动了陕西省牛羊肉的安全标准化生产，带动了肉牛肉羊产业的发展和提质增效，社会经济效益显著（刘永峰等，2018）。“牛羊肉营养安全生产及产品开发关键技术研究与示范”获2020年度陕西省科学技术进步奖二等奖。

（4）猪呼吸系统重要传染病新型疫苗的创制与应用。由陕西诺威利华生物科技有限公司、陕西省动物疫病预防控制中心、西安市动物疫病预防控制中心、陕西省畜牧产业试验示范中心共同完成的猪呼吸系统重要传染病新型疫苗的创制与应用取得了重要成果。①实现了蛋白的可溶性表达，并进行了病毒样颗粒组装。②利用该蛋白制备疫苗，免疫动物验证了疫苗的安全性和有效性。③该疫苗的免疫持续期可达3个月。④该研究申请专利6项，其中发明专利3项、实用新型专利3项，均已获得授权。⑤该研究开发的PRRSV颗粒样疫苗能够克服灭活疫苗和减毒活疫苗的缺点，为目前PRRS防控提出新的思路。该研究的实验和生产不涉及环境污染，所使用的杆状病毒的天然宿主解决了生产疫苗的安全性问题（刘灿等，2019）。“猪呼吸系统重要传染病新型疫苗的创制与应用”获2020年陕西省科学技术进步奖二等奖。

4.2.7 农产品深加工关键技术开发与技术集成

农产品深加工关键技术开发与技术集成在旱区取得的重要成果表现在海参功效成分解析与精深加工关键技术及应用研究、奶及奶制品安全控制与质量提升关键技术，以及玉米淀粉及其深加工产品的高效生物制造关键技术与产业化上。

（1）海参功效成分解析与精深加工关键技术及应用研究。海参产业长期以来存在着对海参营养的化学结构和营养机制阐明不清，传统手工作坊式加工技术使海参中营养成分流失严重，产品种类单一、营养品质不可控，海参产品质量安全隐患大等重大技术难题。为了海参产业的健康发展，海参功效成分解析与精深加工关键技术及应用研究在海参营养保持与高质加工关键技术上取得了突破进展，并实现了产业化应用。主要科技创新点如下：①首次立体构建了海参多糖的分子特征，阐释了其营养机制。②首次突破了以鲜海参直接生产即食海参的技术瓶颈，最大化保留了海参的营养、风味和口感；解决了传统热力杀菌导致产品营养和质构劣化、贮藏时品质下降等难题；解决了海参资源利用率低、产品单一的缺陷。研发了海参连续高效机械加工工艺及成套装备，解决了传统模式中劳动强度大、效率低的技术难题。③研究构建了海参产品质量安全控制标准体系，保障了海参产业的健康发展（薛长湖等，2018）。“海参功效成分解析与精深加工关键技术及应用”获2020年度国家科技进步奖初评二等奖。

（2）奶及奶制品安全控制与质量提升关键技术。在食品行业快速发展的今天，奶及奶制品生产过程中由于兽药的滥用可能导致牛奶中的兽药残留，并对消费者健康造成风险。为了保证食品安全，除了从源头把关，还需建立一套快速、准确的检测技术提供支撑和保障。随着新技术的应用和新仪器的使用，兽药残留检测在前处理效率、仪器灵敏度和高通量检测方面发展迅速。其中，高通量检测技术基于可以一次性检测多种兽药残留，成为当前研究的热点。该技术旨在结合近些年已发表的文献，综述奶及奶制品中兽药残留前处理技术和高通量检测技术，为今后相关检测研究提供参考（罗润博等，2020）。“奶及奶制品安全控制与质量提升关键技术”获2020年度国家科技进步奖初评二等奖。

（3）在玉米深加工领域中玉米淀粉及其深加工产品的高效生物制造关键技术与产业化取得了重要进展。主要研究成果如下：①研究创建了生物浸泡与酶促分离相协同的玉米淀粉高效制备关键技术，突破了传统化学浸泡与机械分离极限。②研究开发了高浓酶解与智能分离相结合的淀粉糖高效生产关键技术，开发出酶促降黏均匀液化、高效降支精准糖化的核心技术。③在大数据驱动的机理模型指导下，开发出模块化模拟移动床等6类淀粉糖关键分离装备及智能化控制技术，解决了菌株生长和产物合成不匹配的问题（佟毅等，2019）。“玉米淀粉及其深加工产品的高效生物制造关键技术与产业化”获2020年度国家科技进步奖初评二等奖。

4.2.8 现代农业装备与农业信息化技术

2020年，旱区在现代农业装备与农业信息化技术领域没有取得国家级的重要成果突破，旱区各省（区、市）在该领域需进一步集中力量加大投入，发展农业装备与农业信息化技术。

4.3 “十三五”期间旱区农业技术关键突破、布局分析、趋势分析

“十三五”期间，我国农业科技进步贡献率突破60.0%，农作物耕种收综合机械化率超过71.0%，农作物良种覆盖率稳定在96.0%以上，畜禽粪污综合利用率超过75.0%，支撑保障粮食年产量稳定在6.5亿吨以上，整体研发水平与发达国家差距逐步缩小，在农业科技基础前沿领域取得一系列重要突破，并在旱区农业科技领域取得一大批对农业农村经济社会发展做出重大贡献的标志性、突破性成果。尽管我国旱区农业技术进步明显，对农业高质量发展的支撑作用明显加强，但在旱区农业科技创新方面，如科技投入不足、投入结构不合理、技术对外依存度较高、科技成果转化利用率和产业化程度低、农业科技区域创新能力参差不齐等，仍有许多短板亟

待解决。因此在“十四五”时期，加强旱区农业科技投入强度和结构优化，提升农业科技的原始创新能力，突破一批旱区农业“卡脖子”技术，注重旱区农业产业应用，切实强化科企深度融合，完善支持政策，构建以企业为核心、产学研深度融合的协同创新体系等旱区科技创新任务依然任重而道远。

4.3.1 “十三五”旱区农业科技标志性成果

2020 中国农业农村科技发展高峰论坛暨中国现代农业发展论坛在江苏南京举行，发布了我国“十三五”农业科技十大标志性成果，这里重点介绍八项旱区农业科技成果。

在种质资源创新方面，一系列转基因抗虫耐除草剂玉米和耐除草剂大豆新品种培育成功：将抗虫基因和耐除草剂基因导入玉米，获得转化体 DBN9936 和瑞丰 125；将耐除草剂基因导入玉米，获得转化体 DBN9858 和 CC–2；将抗虫基因导入玉米，获得转化体 2A–7 和 CM8101；将自主产权基因分别转入大豆，在国内首次培育出高耐草甘膦除草剂大豆。这些成果开辟了我国自主培育转基因抗虫耐除草剂玉米、耐除草剂大豆的道路，为现代种业的发展奠定了坚实的基础。

黄瓜、番茄、白菜等蔬菜基因组学研究、利用在蔬菜育种技术领域国际领先：中国农科院、北京农林科学院、中科院遗传所和华中农大等优势团队合作，先后绘制完成了黄瓜、番茄、西瓜、大白菜、甘蓝等蔬菜作物的全基因组序列图谱和变异图谱，在国际上处于领跑地位。中国科学院、农科院等团队分别在黄瓜、番茄、白菜育种方面攻克了利用多组学研究作物复杂性状的重大难题，引领了国际蔬菜育种新方向，奠定了我国优良蔬菜品种培育的理论基础。

寒地早粳稻优质高产多抗龙粳新品种选育及应用，在种质创新和优良品种选育领域取得重大突破：该研究从新品种选育、关键优异种质创新、育种理论探索与技术体系创建与完善等方面历经 20 多年研究，开创了寒地早粳稻育种的独特理论与技术体系，在优异种质材料创制、寒地早粳稻优质高产多抗新品种培育等方面达到国际领先水平，该项研究育成的品种在黑龙江、吉林、内蒙古、新疆等省（区）累计推广面积 1.46 亿亩，为提升粳稻育种水平、保障国家粮食安全做出了重大贡献。

冬小麦节水新品种与配套技术集成应用，在种质资源创新与优良品种选育技术、农业高效节水技术、农业优质高效栽培技术多领域同时取得重大突破：小麦体系育种专家培育出系列节水高效型品种，突破了优质品种不节水、节水品种不增产的技术难题。小麦体系栽培专家建立的“冬小麦节水省肥高产技术”和“西北旱地小麦蓄水保墒与监控施肥技术”，连年被农业农村部推荐为全国农业主推技术，为资源节约型小麦产业发展做出了重要贡献。

玉米籽粒机收新品种及配套技术体系集成应用，在种质资源创新与优良品种选育技术、农业优质高效栽培技术领域取得了显著成果：2018 年，“玉米籽粒低破碎机械直收技术”连续三年作为全国十大引领性农业技术，经过持续联合攻关、技术集成和示范推广，取得了显著效果。该成果攻克了宜机收品种选育、收获时籽粒破碎率高等技术难题，集成了从病虫害防治到专用联合收获机械的综合解决方案，使我国玉米籽粒机收新品种推广面积从“十二五”末的零星起步，发展到 2019 年的 2 000 多万亩，实现了育种目标和生产方式的变革。

油菜全程机械化高产高效技术研究与示范，在设施农业优质高效栽培技术、高产精细农田培育、现代农业装备多领域取得显著成果：该研究主要针对我国油菜机械化生产程度低和技术集成度差的瓶颈问题，在对品种、栽培、土肥、植保和机械等单项技术原始创新的基础上，再进行技术、产品和装备的集成创新和中试熟化，形成全程机械化高产高效技术模式，并向农业主管部门和农民进行示范推广，实现了油菜生产种、管、收的全程机械化和高产高效的目标。该成果的推广使得全国油菜耕种收综合机械化水平从 2007 年的不足 20.0% 提高到 2018 年的 53.6%，为我国油菜生产全面实现机械化奠定了良好的工作基础。

高效 H7N9 禽流感疫苗和猪病毒性腹泻三联活疫苗研发成功并应用，在畜牧业安全养殖领域取得重大突破：高效 H5、H7 二价禽流感灭活疫苗研发及应用成功阻断了 H7N9 病毒从动物向人类传播，每年为养禽业挽回 600 亿—800 亿元的经济损失，产生了巨大的社会经济效益，成为从动物源头控制人兽共患传染病的典范。而我国首个安全、高效猪病毒性腹泻三联活疫苗研发的成功及应用则攻克了 3 种猪腹泻病毒疫苗创制和生产中的世界性难题，实现了“一针防三病”的效果。2015 年以来，疫苗在北京、广东、福建等 30 个省（区、市）推广 6 000 余万头份，有效地控制了猪病毒性腹泻的发生，为我国生猪产业健康发展做出了重要贡献。

4.3.2 “十三五”期间旱区农业技术发展布局

旱区各省（区、市）每年获农业领域国家级科技奖励的数量可以侧面反映出该地区的农业科研实力。如表 4–2 所示，“十三五”期间，北京五年来分别获得农业类国奖 6 项、9 项、11 项、11 项、16 项，远高于其他省；山东在 2017—2020 年所获农业类国奖数量分别达到 2 项、2 项、2 项和 3 项；河南在 2016 年和 2018 年分别获 3 项农业类国奖；黑龙江则在 2016—2018 年分别获得 1 项、4 项和 1 项农业类国奖；辽宁在 2016 年、2018 年、2019 年分别获得 1 项、1 项和 2 项农业类国奖；吉林在 2017 年、2019 年分别获得 1 项和 3 项农业类国奖；陕西在 2016 年、2019 年分别获得 2 项和 1 项农业类国奖；甘肃只在 2016 年和 2018 年分别获得 1 项农业类国奖；新疆则在 2016 年、2017 年分别获得一项农业类国家奖；天津、河北各自在 2016 年、2019 年获得农业类国奖。

作为农业大省，山东、河南以及东北三省在农业科技领域上取得了不错成绩，陕西、甘肃、新疆也取得了一定的成果，但还应当向北京市看齐，在农业科技领域继续发力。山西、内蒙古、天津、河北、宁夏、青海、西藏还需要在农业科技领域多做尝试和突破。

表 4–2　2016—2020 年旱区各省（区、市）农业领域国家级科技奖励数量分布

Table 4–2　Quantity distribution of national science and technology awards in agricultural field of each province in arid areas from 2016 to 2020

单位：项

省份	2016 年	2017 年	2018 年	2019 年	2020 年
山西	—	—	—	—	—
北京	6	9	11	11	16
吉林	—	1	—	3	—
辽宁	1	—	1	2	—
陕西	2	—	—	1	—
内蒙古	—	—	—	—	—
黑龙江	1	4	1	—	—
甘肃	1	—	1	—	—
河南	3	—	3	—	—
山东	—	2	2	2	3
天津	1	—	—	—	—
河北	—	—	—	1	—
宁夏	—	—	—	—	—

续表

省份	2016 年	2017 年	2018 年	2019 年	2020 年
新疆	1	1	—	—	—
西藏	—	—	—	—	—
青海	—	—	—	—	—

说明：①农业领域国家级科技奖励包括国家自然科学奖、国家技术发明奖、国家科学技术进步奖；②此表内仅统计了八大类农业关键技术领域的国家级科技奖项成果，成果所属省（区、市）按照第一完成单位统计；③ 2020 年仅公布初评获奖名单，其他年份公布最终获奖名单。

资料来源：各省（区、市）科学技术厅网站。

“十三五”期间，旱区八类农业关键技术领域分别积累了不同数量的成果（见表 4–3）。作物种质资源创新与优良品种选育技术五年来分别取得 4 项、7 项、6 项、5 项、6 项国奖，排名前列；畜牧业生产力改善与安全高效养殖技术五年来分别取得 5 项、1 项、3 项、4 项、4 项国奖；农产品深加工关键技术开发与技术集成分别取得 1 项、5 项、3 项、5 项、3 项国奖，紧随其后，反映出旱区对农业“卡脖子”技术领域的重视；水土保持与生态系统修复技术五年来分别取得了 2 项、3 项、2 项、1 项、3 项国奖，持续为旱区农业生态的保护与发展提供科技力量。

表 4–3　2016—2020 年旱区农业各技术领域国家级科技奖励数量分布

Table 4–3　Distribution of national science and technology awards in various agricultural technology fields in arid areas from 2016 to 2020

单位：项

技术领域	2016 年	2017 年	2018 年	2019 年	2020 年
作物种质资源创新与优良品种选育技术	4	7	6	5	6
农业高效节水技术	—	—	—	—	1
水土保持与生态系统修复技术	2	3	2	1	3
高产精细农田培育与土壤质量保育技术	1	1	1	2	2
设施农业优质高效栽培技术	—	—	1	—	—
畜牧业生产力改善与安全高效养殖技术	5	1	3	4	4
农产品深加工关键技术开发与技术集成	1	5	3	5	3
现代农业装备与农业信息化技术	3	—	3	3	—

说明：①农业领域国家级科技奖励包括国家自然科学奖、国家技术发明奖、国家科学技术进步奖；② 2020 年仅公布初评获奖名单，其他年份公布最终获奖名单。

资料来源：根据国家科学技术奖励办公室公布名单整理得到。

现代农业装备与农业信息化技术在2016年、2018年、2019年各取得3项国奖，为旱区农业提供先进装备与信息化技术支持。高产精细农田培育与土壤质量保育技术五年来分别取得1项、1项、1项、2项、2项国奖，旱区在该领域不断取得突破性进展。设施农业优质高效栽培技术2018年取得1项国奖，农业高效节水技术只在2020年取得1项国奖，说明旱区需要针对设施农业优质高效栽培技术和农业节水领域的关键理论和技术瓶颈方面继续突破。

4.3.3 旱区农业科技创新能力发展及展望

“十三五”以来，虽然我国旱区农业技术进步明显，对农业高质量发展的支撑作用显著加强，但农业科技创新仍有许多短板。首先，在全国范围内，农业科技投入依然处于弱势地位，中国农业科技投入年均增长速度从21.5%下降到6.8%。其次，从农业投入结构来看，农业科技投入在人员劳务费、稳定性支持经费上投入偏少的现象严重。再次，旱区农业基础研究投入不足导致重大前沿技术发展滞后，农业技术的对外依存度较高，技术短板明显。动植物育种、农业机械化、农业信息化、农业绿色技术等领域存在明显的缺陷与不足，需要大量依赖进口。如畜禽遗传育种核心种源80.0%依赖国外进口、国外设施蔬菜在国内市场占有率高达60.0%、高精尖农机装备缺乏、农业绿色技术研发力度不够等问题都制约着我国农业现代化的发展。另外，旱区农业科技创新对新趋势关注不够，而且农业科技成果转化利用率和产业化程度低。最后，旱区农业科技区域创新能力参差不齐。北京、山东等地区创新能力和农业科技化智能化水平较高，而山西、甘肃、宁夏、新疆等地区农业科技创新能力较薄弱。

因此，要想实现“十四五”旱区农业农村高质量发展，加快旱区农业科技创新依然任重而道远。在旱区农业关键技术突破上面，高标准农田、现代种业、农业机械化、动物防疫和农作物病虫害防治、农业面源污染、农产品冷链物流设施、乡村基础设施以及农村人居环境整治提升是“十四五”重点提升的八个方向，也是“十四五”期间旱区农业科技发力的重点领域。旱区和各地区需要加强农业科技投入强度和结构优化，尤其是基础前沿领域研究的投入和地区科技创新能力的提升。旱区各地区必须要更加注重原始创新，在生物育种、农业5G应用、动物疫苗等领域突破一批“卡脖子”技术，提升农业科技的原始创新能力，力争跃居世界领先水平。还要关注产业化应用，在生物种业、智慧农业、农业机械装备、绿色投入品等领域显著提升产业竞争力，促进农业土地产出率、劳动生产率、资源利用率等进一步提高。最后，要提升企业科技创新主体的地位。切实强化科企深度融合，完善支持政策，构建以企业为核心、产学研深度融合的协同创新体系。

旱区畜牧业技术发展专题 5

5.1 旱区畜牧产业发展环境

畜牧产品例如肉、蛋、奶制品等已成为百姓餐桌上重要的组成部分，是摄取所需蛋白质和脂肪的主要来源。除获取食物外，动物皮毛、动物幼崽等产品均可作为商品出售，也是农牧民一项重要的收入来源。畜牧产品种类多、规模大、链条长，是农村基础性、支撑性产业，既关系着农村经济社会发展，又连接着广大农民生产生活，还与生态环境密切相关，在乡村振兴战略中扮演着极其重要的角色。自 1979 年党的十一届四中全会中明确要求“大力发展畜牧业，持续提高畜牧业在农业中的比重”至今，党中央国务院对畜牧业发展高度重视，出台了一系列政策措施调整畜产品供给结构、完善支撑保障体系、升级生产经营方式、促进畜牧业规范化发展，中国畜牧业发展取得了长足进步。

随着经济水平的发展，我国正从第一个百年目标向着第二个百年目标稳步前进，全社会对健康产品的需求日益多元化、差异化和个性化，肉、蛋、奶等动物性产品在我国居民膳食结构中的消费量逐年增加，人们对动物产品质量的要求将愈发迫切。未来 15 年，我国强大的内生市场需求在引领产品产量增加的同时，也将促进高质量畜牧产品的生产和发展，以满足动物性食品的国内消费需求。

我国旱区降水稀少且蒸发偏大，其基本特征是干旱与缺水，水资源主要以地表径流的方式存在，流量大但难以存蓄利用。依据干燥度指标与降水量指标可将旱区划分为干旱区、半干旱偏旱区、半干旱区和半湿润偏旱区四类区域，除半湿润偏旱区外，干旱区、半干旱偏旱区和半干旱区这三类区域年平均降水量都小于 400 mm，全年干旱少雨，土壤容易沙化，自然环境十分脆弱，植被主要以荒漠、荒漠草原和温带草原为主，其中温带草原与温带荒漠的分界线大致与 200 mm 年平均降水量线重合，农业生产方式以放牧和半农半牧为主，不适宜单纯发展种植业。内蒙古牧区、新疆牧区、西藏牧区和青海牧区是我国的四大牧区，均位于旱区内。内蒙古牧区是我国最大的牧区，它东起大兴安岭，西至额济纳戈壁，草原面积 13.2 亿亩，约占全国草场面积的四分之一，全区生长着各种牧草近千种。牛羊肉产量居全国第二，牛奶产量为全国第四，绵羊毛、山羊毛及驼毛产量居全国第一。新疆牧区是我国第二大牧区，草原面积 12 亿亩，其中可利用的为 7.5 亿亩，占全国可利用草场面积的 26.8%。草场类型多样，牧草种类繁多，品质优良，为多种畜类发展提供了有利条件。西藏牧区是我国最大的高寒草甸草原畜牧区，草场面积约 8 亿亩，在全国居第三位。由于自然条件高寒，草场质量以藏东南的山地峡谷较好，主要畜种有藏牦牛、藏羊、藏马等。其中，改良绵羊有 10 多万只，改良黄牛 2 000 多头。青海牧区是我国第四大牧区，草场面积为 10.8 亿亩，可利用的草场为 5 亿亩。牲畜存栏数在 2 000 万头以上，其中有牦牛近 500 万头，占全国牦牛总数 40.0%，牦牛奶的乳脂率比一般奶牛高一倍多。青海是我国牦牛头数最多、质量最好的省（区、市）。

除动物养殖外，畜牧业相关产业还包括兽医业、饲料种植业、屠宰业等，在兽医业发展方面，各级畜牧兽医部门坚决贯彻落实党中央、国务院决策部署，切实抓好动物疫病防控工作，紧紧围绕优先防治病种，抓住关键节点和重点环节，突出抓好免疫、监测、应急处置等关键措施落实，扎实推进各项防控工作。2018 年，我国首次发生非洲猪瘟疫情，面对突发疫情，有关部门采取切实有力措施，积极应对、妥善处置，已发的 99 起疫情均得到有效处理，未出现二次扩散，防控工作取得阶段性成效。全年全国累计发生口蹄疫疫情 27 起、高致病禽流感疫情 13 起，均得到有效处置。全国 84.6% 的血吸虫病流行县达到传播阻断或消除标准，疫情降至历史最低水平。全国 189 个动物疫病净化示范场通过评估，净化试点范围进一步扩大。

在畜牧业饲料方面，全国饲料工业总产值 8 872 亿元，同比增长 5.7%；总营业收入 8 689 亿元，同比增长 6.0%。其中，饲料产品产值 7 869 亿元、营业收入 7 753 亿元，同比分别增长 5.8% 和 6.2%，增速与上年相比有较大幅度提高；饲料添加剂产品产值 944 亿元、营业收入 875 亿元，同比分别增长 4.9% 和 5.3%，增幅较上年大幅收窄。饲料机械产品产值 59 亿元、营业收入 61 亿元，同比分别增长 1.5% 和 1.1%，发展态势平稳。我国饲草生产的“一带两区”格局基本形成，“一带”即北方苜蓿产业带，“两区”即东北羊草生产区和南方饲草生产区。从不同区域看，农区加快打造饲草产业带和规模化养殖基地。北方农业区主要种植苜蓿、燕麦、青贮玉米等饲草，南方农区主要种植黑麦草、杂交狼尾草等饲草。旱区饲料工业与饲草产业十分发达，半干旱区适宜发展半农半牧的农业生产方式，实现种养结合。饲草生产以人工种草为主，除满足本区域牲畜饲养外，剩余部分可外调到牧区抗灾保畜和农区养殖企业。旱区各省（区、市）中，山东省饲料产业位居全国首位，产量首次突破 3 000 万吨，总产值达 1 353 亿元，总产量和产值均比第二梯队前列的省份多 1 倍。

旱区自古以来便是重要的畜牧产品产地，改革开放后，我国畜牧业稳步发展，特别是近年来，在国家一系列重大强农惠农政策支持下，依靠科技进步和行政推动，我国畜牧生产实现平稳发展，生产能力稳步提升。如图 5–1 所示，一方面，畜牧业总产值较为稳定，在 2011—2019 年，我国畜牧业生产总值几乎没有较大变化，畜牧产品生产能力和供应能力十分稳定。2019 年我国畜牧业总产值为 33 064.3 亿元，占农林牧渔业总产值比重的 27.0%。另一方面，畜牧业总产值占农林牧渔业总产值的比重在逐年降低，2011 年占比为 32.0%，2018 年仅为 25.0%，农林牧渔业总产值快速增长，但畜牧业总产值保持相对稳定。

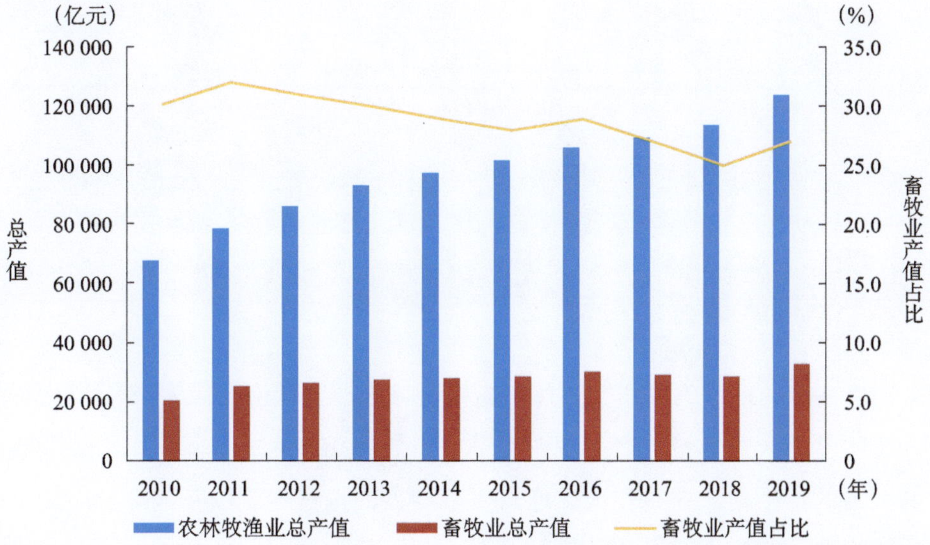

图 5-1　2010—2019 年农林牧渔业总产值、畜牧业总产值及其在农林牧渔业中所占比重

Figure 5-1　Gross output value of agriculture, forestry, animal husbandry and fishery, gross output value of animal husbandry and their proportions from 2010 to 2019

资料来源：《中国农村统计年鉴》（2011—2020 年）。

由于旱区独特的自然环境因素和历史因素，旱区畜牧业发展历史久远，在其经济发展中长期占有着重要的地位，是农牧民的一项重要收入来源。如图 5–2 所示，猪的饲养主要集中在中东部地区，旱区中生猪饲养产值较大的有河北、山东、河南、黑龙江，而内蒙古、新疆、甘肃、宁夏、西藏地区牲畜饲养产值占畜牧业总产值的比重较大，是畜牧业产值的主要来源，这与当地自然环境以草原、荒漠为主，长久以来的生活习惯等因素有关。如图 5–3 所示，在旱区内，山东、河南、河北的主要肉类产出较高，其猪、牛、羊及禽类养殖集约化、规模化程度高，山东与河南是我国重要的猪肉生产大省。畜牧产品还包括奶制品，内蒙古、黑龙江等省（区、市）奶类产量很高，这与其牲畜保有量高有关。

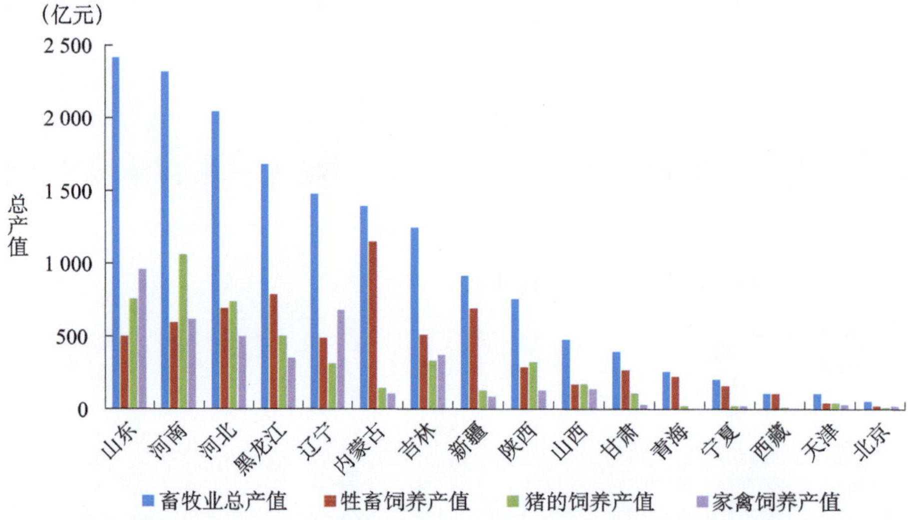

图 5-2　2019 年旱区各省（区、市）畜牧业产值及主要动物养殖产值

Figure 5-2　Livestock production value and main animal production value in arid areas (2019)

资料来源：《中国农村统计年鉴 2020》。

如图 5–4 所示，2019 年度全国平均畜牧产品生产者价格指数为 133.5（上一年为 100），2018 年全国平均畜牧产品生产者价格指数为 95.6，2019 年提高幅度较大。其中猪的饲养的价格指数提升较大，这与畜牧产品的价格周期以及国外供应环境等因素有关。河南省 2019 年度生产者价格指数变化最大，较 2018 年上涨了 48.4%。河南的肉类产量仅次于山东省，在旱区内位列第二，其畜牧产品价格的变化对全国畜牧产品市场价格产生重要影响。像黑龙江、山东、吉林的畜牧产品生产者价格指数增幅也超过了 30.0%，且山东、黑龙江、吉林三省份畜牧产品产值分别位列第一、第

四、第七，其价格上涨也对全国畜牧产品市场价格带来影响。总体来看，旱区所有省（区、市）的畜牧产品生产者价格指数较去年有所提升，旱区的畜牧产品生产者价格指数为123.8，低于全国平均水平，对稳定全国畜牧产品价格有着重要的作用。

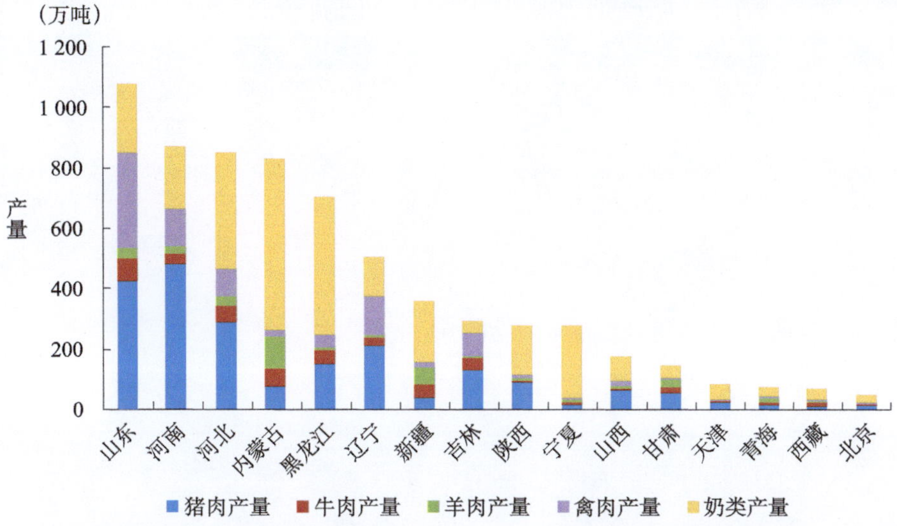

图5-3　2019年旱区各省（区、市）主要肉奶产品产量情况

Figure 5-3　Production of main meat and milk products in provinces in arid areas in 2019

资料来源：《中国农村统计年鉴2020》。

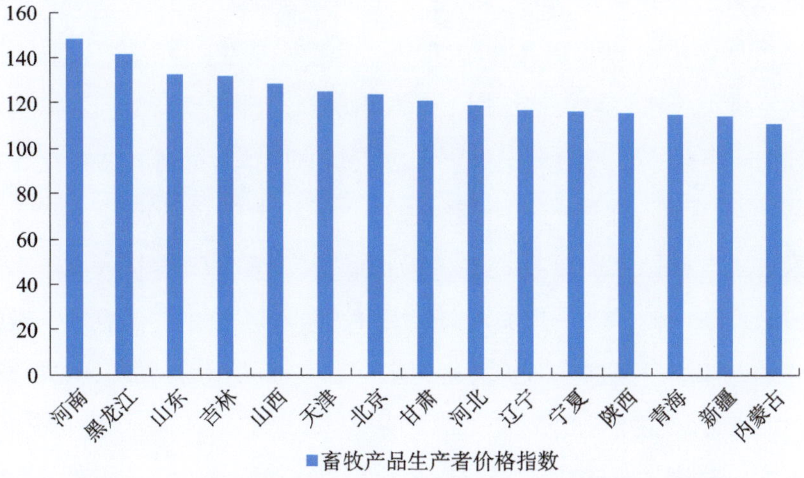

图5-4　2019年旱区各省（区、市）畜牧产品生产者价格指数

Figure 5-4　The producer price index of animal husbandry product in all provinces in the arid areas in 2019

说明：西藏数据缺失。

资料来源：《中国农村统计年鉴2020》。

国务院相关部门也积极出台政策，为畜牧业发展营造良好的政策环境，有关畜牧业的政策法规文件如表 5-1 所示。

表 5-1　2020 年有关畜牧业的政策法规文件

Table 5-1　Main agricultural regulations and policies on animal husbandry in 2020

序号	发文机构	颁文字号	主　题
1	国家发展改革委	发改办农经〔2020〕222 号	关于多措并举促进禽肉水产品扩大生产保障供给的通知
2	农业农村部	农牧发〔2020〕22 号	关于进一步强化动物检疫工作的通知
3	农业农村部办公厅	农办牧〔2020〕30 号	关于强化生猪收购贩运管理的通知
4	农业农村部办公厅	农办牧〔2020〕23 号	关于进一步明确畜禽粪污还田利用要求强化养殖污染监管的通知
5	农业农村部	农办牧〔2020〕18 号	关于印发《2020 年畜牧产业扶贫和援藏援疆行动方案》的通知
6	农业农村部	农渔发〔2020〕7 号	关于全面推进实施水产苗种产地检疫制度的通知
7	农业农村部	农牧发〔2020〕6 号	关于进一步加强病死畜禽无害化处理工作的通知

说明："发文机构"仅列出政策文件中排序第一的部门名称。

资料来源：中国小麦网，根据资料进行不完全整理得到。

（1）国家发展改革委办公厅、农业农村部办公厅《关于多措并举促进禽肉水产品扩大生产保障供给的通知》。扩大禽肉、水产品等生产和供应，对弥补猪肉供需缺口、稳定肉类价格具有关键作用。针对当前新冠肺炎疫情防控对禽肉水产品生产销售的冲击，各地要采取有效措施，大力支持禽肉水产品等扩大生产，加强产销对接，保障市场供给，促进产业可持续发展。①科学应对新冠肺炎疫情防控等影响，保障家禽水产业稳定发展。②进一步加大支持力度，努力扩大禽肉水产品生产能力。③加强市场调控，进一步加大消费引导力度。④强化责任意识，做好组织落实。要发挥地方政府专项债券对扩大禽肉水产品生产的作用，加大中央预算内投资支持力度，加大金融支持力度。

（2）农业农村部《关于进一步强化动物检疫工作的通知》。按照《全国人民代表大会常务委员会关于全面禁止非法野生动物交易、革除滥食野生动物陋习、切实保障人民群众生命健康安全的决定》要求，农业农村部公布了《国家畜禽遗传资源目录》。为规范做好《国家畜禽遗传资源目录》所列畜禽的检疫工作，严格监督管理，农业农村部将有关事项进行通知：①按照《畜禽遗传资源目录》明确检疫范围。《国家畜禽遗传资源目录》共列入33种畜禽，包括传统畜禽17种、特种畜禽16种。各地要按照《动物检疫管理办法》和动物检疫规程要求，规范做好检疫工作。②规范开展动物检疫工作。各地要严格动物检疫申报工作，对于畜禽收购贩运单位和个人代为申报检疫的，严格查验畜禽养殖场（户）的委托书；要严格动物检疫操作，按照检疫规程要求，认真查验相关资料和畜禽标识，规范开展临床检查和实验室检测，规范填写动物检疫证明；要坚决查处“隔山开证”、买卖动物检疫证明、开“人情证”等违法违规行为，对检疫失职渎职情况要严肃问责；鼓励有条件的地区利用信息化手段，积极探索建立从养殖到屠宰全链条动物检疫信息化监督管理模式，不断提升动物检疫监管效能。③积极做好动物检疫新要求的培训和宣传。各地要及时组织基层动物检疫人员学习和掌握动物检疫新的要求，确保有关工作有序落实到位；要做好动物检疫相关法律法规的宣传解读，加大普法宣传力度，提高从事养殖、贩运、交易、屠宰等各环节生产经营者的防疫主体责任意识；要积极发挥社会监督作用，畅通各种监督举报渠道，推动形成动物检疫监管合力。

（3）农业农村部办公厅《关于强化生猪收购贩运管理的通知》。为及时掌握生猪收购贩运情况，切实规范生猪收购贩运行为，加强生猪产地检疫与运输监管的衔接，降低非洲猪瘟疫情传播风险，农业农村部办公厅就强化生猪收购贩运管理有关工作进行通知：①加强生猪收购贩运主体基础信息管理。各地要完善产地检疫信息管理，自2020年7月1日起，指导从事生猪收购贩运的单位和个人通过“牧运通”登记单位名称或个人姓名、营业执照或身份证、单位地址或家庭住址、联系方式等基础信息，实行全国统一编码。②压实生猪收购贩运环节防疫主体责任。各地要加大宣传引导力度，压实从事生猪收购贩运的单位和个人动物防疫主体责任，督促从事生猪收购贩运的单位和个人认真学习动物防疫相关法律法规和知识。③加强生猪收购贩运风险管理。各地要按照国务院办公厅关于加强非洲猪瘟防控工作的意见要求，加强生猪产地检疫风险评估机制建设，强化生猪收购贩运活动风险管理，及时将从事生猪收购贩运的单位和个人的违法违规贩运生猪情况录入“牧运通”系统。

（4）农业农村部办公厅、生态环境部办公厅《关于进一步明确畜禽粪污还田利用要求强化养殖污染监管的通知》。为推动落实农业农村部办公厅、生态环境部办公厅关于促进畜禽粪污还田利用依法加强养殖污染治理的指导意见，进一步明确畜禽粪污还田利用有关标准和要求，全面推进畜禽养殖废弃物资源化利用，加大环境监管力度，加快构建种养结合、农牧循环的可持续发展新格局，农业农村部办公厅与生态环境部办公厅提出有关要求：①畅通还田利用渠道。鼓励畜禽粪污还田利用，明确还田利用标准规范。②加强事中事后监管。落实养殖场户主体责任，强化粪污还田利用过程监管。③强化保障和支撑。完善粪肥还田管理制度，加强技术和装备支撑。

（5）农业农村部办公厅关于印发《2020 年畜牧产业扶贫和援藏援疆行动方案》的通知。2020 年是全面建成小康社会目标实现之年，是全面打赢脱贫攻坚战收官之年。为深入贯彻习近平总书记关于扶贫工作的重要论述和中央一号文件精神，落实中央脱贫攻坚专项巡视“回头看”反馈意见，助力攻克贫困最后堡垒，巩固脱贫成果防止返贫，农业农村部决定继续组织开展畜牧产业扶贫和援藏援疆行动：①落实好农牧民补奖政策。在河北、山西、内蒙古、辽宁、吉林、黑龙江、四川、云南、西藏、甘肃、青海、宁夏、新疆等 13 个省（区）和新疆生产建设兵团、黑龙江省农垦总局落实好农牧民补奖政策，改善农牧民生产生活水平。②支持贫困地区奶业转型升级。实施中小奶牛养殖场改造项目，支持贫困地区升级改造中小奶牛养殖场，提升粪污处理利用、防疫、质量安全及生产设施装备水平，提高奶牛养殖收益。实施高产优质苜蓿示范建设项目，支持贫困地区建设优质苜蓿生产基地，带动群众种植增收，增加优质饲草料供应能力。③实施好粮改饲项目。继续支持贫困地区牛羊养殖场户和专业化服务组织实施粮改饲项目，收贮利用青贮玉米等优质饲草，大力发展草食畜牧业。④推进畜禽粪污资源化利用建设。支持 36 个贫困县开展建设，提升养殖场户绿色养殖设施设备装备水平，实现脱贫增收与生态环境保护双赢。

（6）水产苗种产地检疫是《动物防疫法》《动物检疫管理办法》《水产苗种管理办法》等法律和规章规定的一项防控重大水生动物疫病、保障水生生物安全的重要制度。2019 年，农业农村部指导 24 个省、自治区、直辖市及计划单列市开展水产苗种产地检疫试点工作，并取得积极进展。为贯彻落实十部委《关于加快推进水产养殖业绿色发展的若干意见》等有关部署，推进水产苗种产地检疫全覆盖，就全面推进实施水产苗种检疫制度有关事项进行通知：①强化检疫工作组织领导。②健全渔业官方兽医队伍。③完善检疫电子出证系统。④加强苗种检疫执法监督。⑤落实各项工作保障措施。⑥加大相关法律培训宣传。

（7）农业农村部、财政部《关于进一步加强病死畜禽无害化处理工作的通知》。近年来，各地大力推进病死畜禽无害化处理体系建设，各类生产经营主体无害化处理意识不断增强，病死畜禽无害化处理能力逐年提高，取得了积极成效。但是，部分地方仍然存在责任意识不够到位、体系布局不够合理、保障措施不够完善、监管机制不够健全等问题，制约了无害化处理工作进一步提质增效。为贯彻党中央、国务院决策部署，进一步落实《国务院办公厅关于建立病死畜禽无害化处理机制的意见》要求，全面提升病死畜禽无害化处理工作效率，切实加强动物疫病防控，保护生态环境，保障食品安全，促进畜牧业绿色发展，农业农村部、财政部就进一步加强病死畜禽无害化处理工作的通知如下：①全面落实无害化处理责任。②健全无害化处理机制。③完善无害化处理补助政策。④加强无害化处理监管。

5.2　旱区畜牧业科技资源条件

近年来，我国畜牧业体量快速扩大、产业整体质量得到重大提升，扭转了畜产品供给短缺的局面，畜牧业已经成为农业和农村经济中的重要产业。畜牧业规模化程度稳步提升，生产效率不断提高。优质饲草的重要性得到认可，种养结合、农牧循环养殖模式开始推广。然而，畜牧种业和畜牧生产机械装备仍是我国当前畜牧业发展的短板和瓶颈，具体表现为关键核心科技和装备机械对外依存度高。随着我国对自主创新研发的重视和持续投入，新技术、新工艺、新模式、新装备等，开始在畜牧业中逐步得到推广应用，改善了我国畜牧业生产环境、动物健康和养殖效率，缩小了同畜牧业发达国家和地区的差距，大大推动了畜牧业的科技贡献率，提高了畜牧养殖业经济效益和环境社会效益。

畜禽种业是畜牧业发展的根基，是畜牧业核心竞争力的重要体现。1998 年国家畜禽良种工程项目实施以来，国家投入大量资金支持畜禽原良种场基础设施建设，强化良种繁育推广服务网络，建立种畜禽质量监督检验中心，规范种畜禽生产和经营管理。目前，以保种基地、良繁基地、改良站和种质性能测定站为基本组成的良种繁育体系框架已初具形态，以畜禽原种场、扩繁场（品种改良站）、商品养殖场为载体的良种繁育推广体系已初步形成。根据《中国畜牧兽医年鉴》统计（见图 5–5），2011 年以来我国种畜禽场总数稳定下降。2018 年我国种畜禽场总量为 7 806 个，全国种畜禽场规模化和提质增效进程持续推进。2018 年各类种畜禽场数量分别为：种牛场（521 个）、种马场（31 个）、种猪场（3 431 个）、种羊场（1 424 个）和种禽场（2 116 个）。2011 年以来，种马场数量整体稳定或略有增加，种牛场、种羊场数量呈现先增后减，种猪场和种禽场数量基本呈现下降趋势。

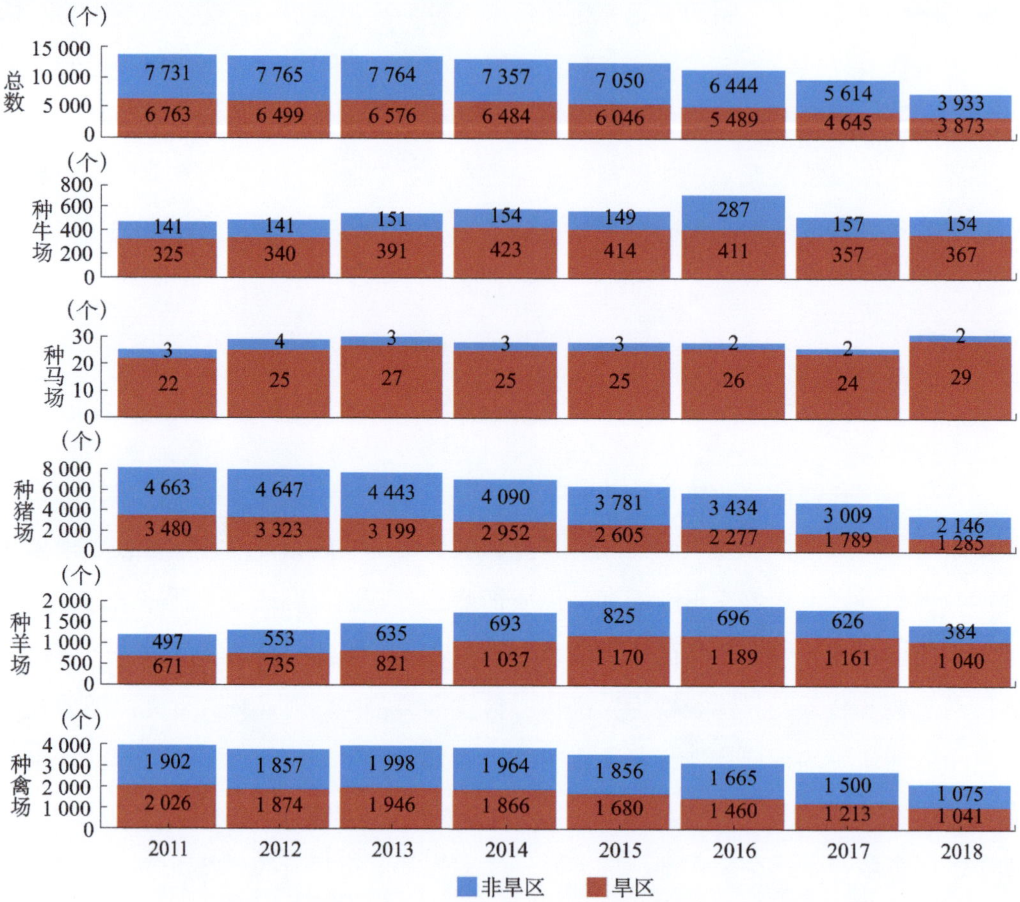

图 5-5　2011—2018 年畜牧业种畜禽场数量的区域分布

Figure 5-5　Regional distribution of number of breeding and poultry farms in livestock industry from 2011 to 2018

说明：区域种畜禽场数量依据省（区、市）数据加总得到。

资料来源：《中国畜牧兽医年鉴》（2012—2019 年）。

2018 年种畜禽场数量在旱区省（区、市）的具体分布情况如图 5-6 所示。其中，种畜禽场总数前三的省（区）依次为山东（628 个）、内蒙古（588 个）和辽宁（557 个），种牛场总数前三的省（区）依次为辽宁（66 个）、内蒙古（65 个）和甘肃（46 个），种马场总数前三的省（区、市）依次为内蒙古（11 个）、新疆（4 个）、北京（2 个）、黑龙江（2 个）、山东（2 个）、陕西（2 个）、甘肃（2 个）和青海（2 个），

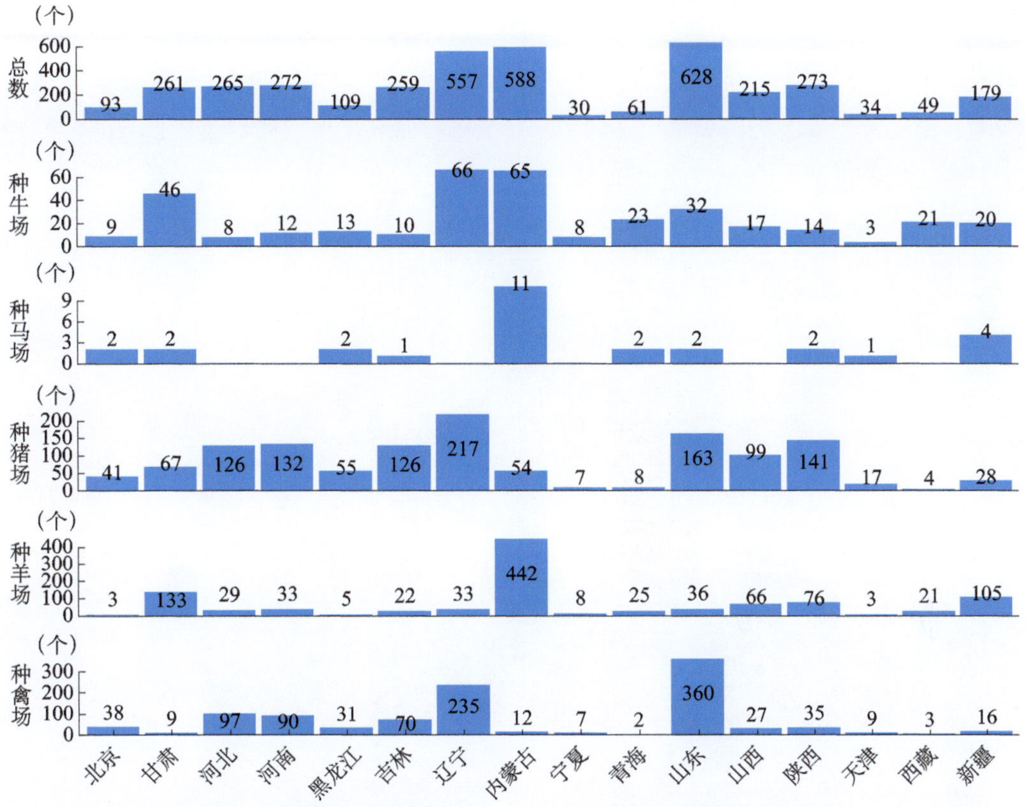

图 5-6　2018 年旱区省（区、市）畜牧业种畜禽场数量的分布

Figure 5-6　Number distribution of breeding and poultry farms of animal husbandry in provinces of the arid areas in 2018

说明：①省（区、市）排序按国家统计局的省（区、市）序号标准从小到大排；②图中若未标注数量，则表明对应的统计数值为 0 或数据缺失。

资料来源：《中国畜牧兽医年鉴 2019》。

种猪场总数前三的省份依次为辽宁（217 个）、山东（163 个）和陕西（141 个），种羊场总数前三的省（区）依次为内蒙古（442个）、甘肃（133个）和新疆（105个）。

与种畜禽场的数量变化相比，年末种畜禽存栏量则整体呈现增长趋势，体现了种畜禽场规模化和提质增效发展势头。2011—2018 年，旱区和非旱区种畜禽年末存栏数量的区域分布变化情况见图 5–7。其中，2018 年我国种牛年末存栏量为 1 044 千头，种马年末存栏量为 113 百匹，种羊年末存栏量为 289 万只。

相对应地，旱区省（区、市）种畜禽年末存栏量分布特征，同各省种畜禽场的体量规模和发展水平基本保持一致。2018 年旱区省（区、市）主要种畜禽品年末存栏数量的具体分布情况见图 5–8。其中，种牛年末存栏量前三的旱区省（区）依次为内蒙古（160 千头）、山东（147 千头）和辽宁（132 千头），种马年末存栏量前三的旱区省（区）依次为内蒙古（34 百匹）、新疆（34 百匹）和甘肃（23 百匹），种猪场年末存栏量前三的旱区省份依次为河南（217 万头）、河北（94 万头）和山东（74 万头），种羊场年末存栏量前三的旱区省（区）依次为内蒙古（65 万只）、新疆（48 万只）和甘肃（26 万只）。

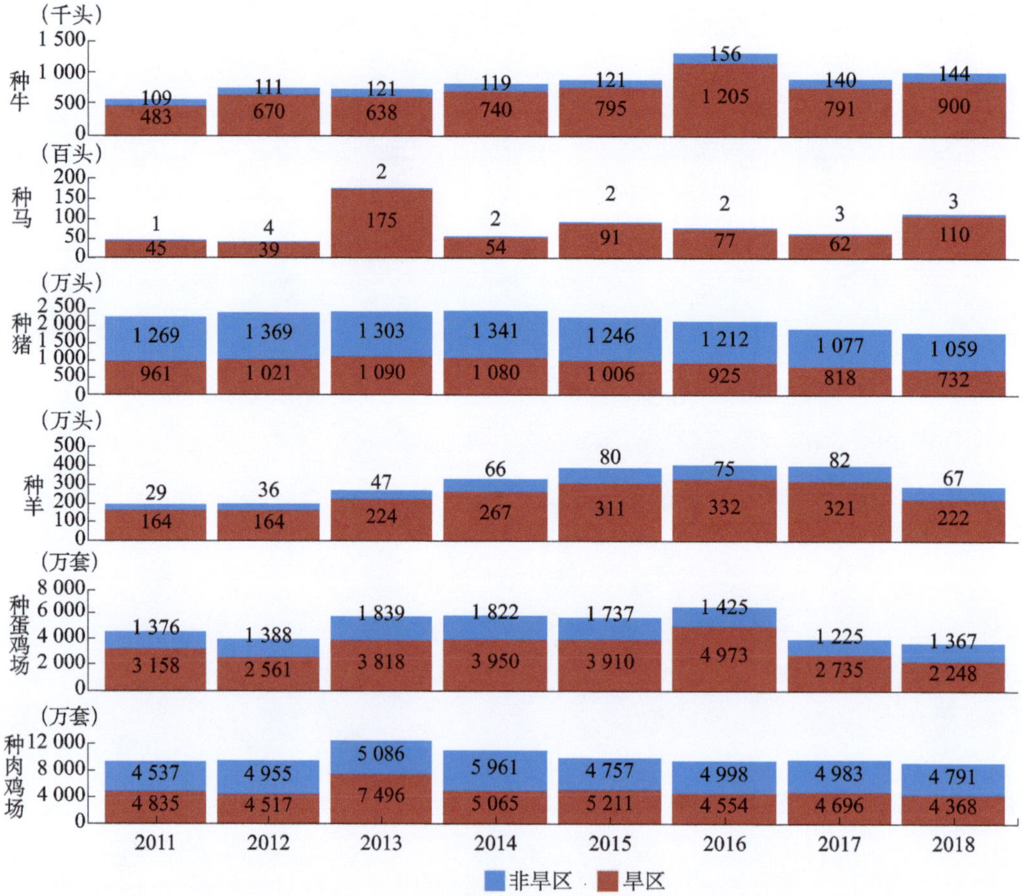

图 5-7　2011—2018 年种畜禽年末存栏数量的区域分布

Figure 5-7　Regional distribution of livestock and poultry inventory at the end of the year from 2011 to 2018

说明：①区域种畜禽数量依据省（区、市）数据加总得到；②考虑到数量级的差异，不同畜禽品种的单位尺度做了相应区分，如百匹、千头、万只、万套等；③图中若未标注数量，则表明对应的统计数值为 0 或数据缺失。

资料来源：《中国畜牧兽医年鉴》（2012—2019 年）。

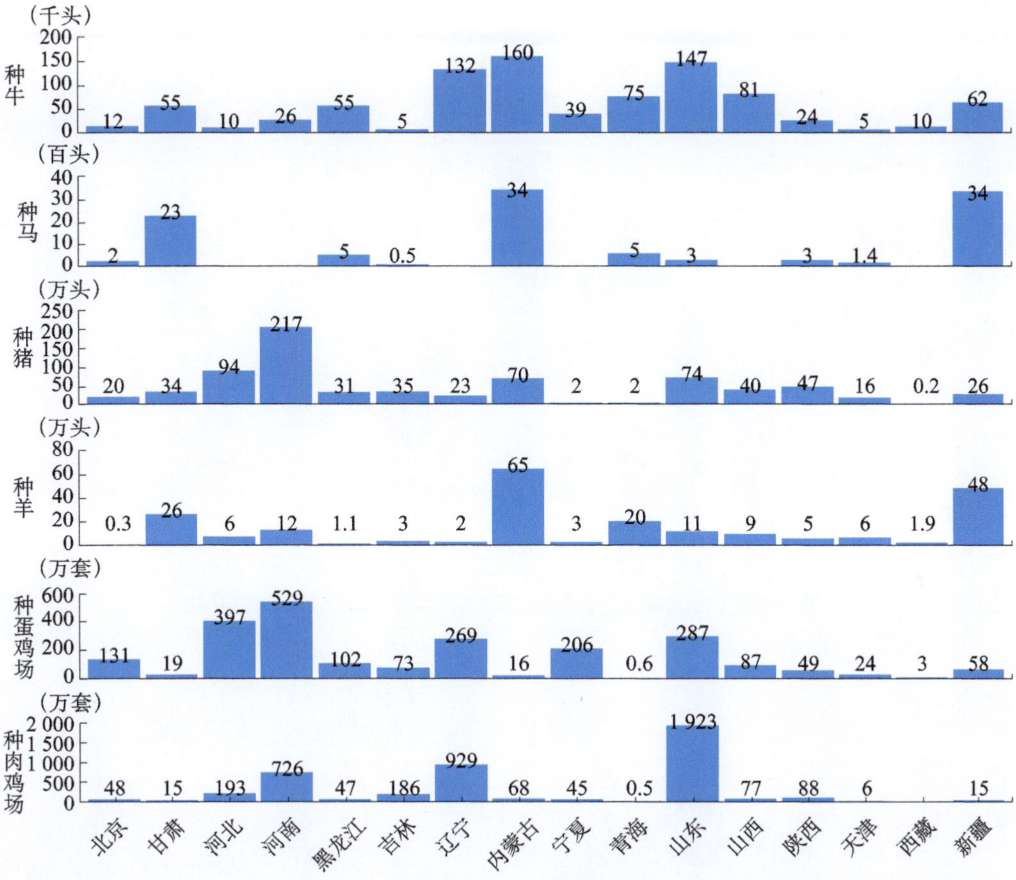

图 5-8　2018 年旱区省（区、市）畜牧业种畜禽年末存栏数量

Figure 5-8　Regional distribution of livestock and poultry inventory at the end of the year in provinces of the arid areas in 2018

说明：①省（区、市）排序按国家统计局标准的省（区、市）序号从小到大排；②考虑到数量级的差异，不同畜禽品种的单位尺度做了相应区分，如百匹、千头、万只、万套等；③图中若未标注数量，则表明对应的统计数值为 0 或数据缺失。

资料来源：《中国畜牧兽医年鉴 2019》。

2008 年以来，我国开始实施奶牛、生猪、肉牛、蛋鸡、肉鸡和肉羊遗传改良计划，有力推进了畜禽种业发展。2021 年农业农村部继续开始实施新一轮全国畜禽遗传改良计划（农种发〔2021〕2 号），具体包括生猪、奶牛、肉牛、羊、蛋鸡和肉鸡等六种畜禽的改良计划（2021—2035 年），力争通过 15 年的努力，建成比较完善的商业化育种体系，自主培育一批具有国际竞争力的突破性品种。通过对农业农村部关于国家核心畜禽育种场遴选公示名单的汇总整理，2010—2021 年期间，六类畜禽品种（肉牛、奶牛、生猪、肉羊、蛋鸡以及肉鸡）国家核心育种场汇总数量的区域分布情况如图 5-9 所示。其中旱区六类畜禽品种国家核心育种场总数为 89 个，略少于非旱区的国家核心育种场总数（115 个）。2017 年以来，国家核心畜禽育种场公示中单位属地为旱区省（区、市）的具体名单如表 5-2 所示。

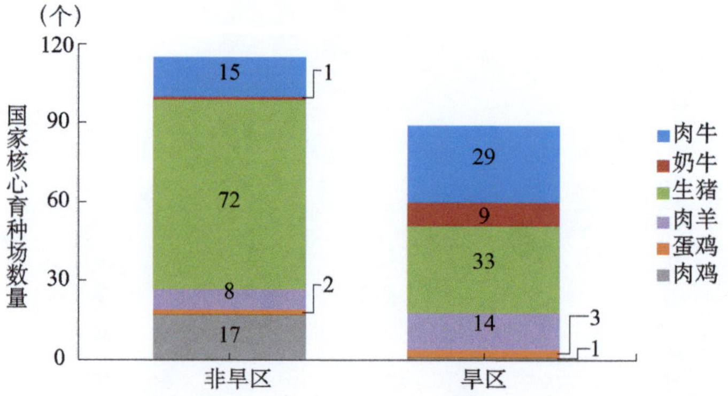

图 5-9　2010—2021 年国家核心畜禽育种场区域分布情况

Figure 5-9　Regional distribution of national core livestock and poultry breeding farms from 2010 to 2021

说明：统计数据为“遴选公示”名单，未剔除过程考核中部分被取消资格的单位。

资料来源：农业农村部网站，对 2010—2021 年期间的相关公示文件进行整理汇总得到。

表 5-2　2017—2021 年旱区省（区、市）国家核心畜禽育种场公示名单

Table 5-2　List of National Core Livestock and Poultry Breeding Farms in provinces of the arid areas from 2017 to 2021

序号	畜禽类别	省（区、市）	公示年份	机构名称
1	肉牛	新疆	2017 年	伊犁新褐种牛场
2	肉牛	新疆	2017 年	新疆呼图壁种牛场有限公司
3	肉牛	新疆	2017 年	中澳德润牧业有限责任公司
4	肉牛	新疆	2018 年	新疆汗庭牧元养殖科技有限责任公司
5	肉牛	甘肃	2017 年	临泽县富进养殖专业合作社
6	肉牛	甘肃	2018 年	甘肃农垦饮马牧业有限责任公司
7	肉牛	甘肃	2019 年	甘肃共裕高新农牧科技开发有限公司
8	肉牛	河南	2019 年	泌阳县夏南牛科技开发有限公司
9	肉牛	河南	2019 年	平顶山市犇牛畜禽良种繁育有限公司
10	肉牛	内蒙古	2018 年	内蒙古科尔沁肉牛种业股份有限公司
11	肉牛	内蒙古	2018 年	内蒙古奥科斯牧业有限公司
12	肉牛	黑龙江	2017 年	龙江元盛食品有限公司雪牛分公司
13	肉牛	吉林	2018 年	吉林省德信生物工程有限公司
14	肉牛	山东	2017 年	山东无棣华兴渤海黑牛种业股份有限公司

续表

序号	畜禽类别	省（区、市）	公示年份	机构名称
15	肉牛	山西	2017 年	运城市国家级晋南牛遗传资源基因保护中心
16	肉牛	陕西	2017 年	杨凌秦宝牛业有限公司
17	奶牛	新疆	2018 年	塔城地区种牛场
18	奶牛	新疆	2018 年	新疆天山畜牧生物工程股份有限公司良种繁育场
19	奶牛	北京	2018 年	北京首农畜牧发展有限公司奶牛中心良种场
20	奶牛	河北	2018 年	石家庄天泉良种奶牛有限公司
21	奶牛	河南	2018 年	河南花花牛畜牧科技有限公司
22	奶牛	辽宁	2018 年	大连金弘基种畜有限公司从家牛场
23	奶牛	内蒙古	2018 年	内蒙古犇腾牧业有限公司第十二牧场
24	奶牛	宁夏	2018 年	贺兰中地生态牧场有限公司
25	奶牛	山东	2018 年	东营神州澳亚现代牧场有限公司
26	生猪	河北	2018 年	中道农牧有限公司
27	生猪	内蒙古	2018 年	赤峰家育种猪生态科技集团有限公司
28	生猪	山东	2018 年	山东中慧牧业有限公司
29	肉羊	内蒙古	2019 年	内蒙古草原金峰畜牧有限公司
30	肉羊	内蒙古	2019 年	内蒙古富川养殖科技股份有限公司
31	肉羊	内蒙古	2019 年	呼伦贝尔农垦科技发展有限责任公司
32	肉羊	内蒙古	2019 年	苏尼特右旗苏尼特羊良种场
33	肉羊	甘肃	2018 年	金昌中天羊业有限公司
34	肉羊	甘肃	2019 年	甘肃中盛华美羊产业发展有限公司
35	肉羊	甘肃	2019 年	武威普康养殖有限公司
36	肉羊	河南	2018 年	河南三阳畜牧股份有限公司
37	肉羊	河南	2018 年	河南中鹤牧业有限公司
38	肉羊	宁夏	2018 年	宁夏中牧亿林畜产股份有限公司
39	肉羊	宁夏	2019 年	红寺堡区天源良种羊繁育养殖有限公司
40	肉羊	黑龙江	2019 年	黑龙江农垦大山羊业有限公司
41	肉羊	陕西	2019 年	陕西黑萨牧业有限公司
42	肉羊	新疆	2019 年	拜城县种羊场

说明：①统计数据为“遴选公示”名单，未剔除过程考核中部分被取消资格的单位；②按畜禽品种、育种场数量、省（区、市）、年份复合条件依次排序。

资料来源：农业农村部网站，对 2017—2021 年期间的相关公示文件进行整理得到。

从 2010 年开始，农业农村部以生猪、奶牛、蛋鸡、肉鸡、肉牛和肉羊规模养殖场为重点，兼顾其他特色畜禽规模养殖场，每年持续开展畜禽养殖标准化示范场创建活动，旨在新创建一批生产高效、环境友好、产品安全、管理先进的畜禽养殖标准化示范场，增强示范带动效应，全面提升畜牧业质量效益竞争力，加快推进畜牧业现代化。通过对历年标准化示范场创建情况的汇总梳理，2010—2020 年期间，我国畜禽养殖标准化示范场的区域分布情况如图 5–10 所示。其中旱区畜禽养殖标准化示范场总数为 1 813 个，远超过非旱区国家核心育种场总数（1 564 个）。进一步地，旱区省（区、市）畜禽养殖标准化示范场数量及类别分布情况如图 5–11 所示，其中标准化示范场数量位居前三名的旱区省（区、市）分别为山东（274 个）、河北（248 个）、河南（232 个）。

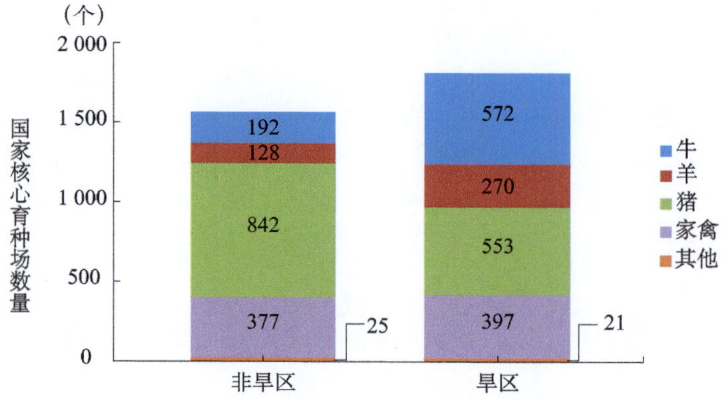

图 5-10　2010—2020 年畜禽养殖标准化示范场的区域分布

Figure 5-10　Regional distribution of National Core Livestock and Poultry Breeding Farms from 2010 to 2020

说明：五大禽畜类别经过细类汇总得到，其中类别“牛”包括奶牛、肉牛和牦牛，类别“羊”包括绵羊、奶山羊、肉羊、羊和种羊，类别“猪”包括生猪，类别“家禽”包括水禽、肉鸭、肉鸭（番鸭）、蛋鸭、鸭、蛋鸡、肉鸡和肉鹅，类别“其他”包括马、驴、肉驴、肉兔、兔和蜜蜂。

资料来源：农业农村部网站，对 2010—2020 年期间的相关公示文件进行整理汇总得到。

在畜牧业全产业链建设方面，农业农村部推动和打造的现代农业产业技术体系充分发挥“集中力量办大事”的优势，确保创新链与产业链协同发展。按照优势品区域布局规划，畜牧业现代农业技术体系充分依托具有优势的地方科研资源，针对重要畜牧品种设立国家产业技术研发中心（由若干功能研究室组成），并动态聘请国内畜牧领域权威专家担任首席科学家、功能研究室主任和岗位科学家，凝练科研攻关任务，推进产学研结合，不断增强我国畜牧产品的产品效益和市场竞争力。截至目前，我国主要畜产品（奶牛、肉牛牦牛、生猪、肉羊、绒毛用羊、牧草、蛋鸡、肉鸡）的现代农业技术产业体系结构设置如表 5–3 所示。总体来看，我国在主要畜

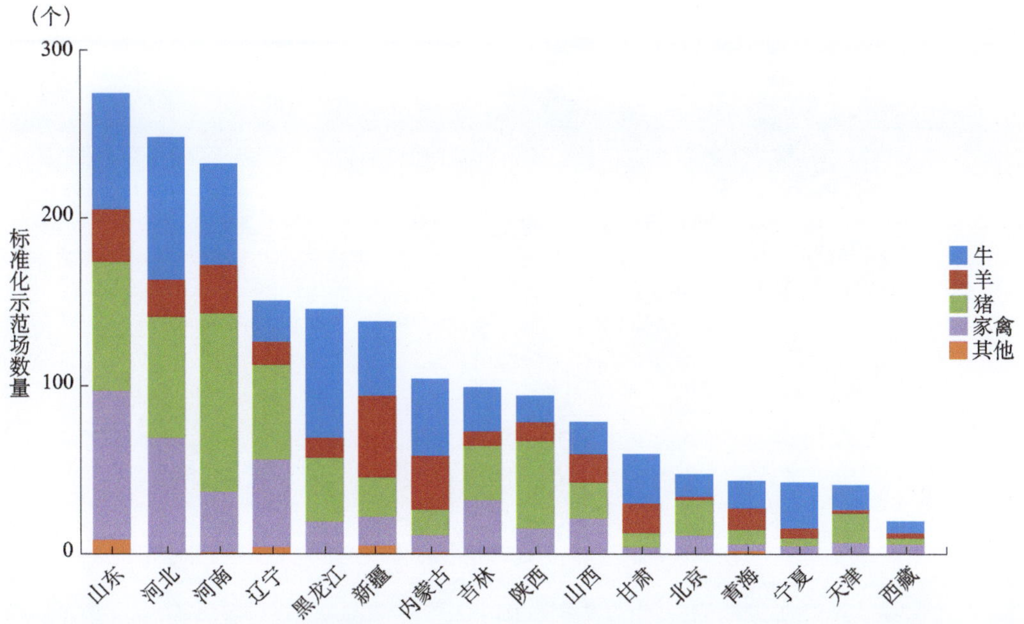

图 5-11　2010—2020 年旱区省（区、市）畜禽养殖标准化示范场的总数及类别分布

Figure 5-11　Total number and category distribution of the Standardized Demonstration Farms for Livestock and Poultry Breeding in provinces of the arid areas from 2010 to 2020

说明：五大禽畜类别经过细类汇总得到，具体同上。

资料来源：农业农村部网站，对 2010—2020 年期间的相关公示文件进行整理汇总得到。

牧品种全产业链攻关研发和社会服务推广的体系日趋完善和定位精准，基本上涵括了遗传育种、疾病防控、生产环境控制、机械设备、畜禽产品加工、产业经济研究等各个环节，而且科技攻关方向也会根据品种产业体系特点做出灵活调整和安排。

表 5-3　截至 2021 年主要畜产品的现代农业技术产业体系构成

Table 5-3　Composition of Modern Agricultural Technology Industrial System of main animal products by 2021

序号	畜禽类别	体系设置
1	奶牛	（1）产业经济研究室（下设 1 个研究岗位）：产业经济。 （2）环境控制研究室（下设 3 个研究岗位）：环境控制；牛舍设计；生鲜乳质量控制与安全检测。 （3）疾病防控研究室（下设 1 个研究岗位）：奶牛场生物安全与综合防控。 （4）疾病控制研究室（下设 5 个研究岗位）：传染病防控；繁殖病防控；寄生虫病与肢蹄病防控；普通病防控；细菌病防控与安全用药。 （5）加工研究室（下设 4 个研究岗位）：干酪加工；乳酸菌及发酵乳加工；液态奶加工；质量安全与营养品质评价。

续表

序号	畜禽类别	体系设置
1	奶牛	（6）生产与环境控制研究室（下设2个研究岗位）：粪污处理与利用（肥料化）；智能化养殖。 （7）营养与饲料研究室（下设9个研究岗位）：标准化养殖技术集成；后备牛饲养管理；泌乳生理与调控；饲料配制与工艺；饲料生产与安全监测；饲料营养价值评定；饲料资源开发；营养需求与饲养标准；营养与环境。 （8）育种与繁殖研究室（下设7个研究岗位）：繁殖技术；后裔测定与遗传评估；胚胎工程；遗传资源保存与评价；育种规划与核心群建立；育种技术；种公牛种质选育。
2	肉牛牦牛	（1）产业经济研究室（下设1个研究岗位）：产业经济。 （2）疾病防控研究室（下设2个研究岗位）：传统中兽医兽药防治；牦牛传染病防控。 （3）疾病控制研究室（下设6个研究岗位）：传染病防控；寄生虫病防治；牦牛疾病防控；普通病防治；药物与临床用药；疫苗与免疫评价。 （4）加工研究室（下设4个研究岗位）：分级与分割；副产物利用；牛肉制品加工；屠宰加工。 （5）设施与环境控制研究室（下设2个研究岗位）：牛场废弃物处理；牛场设计与环境控制。 （6）生产与环境控制研究室（下设4个研究岗位）：牦牛饲养管理；养殖工艺与自动化系统；养殖设施设备；智能化养殖。 （7）遗传改良研究室（下设2个研究岗位）：牦牛繁殖技术；牦牛种质资源评价。 （8）遗传育种与繁殖研究室（下设8个研究岗位）：地方黄牛选育；繁殖技术；牦牛选育；胚胎工程；培育品种与杂交配套系选育；引进品种选育；育种规划与核心群建立；种质资源利用与遗传评估。 （9）营养与饲料研究室（下设9个研究岗位）：非常规饲料开发利用；牦牛营养与饲养；母牛带犊营养与饲养；青藏高原放牧系统；乳用牛育肥营养与饲养；饲料营养价值评定；饲料资源开发与利用；营养需要与饲养标准；育肥营养与饲养。
3	生猪	（1）产业经济研究室（下设1个研究岗位）：产业经济。 （2）疾病防控研究室（下设2个研究岗位）：传统中兽医防治；猪场生物安全与综合防控。 （3）加工研究室（下设3个研究岗位）：肉品加工；肉品质量安全与营养评价；屠宰工艺及保鲜。 （4）生产与环境控制研究室（下设9个研究岗位）：粪污沼气处理；规模化猪场生产与管理；饲养管理与养殖环境控制；养殖设施与设备；养猪生产与动物福利；智能化养殖；中小规模猪场养殖模式；猪场废弃物发酵与资源化利用；猪舍设计与养殖环境控制。 （5）遗传改良研究室（下设1个研究岗位）：全基因组选择。 （6）疫病控制研究室（下设7个研究岗位）：传染病防控；寄生虫病防控；流行病学监测与预警；强制性免疫病防控；细菌病防控及安全用药；猪场疫病综合防控；猪场重要传染病净化。 （7）营养与饲料研究室（下设7个研究岗位）：规模化饲养管理；母猪营养；

续表

序号	畜禽类别	体系设置
3	生猪	饲料生产与安全监测；饲料营养价值评定与资源利用；营养需求与饲养标准；仔猪营养；种公猪营养与管理。 （8）育种与繁殖研究室（下设 8 个研究岗位）：地方品种资源评价利用；繁殖技术；分子育种；肉质改良；性能测定与选育；引进品种遗传评定与应用；育种规划与核心群建立；杂交配套。
4	肉羊	（1）环境与产业经济研究室（下设 3 个研究岗位）：草地利用与生态；产业经济；圈舍设计与环境控制。 （2）疾病防控研究室（下设 4 个研究岗位）：传染病防控；寄生虫病防治；普通病防治；细菌病防控。 （3）加工研究室（下设 4 个研究岗位）：副产品综合利用；副产物综合利用；屠宰与分割分级；屠宰与肉品加工。 （4）遗传育种与繁殖研究室（下设 8 个研究岗位）：地方良种选育；繁殖技术；分子育种；胚胎移植综合技术；体细胞克隆技术；育种规划与核心群建立；杂交改良与育种；种质资源评价。 （5）营养与饲料研究室（下设 6 个研究岗位）：放牧营养调控；舍饲半舍饲营养调控；饲料营养价值评定；饲料资源；饲养标准；饲养管理。
5	绒毛用羊	（1）环境控制研究室（下设 2 个研究岗位）：放牧草地生态；圈舍设计与环境控制。 （2）疾病防控研究室（下设 5 个研究岗位）：传染病防控；寄生虫病防控；寄生虫病防治；普通病防治；细菌病防控。 （3）加工研究室（下设 1 个研究岗位）：绒毛加工与品质评价。 （4）生产与环境控制研究室（下设 1 个研究岗位）：粪污处理与利用。 （5）遗传育种与繁殖研究室（下设 8 个研究岗位）：半细毛羊育种；分子育种；良种扩繁；胚胎技术；绒山羊育种；细毛羊育种；育种规划与核心群建立；种质资源评价。 （6）营养与饲料研究室（下设 5 个研究岗位）：放牧营养调控；舍饲半舍饲营养调控；饲料营养价值评定；饲料资源开发；饲养管理。 （7）综合研究室（下设3个研究岗位）：产业经济；毛绒检测；绒毛加工与流通。
6	牧草	（1）病虫草害防控研究室（下设 1 个研究岗位）：毒杂草防控。 （2）病虫害防控研究室（下设 2 个研究岗位）：病害防控；虫害与生物防控。 （3）产业经济研究室（下设 1 个研究岗位）：产业经济。 （4）机械化研究室（下设 2 个研究岗位）：播种机械化；遥感监测与智能管理。 （5）机械设备研究室（下设2个研究岗位）：干草设施与机械；青贮设施与机械。 （6）加工利用研究室（下设 3 个研究岗位）：草产品加工利用；干草贮藏与加工；青贮技术。 （7）加工研究室（下设 1 个研究岗位）：质量安全与营养品质评价。 （8）遗传改良研究室（下设 1 个研究岗位）：青藏高原牧草育种。 （9）育种与种子研究室（下设 6 个研究岗位）：豆科牧草育种；禾本科牧草育种；抗逆育种；热带牧草育种；种质资源评价；种子扩繁。

续表

序号	畜禽类别	体系设置
6	牧草	（10）栽培与草地管理研究室（下设 8 个研究岗位）：草畜平衡；草地改良；草地管理；草地生产力监测；草田轮作与耕作制度；高产栽培；旱作栽培；土壤肥料与施肥。 （11）栽培与土肥研究室（下设 2 个研究岗位）：青藏高原牧草栽培；土壤改良与产地环境治理。
7	蛋鸡	（1）产业经济研究室（下设 1 个研究岗位）：产业经济。 （2）蛋品加工与质量检测研究室（下设 3 个研究岗位）：蛋品加工与废弃物利用；蛋品生物活性物质利用；蛋品质检测技术。 （3）疾病控制研究室（下设 6 个研究岗位）：病毒病防控；鸡场疫病综合防控；免疫抑制病防控；细菌性病害防控；新城疫等疫病防控；新发传染病防控。 （4）加工研究室（下设 1 个研究岗位）：副产物综合利用。 （5）生产和环境控制研究室（下设 5 个研究岗位）：北方生产技术体系；鸡舍建筑与环境控制；减排与养殖废弃物处理；健康养殖模式；南方生产技术体系。 （6）生产与环境控制研究室（下设 1 个研究岗位）：智能化养殖。 （7）遗传育种研究室（下设 6 个研究岗位）：分子育种；配套系选育；品种选育；选育制种技术；育种规划；种质资源评价与利用。 （8）营养与饲料研究室（下设 5 个研究岗位）：饲料配制技术；饲料营养价值评定；饲料资源开发与利用；营养调控；营养需要与饲养标准。
8	肉鸡	（1）疾病控制研究室（下设 5 个研究岗位）：病毒病防控与疫苗；呼吸道疾病防控；免疫抑制病防控；禽流感防控；细菌病防控。 （2）加工研究室（下设 1 个研究岗位）：副产物综合利用。 （3）生产与环境控制研究室（下设 7 个研究岗位）：标准化规模养殖；鸡舍环境优化与控制；减排与养殖废弃物处理；生产全程控制与动物福利；饲养工艺及设施设备；饲养技术与动物福利；智能化养殖。 （4）遗传改良研究室（下设 1 个研究岗位）：品种资源评价。 （5）遗传育种与繁殖研究室（下设 6 个研究岗位）：地方种质资源评价；分子育种；黄羽肉鸡品种选育；快大型肉鸡品种选育；育种规划与核心群建立；制种技术。 （6）营养与饲料研究室（下设 5 个研究岗位）：黄羽肉鸡营养与饲料；快大型肉鸡营养与饲料；饲料营养价值评定；饲料资源与安全；营养代谢及其调控。 （7）综合研究室（下设 3 个研究岗位）：产业经济；肉品加工与废弃物利用；肉品检测与评价。

说明：①功能研究室按拼音次序罗列，序号依次标为 1、2、3 等；②研究岗位按拼音次序罗列。

资料来源：农业农村部网站，对 2011—2021 年期间现代农业技术产业体系的相关公示文件进行整理得到。

从现代农业产业技术体系科学家人数的区域分布情况来看（见图 5–12），几类主要畜牧品种（奶牛、肉牛牦牛、生猪、羊、牧草、鸡、其他）产业体系共聘请了各类科学家 404 名，旱区科学家群体参与度相比非旱区要更高。具体来看，奶牛产业共聘有科学家 41 名，其中旱区科学家有 36 名，占比 87.8%；肉牛牦牛产业共聘有科学家 48 名，其中旱区科学家有 38 名，占比 79.2%；生猪产业共聘有科学家 51 名，其中旱区科学家有 22 名，占比 43.1%；羊产业共聘有科学家 66 名，其中旱区科学家有 59 名，占比 89.4%；牧草产业共聘有科学家 37 名，其中旱区科学家有 32 名，占比 86.5%；鸡产业共聘有科学家 73 名，其中旱区科学家有 40 名，占比 54.8%；其他产业共聘有科学家 88 名，其中旱区科学家有 44 名，占比 50.0%。

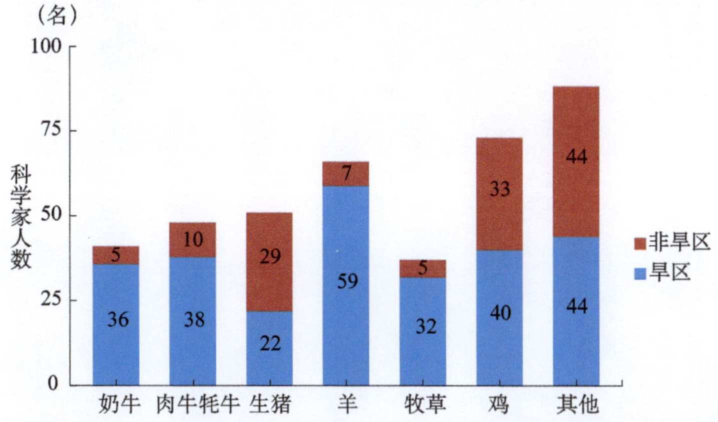

图 5-12　2011—2021 年主要畜牧品种现代农业产业技术体系科学家人数的区域分布情况

Figure 5-12　Regional distribution of the scientists of Modern Agricultural Industrial Technology System in main animal husbandry from 2011 to 2021

说明：①同一科学家可能聘用于多个类别的岗位，此处进行累加汇总；②省（区、市）区域根据科学家所在单位的组织机构登记信息进行划分确定；③畜牧品种做了部分归并处理，其中"羊"类别包括了肉羊和绒毛用羊，"鸡"类别包括了蛋鸡和肉鸡，"其他"类别包括了水禽、兔和蜂；④ 2021 年公示增聘名单中有 146 名岗位科学家未明确列出其归属产业类别，此处没有进行归类统计。

资料来源：农业农村部网站，对 2011—2020 年期间的现代农业技术产业体系相关公示文件进行整理得到。

截至 2021 年，主要畜产品现代农业技术产业体系在旱区省（区、市）的科学家数量分布情况如表 5-4 所示。从具体产业比较来看，北京在各类畜牧产业上都拥有比其他旱区省（区、市）更多的科学家数量，其中奶牛产业聘有科学家 17 名、肉牛牦牛产业 8 名、生猪产业 11 名、羊产业 18 名、牧草产业 13 名、鸡产业 28 名、其他产业 27 名。从全部畜牧产业加总的科学家人数来看，排在前五的旱区省（区、市）分别为北京（122 名）、内蒙古（22 名）、甘肃（21 名）、山东（21 名）、黑龙江（17 名）。

表 5-4　截至 2021 年旱区省（区、市）主要畜产品现代农业技术产业体系科学家数量分布

Table 5-4　Scientists distribution of modern agricultural technology in main livestock products in provinces of the arid areas by 2021

单位：名

省（区、市）	奶牛	肉牛牦牛	生猪	羊	牧草	鸡	其他	行合计
北京	17	8	11	18	13	28	27	122
黑龙江	4	1	4	—	—	6	2	17
山东	4	4	2	3	1	2	5	21
内蒙古	3	—	—	10	9	—	—	22
甘肃	2	6	1	7	5	—	—	21
河北	2	1	—	1	—	1	2	7
河南	1	3	1	2	1	2	—	10
吉林	1	6	1	3	2	—	1	14
宁夏	1	1	—	—	—	—	—	2
新疆	1	2	—	9	1	—	—	13
辽宁	—	—	—	2	—	—	1	3
青海	—	—	—	1	—	—	—	1
山西	—	—	—	1	—	—	3	4
陕西	—	2	2	2	—	—	1	7
天津	—	—	—	—	—	1	2	3
西藏	—	4	—	—	—	—	—	4
列合计	36	38	22	59	32	40	44	271

说明：同上。其中“—”表示暂无数据。

资料来源：农业农村部网站，对 2011—2020 年期间的现代农业技术产业体系相关公示文件进行整理得到。

国家重点实验室是国内顶尖的科学研究基地，依托中国各个大学和科研院所建设，由国务院科技部进行宏观管理。各重点实验室的行政主管部门为相关的部委、地方科技管理部门，具体负责单位则为依托的大学、科研院所。科技部对国家重点实验室进行定期评估，以五年为一个周期。未通过评估的，不再列入重点实验室序列。从建设类型来看，目前科技部共建设有三类国家重点实验室，分别是国家重点实验室（SKL）、省部共建国家重点实验室（PSKL）和企业国家重点实验室（FSKL）。截至 2020 年年底，科技部共建设有国家重点实验室（SKL）253 家、省部共建国家重点实验室（PSKL）48 家。畜禽产品相关国家重点实验室具体情况如表 5-5 所示。整体来看，科技部国家重点实验室在畜禽产品多个研究领域都有相应布局和建设，其中实验室第一承担单位大部分落在旱区省（区、市）。

表 5-5 畜禽产品相关国家重点实验室

Table 5-5 State Key Laboratory on research area of livestock and poultry products

序号	类型	实验室名称	第一承担单位	省份
1	SKL	动物营养学国家重点实验室	中国农业科学院畜牧研究所	北京
2	SKL	家畜疫病病原生物学国家重点实验室	中国农业科学院兰州兽医研究所	甘肃
3	SKL	草地农业生态系统国家重点实验室	兰州大学	甘肃
4	SKL	兽医生物技术国家重点实验室	中国农业科学院哈尔滨兽医研究所	黑龙江
5	PSKL	草原家畜生殖调控与繁育国家重点实验室	内蒙古大学	内蒙古
6	PSKL	三江源生态与高原农牧业国家重点实验室	青海大学	青海
7	PSKL	青稞和牦牛种质资源与遗传改良国家重点实验室	西藏自治区农牧科学院	西藏
8	PSKL	绵羊遗传改良与健康养殖国家重点实验室	新疆农垦科学院	新疆
9	FSKL	肉食品安全生产技术国家重点实验室	厦门银祥集团有限公司	福建
10	FSKL	畜禽育种国家重点实验室	广东省农业科学院畜牧研究所	广东
11	FSKL	肉品加工与质量控制国家重点实验室	江苏雨润肉类产业集团有限公司	江苏
12	FSKL	乳业生物技术国家重点实验室	光明乳业股份有限公司	上海
13	FSKL	动物基因工程疫苗国家重点实验室	青岛易邦生物工程有限公司	山东

说明：①名单顺序按实验室类别、是否旱区和省份依次排序；②表中只列出了实验室第一承担单位；③畜禽产品实验室经不完全筛选整理得到。

资料来源：科技部网站。

5.3 旱区畜牧业技术产出情况

党的十八大以来，各级畜牧部门以新发展理念为指导，坚决贯彻党中央、国务院“三农”工作决策部署，深入推进畜牧业供给侧结构性改革，取得了突破性、历史性成就，畜牧业在稳量保质的基础上，加快转型升级，向现代化迈进。妥善解决好“三农”问题，夯实农业基础地位，保障粮食安全，促进畜牧业改革，离不开现代农业科技的强有力支撑。农业农村部《全国草食畜牧业发展规划（2016—2020年）》指出，要“扎实推进良种繁育体系建设、大力发展标准化规模养殖、着力夯实饲草料生产基础、全面强化质量安全监管与疫病防控、加快促进新型业态健康发展”。近年来，广大旱区省（区、市）加大农业科技投入的同时，也积极加强在畜牧业上的科技投入，在畜牧业改革发展上发挥了重要作用。

随着知识经济的发展，现代畜牧业发展的竞争更加激烈，构建完善的知识产权保护体系，是发展现代畜牧业的重要保证。2016—2020 年，我国旱区 16 省（区、市）畜牧业发明专利授权总量稳步增加，分别为 24 件、26 件、39 件、28 件、82 件（见表 5–6）；畜牧业发明专利授权全国占比波动幅度较小。2016—2020 年，我国旱区 16 省（区、市）畜牧业实用新型专利授权总量持续增加，全国占比在 2017 年达到最低点 35.6%，随后持续上升（见表 5–7）。

表 5-6　2016—2020 年旱区畜牧业发明专利授权量

Table 5-6　Number of invention patent granted on animal husbandry in the arid areas from 2016 to 2020

单位：件

省份	2016 年	2017 年	2018 年	2019 年	2020 年
北京	3	11	16	10	23
天津	—	1	1	—	—
河北	3	1	2	3	4
山西	2	—	—	—	2
内蒙古	1	1	1	1	4
辽宁	—	2	—	—	2
吉林	—	1	—	1	2
黑龙江	1	—	3	3	3
山东	4	6	8	5	32
河南	5	3	2	4	6
西藏	—	—	—	—	—
陕西	1	—	—	—	—
甘肃	3	—	2	—	1
青海	—	—	—	—	—
宁夏	1	—	2	1	2
新疆	—	—	2	—	1
旱区	24	26	39	28	82
全国	66	82	115	111	291

资料来源：通过国家知识产权局专利检索及分析系统查询获得。

根据国家知识产权局专利检索及分析系统查询，2016—2020 年，我国旱区 16 省（区、市）脊椎动物新品种权申请量分别为 16 件、22 件、20 件、6 件、7 件，占全国脊椎动物新品种申请量的比例依次为 26.7%、46.8%、46.5%、28.6%、46.7%

表 5-7 2016—2020 年旱区畜牧业实用新型专利授权量

Table 5-7 Number utility model patent granted on animal husbandry in the arid areas from 2016 to 2020

单位：件

省份	2016 年	2017 年	2018 年	2019 年	2020 年
北京	64	42	49	72	134
天津	9	31	34	46	72
河北	11	18	44	75	185
山西	1	5	35	46	75
内蒙古	19	17	39	46	94
辽宁	7	10	23	35	74
吉林	2	4	15	10	53
黑龙江	7	9	20	49	148
山东	33	36	116	204	413
河南	29	53	141	131	221
西藏	—	—	4	12	26
陕西	5	—	10	20	53
甘肃	6	10	57	82	191
青海	—	3	6	20	61
宁夏	1	2	9	13	37
新疆	5	5	38	22	51
旱区	199	245	640	883	1 888
全国	501	688	1 637	2 222	4 491

资料来源：通过国家知识产权局专利检索及分析系统查询获得。

（见表 5-8）。2016—2020 年，我国旱区 16 省（区、市）脊椎动物新品种权授权量分别为 11 件、20 件、11 件、17 件、32 件，占全国脊椎动物新品种授权量的比例依次为 31.4%、47.6%、30.6%、23.9%、43.8%（见表 5-9）。从数据来看，2016—2020 年，旱区 16 省（区、市）脊椎动物新品种申请量和授权量在全国占比整体呈上升趋势，在畜牧业新品种的科研领域发挥了重大作用。

表 5-8 2016—2020 年旱区脊椎动物新品种权申请量

Table 5-8 The number of new variety applications on vertebrate in the arid areas from 2016 to 2020

单位：件

省份	2016 年	2017 年	2018 年	2019 年	2020 年
北京	8	18	14	3	7

续表

省份	2016 年	2017 年	2018 年	2019 年	2020 年
天津	—	—	—	1	—
河北	—	—	2	—	—
山西	—	—	—	—	—
内蒙古	1	1	—	—	—
辽宁	2	—	—	—	—
吉林	—	2	—	—	—
黑龙江	—	—	—	—	—
山东	—	1	1	—	—
河南	—	—	2	1	—
西藏	—	—	—	—	—
陕西	4	—	1	—	—
甘肃	—	—	—	1	—
青海	—	—	—	—	—
宁夏	—	—	—	—	—
新疆	1	—	—	—	—
旱区	16	22	20	6	7
全国	60	47	43	21	15

资料来源：通过国家知识产权局专利检索及分析系统查询获得。

表 5-9　2016—2020 年旱区脊椎动物新品种权授权量

Table 5-9　The number of new variety applications on vertebrate in the arid areas from 2016 to 2020

单位：件

省份	2016 年	2017 年	2018 年	2019 年	2020 年
北京	2	11	8	14	18
天津	—	—	—	—	—
河北	—	—	—	—	2
山西	2	—	—	—	1
内蒙古	—	—	—	—	2
辽宁	—	—	—	—	2
吉林	—	1	—	—	1
黑龙江	—	—	1	—	—
山东	2	1	—	—	2
河南	2	5	—	—	1
西藏	—	—	—	—	—
陕西	—	1	1	3	2

续表

省份	2016 年	2017 年	2018 年	2019 年	2020 年
甘肃	3	1	—	—	—
青海	—	—	—	—	—
宁夏	—	—	—	—	—
新疆	—	—	1	—	1
旱区	11	20	11	17	32
全国	35	42	36	71	73

资料来源：通过国家知识产权局专利检索及分析系统查询获得。

科技奖励作为我国科技管理工作的重要组成部分，对激发广大科技工作者的积极性、创造性，推动科技进步发挥了重要作用。“十三五”期间旱区各省（区、市）在畜牧业领域的国家级科技奖获奖情况能够从侧面反映出旱区在该领域的研究进展和技术产出情况（见表 5–10）。2016 年度，畜牧业领域获国家科学技术发明奖二等奖 2 项、国家科学技术进步奖二等奖 5 项，其中旱区共参与 5 项，参与度为 71.4%；2017 年度，畜牧业领域获国家科学技术发明奖二等奖 2 项、国家科学技术进步奖二等奖 3 项，其中旱区参与 3 项，参与度为 60.0%；2018 年度，畜牧业领域获国家科学技术发明奖二等奖 2 项、国家科学技术进步奖 6 项，其中旱区参与 5 项，参与度为 62.5%；2019 年度，畜牧业领域获国家科学技术发明奖二等奖 1 项、国家科学技术进步奖 5 项，其中旱区参与 5 项，参与度为 83.3%；2020 年度，畜牧业领域获国家科学技术发明奖初评二等奖 1 项、国家科学技术进步奖初评 5 项，其中旱区参与 5 项，参与度为 83.3%。从获奖项数来看，2016—2020 年间，旱区 16 省（区、市）

表 5–10　2016—2020 年旱区畜牧业领域的国家级奖项情况

Table 5–10　National awards in the field of animal husbandry in arid areas from 2016 to 2020

单位：项

奖　项	2016 年	2017 年	2018 年	2019 年	2020 年
国家自然科学奖	—	—	—	—	—
国家技术发明奖	1	2	1	1	1
国家科学技术进步奖	4	1	4	4	4
合　计	5	3	5	5	5

说明：农业领域国家级科技奖励包括国家自然科学奖、国家技术发明奖、国家科学技术进步奖。
资料来源：根据国家科学技术奖励办公室公布名单整理得到。

畜牧业领域分别获奖 5 项、3 项、5 项、5 项、5 项。整体上来说，旱区畜牧业领域的国家级科技奖励比较稳定，未来还有进一步提升的空间。

根据旱区各省（区、市）科技厅网站查询，2016—2020 年，我国畜牧业领域旱区各省份获奖构成如表 5-11 所示。

表 5-11　2016—2020 年旱区畜牧业相关省级科技奖励数量

Table 5-11　The number of provincial science and technology awards on animal husbandry in arid areas from 2016 to 2020

单位：项

省份	2016 年	2017 年	2018 年	2019 年	2020 年
北京	2	1	2	1	—
天津	3	2	1	1	1
河北	2	—	2	—	2
山西	3	1	—	2	2
内蒙古	—	2	1	1	1
辽宁	3	4	4	2	2
吉林	2	2	2	3	3
黑龙江	6	5	8	3	7
山东	3	3	2	4	2
河南	8	8	5	4	7
西藏	4	3	1	2	1
陕西	5	3	3	3	5
甘肃	3	3	7	4	5
青海	3	2	3	3	3
宁夏	2	3	4	4	4
新疆	2	2	1	3	3
旱区	51	44	46	40	48

说明：表中缺失部分为当年未进行评奖或与其他年份合并。

资料来源：各省份科技厅网站。

近年来，杨凌示范区以区校融合为着力点，紧抓主导产业创新，培育创新资源产业，积极发挥科技在经济社会发展中的重要支撑作用，立足在更高层次上发挥杨凌示范区引领作用，推动示范区科技创新发展。作为农业高新技术产业示范区，杨凌示范区积极推动区内畜牧业领域科技创新，促进畜牧业的发展。“十三五”期间，在陕西省科学技术奖励中，2016 年全区获一等奖 1 项、二等奖 1 项、三等奖 1 项；2018 年全区获二等奖 2 项；2019 年全区获一等奖 1 项、二等奖 2 项；2020 年全区获一等奖 1 项、二等奖 2 项。具体情况如表 5-12 所示。

表 5-12　2016—2020 年杨凌示范区畜牧业领域陕西省科学技术奖获奖名单

Table 5-12　List of Shanxi science and technology awards on animal husbandry named under Yangling city from 2016 to 2020

年度	序号	项目名称	主要完成单位	等级
2016 年	1	奶牛性控关键技术研究集成与示范应用	西北农林科技大学、杨凌职业技术学院、大庆市田丰生物工程有限公司、西安现代农业综合开发总公司、新疆西部牧业股份有限公司	一等奖
	2	奶山羊雄性生殖干细胞的发育与分化调控	西北农林科技大学	二等奖
	3	猪脂肪沉积及其调控机制研究	西北农林科技大学	三等奖
2018 年	4	优质牛奶安全生产、评估及其活性物质综合利用研究与示范	陕西师范大学、西北农林科技大学、西安银桥乳业（集团）有限公司	二等奖
	5	动物干细胞向生殖细胞分化关键技术及机理	西北农林科技大学、青岛农业大学	二等奖
2019 年	6	奶山羊产业高质量发展关键技术研究与应用	西北农林科技大学、陕西师范大学、陕西科技大学、宝鸡市畜牧兽医中心	一等奖
	7	奶牛乳腺炎金黄色葡萄球菌耐药性产生、传播与防控的基础研究	西北农林科技大学	二等奖
	8	家禽矿物元素环境友好型饲料生产关键技术研发与推广	西北农林科技大学、陕西石羊农业科技股份有限公司、陕西华秦农牧科技有限公司	二等奖
2020 年	9	奶牛高效环保型饲养关键技术研发与推广	西北农林科技大学、内蒙古农业大学、兰州大学、陕西华泰农牧科技有限公司、宝鸡得力康乳业有限公司	一等奖
	10	牛羊肉营养安全生产及产品开发关键技术研究与示范	陕西师范大学、西北农林科技大学、中国农业科学院农产品加工研究所、西安兆龙食品有限公司	二等奖
	11	猪呼吸系统重要传染病疫苗的创制与应用	陕西诺威利华生物科技有限公司、陕西省动物疫病预防控制中心、西安市动物疾病预防控制中心、陕西省畜牧产业实验示范中心	二等奖

资料来源：陕西省科技厅网站，2017 年无数据。

论文属于科技成果之一，论文的产出一定程度上反映出研究的水平。根据 Web of Science 数据库和中国知网平台不完全检索，“十三五”期间 SCI 和中国知网收录旱区畜牧业领域论文情况如图 5-13 所示。

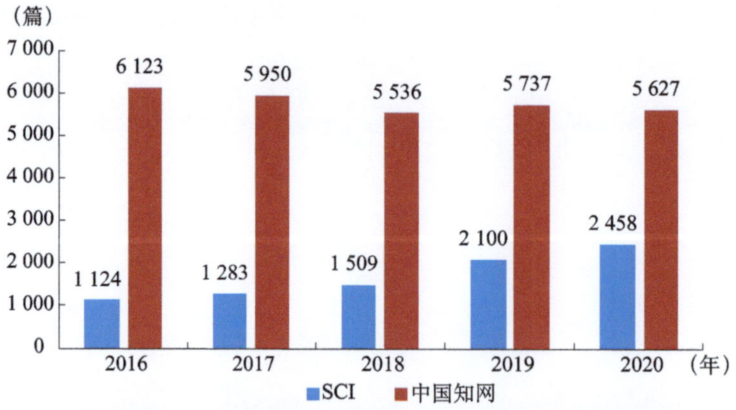

图 5-13 “十三五”期间 SCI 和中国知网平台收录旱区畜牧业领域科技论文数量情况

Figure 5-13 Animal husbandry science and technology papers retrieved by SCI and CNKI in the arid areas during the 13th five-year plan period

说明：SCI 检索期刊为畜牧业领域期刊，共 133 种；中国知网文献通过中国科学院文献情报中心进行检索和统计，其中科技论文只包含北大中文核心期刊收录的论文。

资料来源：Web of Science 数据库、中国知网。

由检索工具收录旱区农业领域科技论文数量的情况可知，“十三五”期间 SCI 收录旱区畜牧业领域科技论文数量呈逐年上升的趋势，其中 2019 年收录的论文数量增长较多，2020 年的增长趋势放缓；中国知网收录的论文数量在 2016—2018 年期间呈微弱下降趋势，2019 年收录的论文数量有所增加，2020 年的数量较 2019 年小幅减少。

从 2020 年 SCI 收录旱区畜牧业领域科技论文数量的地区构成来分析（见图 5–14），各省（区、市）论文收录量从多到少排名依次是北京、山东、黑龙江、河南、陕西、甘肃、吉林、辽宁、内蒙古、河北、天津、新疆、山西、青海、宁夏、西藏。排名前三位的北京、山东、黑龙江，分别收录 542 篇、395 篇、216 篇，占旱区 SCI 收录农业领域科技论文数量的 22.1%、16.1%、8.8%。

对 2020 年中国知网收录旱区畜牧业领域科技论文数量的地区构成情况分析可知（见图 5–15），各省（区、市）论文收录量从多到少排名依次是北京、河南、吉林、甘肃、山东、黑龙江、内蒙古、新疆、河北、陕西、山西、宁夏、青海、辽宁、天津、西藏。排名前三位的是北京、河南、吉林，分别为 1 117 篇、481 篇、440 篇，占旱区中国知网收录畜牧业领域科技论文数量的 19.9%、8.5%、7.8%。

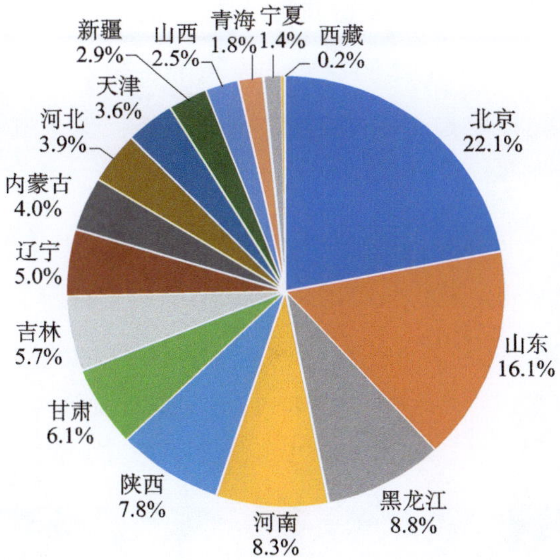

图 5-14　2020 年 SCI 收录旱区畜牧业领域科技论文数量地区构成

Figure 5-14　The region proportion of animal husbandry science and technology papers retrieved by SCI in the arid areas in 2020

说明：SCI 检索期刊为畜牧业领域期刊，共 133 种。

资料来源：Web of Science 数据库。

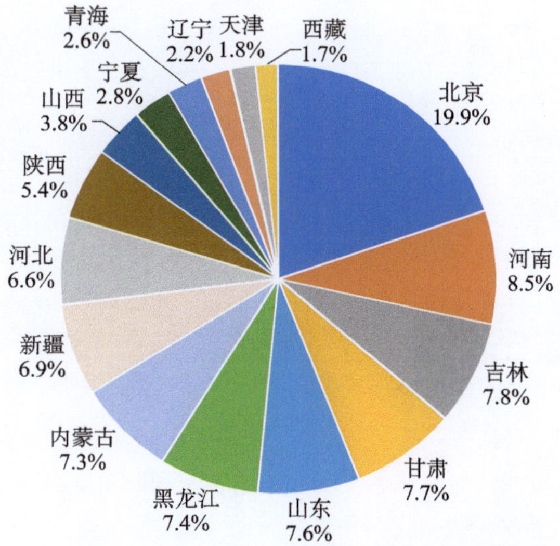

图 5-15　2020 年中国知网收录旱区畜牧业领域科技论文地区构成

Figure 5-15　The region proportion of animal husbandry science and technology papers retrieved by CNKI in the arid areas in 2020

说明：通过中国科学院文献情报中心进行检索和统计，其中科技论文只包含北大中文核心期刊收录论文。

资料来源：中国知网。

2020 年 SCI 收录旱区畜牧业领域科技论文数量较 2019 年有所增加，而中国知网收录旱区畜牧业领域科技论文的数量减少了 110 篇（见表 5–13）。其中，吉林、西藏、陕西 2020 年 SCI 收录的论文数量有微幅下降，其余省（区、市）的收录数量均有所增加，北京、河南、黑龙江的增量排名前三，分别增加了 85 篇、60 篇、43 篇。2020 年中国知网收录的旱区畜牧业领域科技论文数量虽比 2019 年少，但河南、山西、陕西、青海、宁夏、新疆的论文收录数量较 2019 年有小幅增加。

表 5–13　2019—2020 年 SCI 和中国知网收录旱区畜牧业领域科技论文数量

Table 5–13　The number of agriculture science and technology papers retrieved by SCI and CNKI in dryland provinces from 2019 to 2020

单位：篇

省份	SCI		中国知网	
	2019 年	2020 年	2019 年	2020 年
北京	457	542	1 140	1 117
天津	57	89	112	104
河北	70	96	376	370
山西	38	61	194	212
内蒙古	78	99	479	408
辽宁	116	123	127	124
吉林	143	139	462	415
黑龙江	173	216	471	440
山东	371	395	459	427
河南	143	203	445	481
西藏	16	6	95	94
陕西	201	191	260	305
甘肃	119	149	452	436
青海	36	44	133	148
宁夏	18	34	149	159
新疆	64	71	383	387
旱区	2 100	2 458	5 737	5 627

说明：SCI 检索期刊为畜牧业领域，共 133 种期刊；中国知网文献通过中国科学院文献情报中心进行检索和统计，其中科技论文只包含北大中文核心期刊收录论文。

资料来源：Web of Science 数据库、中国知网。

总体而言，依据 SCI 和中国知网的检索和统计结果可知，从旱区畜牧业领域科技论文总量和地区构成角度分析，中国旱区畜牧业领域科技研究在持续推进，大部分地区也在不断突破创新，提升科研水平，增强科研实力。

5.4 旱区畜牧业技术发展趋势

“十三五”期间，农业技术在旱区畜牧业领域的应用不断增加，其对于旱区畜牧业发展的重要程度也日益提升。在此期间，旱区畜牧业技术主要在畜禽品种改良、数字化养殖技术等方面取得了显著进步，表现在以下几个方面：

（1）畜禽品种改良。在秦川牛品种改良方面，采用德国黄牛、红安格斯牛、利木赞牛为父本与秦川牛进行二元和三元两个世代的杂交组合，有效改良秦川牛尻部尖斜、载肉率低、生长速度慢等问题，同时保留秦川牛适应性强、耐粗饲、抗逆性强、肉质鲜嫩以及被毛紫红、遗传性能稳定等特点，大幅提高秦川牛的肉用生产性能（王勃等，2020）。在绵羊育种方面，2018 年山东省农科院培育出了我国北方农区第一个专门化肉羊品种——鲁西黑头羊，其在生长速度、繁殖率、肉质等方面均有所改善（徐振飞等，2020）。此外，随着基因编辑技术的不断发展和完善，基因编辑在多种生物的基因组修饰过程中相继成功，实现了跨物种的基因发掘，拓宽了遗传资源的利用范围，实现已知功能基因的定向高效转移，与传统育种方式相比极大地缩短了育种所需时间，为培育高产、优质的畜禽品种提供了新的技术途径（李胜利等，2020）。该技术在牛、羊等家畜育种上的应用也日益增多。

（2）数字化养殖技术。自动化控制程度较高的 TMR 日粮投喂系统、精料自动补饲装置等设备都已广泛应用于奶牛数字化精细饲养，通过对饲料数据库及牧场生产数据的统一建模分析，确定每头泌乳牛每天所需要的饲料数量以及种类，可以有效降低饲料的浪费，避免多喂或少喂饲料的情况，节约饲养成本（熊安然等，2020；林羽和刘斌琼，2016）。此外，数字化养殖技术也更多应用于畜禽疫病防控方面。通过图像识别、音频分析、生理指标监测等手段进行畜禽疫病在线监测，通过专家数据库、推理机制、解释模块三个部分对信息进行处理，远程对畜禽疫病情况做出判断，进而采取防控措施（蒋瑞祥等，2020；王丰等，2020）。

近年来，我国旱区畜牧业综合生产能力不断增强，在保障国家食物安全、繁荣农村经济、促进农牧民增收等方面发挥了重要作用，但也存在产业发展质量效益不高、支持保障体系不健全、抵御各种风险能力偏弱等突出问题。未来旱区畜牧业将面临食品质量安全问题增多、环境污染严重、信息化程度低等多重挑战。畜牧业发展应从数量型向质量效益型转变，从侧重数量向量质并重转变，同时应注重生态效益，减轻产业发展所带来的环境污染（刘刚等，2018）。未来畜牧业技术趋势主要体现在以下几个方面：

（1）随着人民群众食品安全意识逐步提高，食品安全问题越来越为人们所关注。而近年来，兽药在畜牧养殖业中的广泛使用，造成畜产品中可能会有兽药残留的蓄积，危害人体健康，故提高兽药残留检测技术显得尤为重要。

（2）在污染治理方面，提升畜禽饲料的转化率，减少氮、磷等气体的排放，从源头减少污染。通过沼气或干燥等技术对排泄物进行处理，以减轻环境污染问题。另外，可以将畜禽排泄物中的氮、磷、钾等微量元素提炼出来作为肥料的制造原料（高林，2018）。

（3）加强大数据、人工智能、云计算、物联网、移动互联网等技术在畜牧业的应用，提高圈舍环境调控、精准饲喂、动物疫病监测、畜禽产品追溯等智能化水平。加快畜牧业信息资源整合，推进畜禽养殖档案电子化，全面实行生产经营信息直联直报，实现全产业链信息化闭环管理。

专栏 5-1　秦川牛产业发展面临的问题

秦川牛是我国著名的北方良种黄牛，以屠宰率高、肉骨比率高、肉质细嫩鲜美、风味浓郁而享誉国内外。随着科技的不断发展，秦川牛产业在育种与繁殖、饲料加工与饲喂、疫病控制等方面的技术均有所提升，但秦川牛以散户养殖为主，规模化程度不高，普遍存在管理粗放和技术落后的现象。一些养殖户对新技术的接纳程度低，导致部分养殖技术难以得到有效推广应用，不利于产业的优化升级和养殖效益的提升。另外，随着国民消费水平提升，市场牛肉一直供不应求，肉牛价格不断上涨，养殖户只要觉得价格合适就将牛卖掉，有时甚至会卖掉基础母牛（门江伟等，2017），这导致部分地区秦川牛存栏量不断减少，不利于长远发展。

近几年中央连续发布中央一号文件支持农业发展，其中对于农业科技发展和畜牧业技术创新支持的相关内容主要包括以下方面：①畜禽品种创新。加快实施农业生物育种重大科技项目，深入实施农作物和畜禽良种联合攻关，实施新一轮畜禽遗传改良计划和现代种业提升工程，有序推进生物育种产业化应用。②构建现代养殖体系。积极发展牛羊产业，继续实施奶业振兴行动，加强优质奶源基地建设，升级改造中小奶牛养殖场。大力推进畜禽粪污资源化利用，基本完成大规模养殖场粪污治理设施建设。③强化现代农业科技和物质装备支撑。完善农业科技领域基础研究稳定支持机制，布局建设一批创新基地平台。深入开展乡村振兴科技支撑行动。加强农业科技社会化服务体系建设，深入推行科技特派员制度。《国务院办公厅关于促进畜牧业高质量发展的意见》中明确指出，我国畜牧业整体竞争力稳步提高，动物疫病防控能力明显增强，绿色发展水平显著提高，畜禽产品供应安全保障能力大幅提升。其中牛羊肉自给率保持在 85% 左右，奶源自给率保持在 70% 以上，禽肉和禽蛋实现基本自给。到 2025 年畜禽养殖规模化率和畜禽粪污综合利用率分别达到 70% 以上和 80% 以上，到 2030 年分别达到 75% 以上和 85% 以上。畜牧业在未来发展过程中，应当加快构建现代养殖体系，建立健全动物防疫体系，加快构建现代加工流通体系，加强品牌建设，持续推动畜牧业绿色循环发展。

6 旱区农业技术发展政策建议

当前我国经济已由高速增长阶段转向高质量发展阶段，原先依靠资源高投入、高消耗的发展模式已经成为过去式，农业发展应当转向绿色发展和可持续发展的模式，这就对农业技术提出了更高的要求。但相对于世界先进技术，我国旱区农业技术仍有较大进步空间，以发展农业技术为目标的政企合作存在不充分和不广泛的现象，政府对于部分农业企业技术研发和技术推广的扶持力度有待提高。因此，我国旱区农业技术仍有较大的发展空间。为进一步开发我国旱区农业技术的发展潜力，发挥农业技术对于旱区社会经济发展的重要贡献，结合我国旱区农业具体特征，分别从国家战略层面、区域层面和农业技术微观层面提出相应政策建议。

6.1 基于国家战略层面政策建议

6.1.1 加强旱区农业国际交流与合作，推动旱农技术优势互补

加强与“一带一路”沿线国家的旱区农业技术成果交流与合作，坚持“引进来”与“走出去”相结合。通过技术援助，提升旱区农业在国际上的地位和影响力，为其走出国门打下基础；另外引进沿线国家先进的旱区农业技术，缩小与发达国家旱区农业技术水平差距，利用丝绸之路沿线地区优异资源，可以丰富中国农作物种质资源库。在旱区农业关键八大领域技术中，我国旱区与“一带一路”沿线国家各有其优势与薄弱之处。比如以色列的农业高效节水技术与设施农业优质高效栽培技术正是我国旱区农业技术值得借鉴之处；而我国在种质资源创新与优良品种选育技术上尤其是小麦技术研发上，反向输出成果亮眼。因此，应当贯彻落实“一带一路”倡议，成立丝绸之路小麦创新联盟，推动联盟成员加强合作，促进丝绸之路沿线国家小麦研究及产业发展。

上合组织农业技术交流培训示范基地已成功落地陕西自贸试验区杨凌片区，为新阶段加强与上合组织成员国之间的交流与合作提供了重要平台。组建上合农业现代发展研究院、筹建上合国际联合实验室、加入上合组织大学、建立农业科技示范基地、开展国际科技合作与技术培训等一系列举措，都为上合组织国家农业交流合作提供了智库保障。未来应进一步加强上合组织国家的现代农业国际交流合作，指导相关机构、企业开展我国小麦、玉米等旱区特色农业技术标准的翻译和适应性验证，探索我国农业技术在境外的应用及标准互认路径。

6.1.2 科技赋能农业，推动旱农技术转型升级

随着互联网时代的到来，科技赋能农业成为趋势，尤其对于旱区农业关键八大领域技术来说，突破了传统技术上的制约，实现了旱农技术的转型升级，从根本上保障了国家的粮食安全、食品安全和农业生态安全。

首先，大力发展数字农业技术，通过数字化设备如田间摄像头、温度湿度监控、土壤监控、无人机航拍等来帮助农业生产决策的管控和精准实施。加快物联网、大数据、人工智能等在旱区农业领域的应用，推进农业产业链信息流互联互通，提升农业大数据应用能力，提高农业机械化与智能装备水平，补全农业数字化治理水平低的短板。

其次，大力发展智慧农业。智慧农业以北斗定位、云计算、5G 技术、AI 智能、智能硬件技术为支持，以关键算法为核心，结合大数据分析和应用管理平台，在种植、畜牧、水产和协同领域，打造“数据 + 分析 + 决策 + 农作”的系统，实现对无人机、无人车等智能农作设备的精细化生产，最终提高农业的生产效率、降低农业生产成本，实现农户增产增收。

此外，要实现科技赋能农业，政府要加强政策扶持力度，加大在基础设施、招商引资、土地流转、设备采购、旱区农业技术科研成果落实转化奖励等方面的财政投入；吸引农业高素质人才，加快培育新型职业农民，为旱区农业技术发展提供源源不断的人才支持；加快完善农业科研体系，提高农业科研成果的转化应用能力。加大农业科研体系的资金、物质和人才投入，激励农技推广人员做好农技推广，并广泛收集农业生产问题和生产数据，为农业科研提供反馈，及时检验农业科研成果效用；加强智慧农业基础设施建设，统筹兼顾引水、排水、蓄水、灌溉等多种功能

的水利工程，实现节水灌溉、绿色灌溉、数字化灌溉；建立全封闭式现代化种养殖舍棚；扩大农机设备生产规模，增加市场投入量。鼓励农民积极使用现代化农机设备，实现精准化、智能化、科学化远程控制管理农业生产，实现绿色农业、数字农业、智慧农业的有机结合，跳出旱区农业关键技术领域的发展瓶颈，着力解决旱区农业突出问题，实现旱区农业技术成果突破，抢占旱区农业技术创新战略制高点。

6.1.3 打造产学研一体化涉农全产业链生态圈

打造旱区农业新型产学研融合生态圈，实现贯通式创新。目前我国存在着科技成果从原始创新到产业化过程中的脱节现象，科技成果拥有者和企业在对接过程中存在巨大的鸿沟，企业承接高科技产业化的能力不足，需要科技成果转化平台来承接。因此，需培养科技成果转化专业人才和懂技术的管理者、职业经理人等，调动各种专业要素促成科技成果转化。贯通式创新要加强各要素间的合作交流，研发聚焦市场需求，确立企业创新主体地位。

加强公共技术平台支撑体系建设，打破核心技术被“卡脖子”的瓶颈。过去，由于我们在公共技术上的投入不足，导致中间出现断层，核心技术失去话语权，我国农业技术在生物育种、重型农机、智慧农业、绿色农用投入品等关键农业技术领域仍受国外农业公司掣肘。因此，需要加强公共技术平台支撑体系建设，补全国家创新体系短板。

打造科技创新生态，形成长久合作机制。要构建新型产学研融合生态圈，着力点在于促进创新链和产业链的深度融合，围绕产业链部署创新链，重点解决如何真正确立企业创新主体的地位，形成由企业牵头、高校等各方参与的创新联合体，让研发瞄准真问题。其次，只有产学研各方都能在合作中有所得，才能形成长久合作的机制，这需要解决好知识产权转化收益的问题，真正实现利益共享，使企业、高校、研发机构形成紧密联系的创新联合体。

6.2 基于区域层面政策建议

6.2.1 加强旱农生产领域技术研发与推广，提高旱区综合生产能力

夯实旱区粮食生产能力基础，保障粮、棉、油、糖、肉、奶等重要农产品供

给安全。加强旱区农业种质资源保护开发利用，大力研发种质创新和优良品种选育技术，推广优质高产的农作物品种和新型育种体系。深入实施农作物和畜禽良种联合攻关。实施新一轮畜禽遗传改良计划和现代种业提升工程，实施优势特色农业提质增效行动计划，促进杂粮杂豆、蔬菜瓜果、花卉苗木、食用菌、中药材和特色养殖等产业提档升级。加快构建现代养殖体系，积极发展旱区牛羊产业，继续实施奶业振兴行动，推进水产绿色健康养殖。加快研发最新农作物病虫害防治和动物疫病防治技术。坚持最严格的耕地保护制度，强化耕地数量保护和质量提升，遏制耕地“非农化”、防止“非粮化”，规范耕地占补平衡，严禁占优补劣、占水田补旱地。以粮食生产功能区和重要农产品生产保护区为重点，建设国家粮食安全产业带，实施高标准农田建设工程，进一步研发高产精细农田培育和土壤质量保育技术。推进大中型灌区节水改造和精细化管理，建设节水灌溉骨干工程，进一步研发有效的集雨保水技术和保水新材料，建立高效的旱作农业技术体系。同时发展旱区高效节水灌溉技术，研究创制抗旱节水型或水分高效利用型的优质育种新材料，选育抗旱节水新品种，补足旱区农业在农田高效节水技术上的短板。

6.2.2 调整农业产业结构，打造绿色高效旱区农业

各个地区自然环境、资源禀赋各不相同，农业产业结构及农业发展方向也都有所区别。因此应当对不同旱区农业发展的情况，进行中长期的调研。在遵循生态发展原则的同时，对不同旱区农、林、牧、畜等各产业的发展进行有效的规划，明确其发展优势及不足，调整农业经营、乡村旅游、农产品加工等行业的布局，发展高效农业。不断提升绿色农业发展的技术应用水平，加大农业科技资源的投入，鼓励和引导农业科技人才、农业科技成果等农业创新要素向绿色农业领域聚集，重点突破节本高效的关键性农业技术。持续推进化肥农药减量增效，推广农作物病虫害绿色防控产品和技术。加强畜禽粪污资源化利用，全面实施秸秆综合利用和农膜、农药包装物回收行动，加强可降解农膜研发推广。在黄河流域建设一批农业面源污染综合治理示范县，支持国家农业绿色发展先行区建设。提高生产效率，降低单位产量或产品的排放强度；改善土壤质量，提高农田和草地固碳增汇能力；推进可再生能源替代，抵扣生产生活能源碳排放；实现旱区农业农村碳达峰、碳中和。加强农产品质量和食品安全监管，发展绿色农产品、有机农产品和地理标志农产品，试行

食用农产品达标合格证制度，推进国家农产品质量安全县创建。协调好农业生产与生态保护之间的关系。拓展生态农业的发展，打造绿色农业的生产技术和模式。

6.2.3 深化区校融合，发挥高校科研创新能力，推动旱农产业发展

杨凌示范区成立 23 年以来，始终不断探索农业科技示范推广新模式，构建了多元立体化的农业科技推广体系，形成了农业科技示范推广新格局，创造了显著的经济社会效益。杨凌示范区为全国干旱半干旱地区现代农业的发展起到了引领作用，然而旱区农业产业技术推广仍然面临着涉农技术产业链较短，产业融合层次较浅，向高端开发拓展不足等问题。杨凌示范区辐射带动干旱半干旱地区农业产业发展的任务还很艰巨。

因此，杨凌示范区要不断扩大农业科技示范推广成效。积极探索公益性和经营性农技推广融合发展机制，重点打造各类农技推广要素联动共生的一体化平台。积极搭建各类新型农业科技服务平台，不断发展完善科技特派员制度，继续鼓励法人科技特派员企业参与“政产学研用”一体化推广联合体。进一步深化“区校一体、融合发展”机制，发挥与西北农林科技大学联手建成的综合试验示范站（所）和示范推广基地的示范带动作用，并且继续扩大联合示范站和推广基地的建设。围绕全省乃至全国各地农业产业布局，深入开展市场化、全产业链服务，不断做大做强现代农业科技服务产业。大力推动农业科技协同创新。围绕攻克农业生产“卡脖子”技术，推动形成一批突破性、示范性、引领性创新成果。以打造中国（旱区）种业硅谷为目标，持续推进种业自主创新。深入开展旱作农业技术研究，创新水、土壤等农业资源高效利用和农业生态环境保护等关键技术。力争到 2022 年年底，在打造干旱半干旱地区农业科技创新推广核心区，新时代乡村振兴、特色现代农业发展引领示范区，打造具有国际影响力的现代农业创新高地、人才高地和产业高地方面取得明显成效。

6.3 基于农业技术微观层面政策建议

6.3.1 促进大数据技术在农业领域应用，为决策提供支持

当前中国农业发展面临资源环境约束日益趋紧，农产品国内外市场“双重挤

压”，农业稳产、农民增收困难等严峻挑战，亟须转型升级、优化结构和提质增效。农业大数据作为农业决策可靠的支撑，在促进生产标准化、加速作业效率、促进产销有序衔接、保障产品质量安全等方面具有显著优势。但目前存在农业大数据基础建设薄弱、数据开放共享不畅、数据的分析挖掘能力有待加强和农业大数据专业人才缺乏等问题。总之，大数据技术在农业领域的发展不够充分，利用效率低下，而我国农业现代化需要大数据技术提供决策支持，并结合人工智能技术、物联网技术、互联网技术在农业全产业链中发挥合力，促进农业转型升级，实现我国农业全要素的现代化、信息化发展。

对此，应当加强旱区农业大数据基础建设，增强农村的信息化水平。通过完善数据的采集基础和数据标准等方式，在数据的质量和数量方面做出提升，为旱区农业发展的决策提供有效的数据支撑。促进数据科学与农业科学交叉融合，为旱区农业大数据的广泛应用打下坚实的基础，并为适农智能模型分析处理技术创新提供动力。此外，还应增强大数据分析挖掘能力。根据旱区农业领域的特点优化农业大数据的知识库和模型，减小多个模型组合时多参数分析导致的误差累积，同时研发出更加强大的分析工具和更高性能的数据处理系统架构，提高系统的并行处理能力和计算精度，建立综合性农业大数据处理平台以满足多种群体的应用需求。

6.3.2 发展低碳农业技术，实现旱区农业可持续发展

由全球气候变化引起的自然灾害、资源枯竭、生物群落退化等极端现象，严重威胁旱区农业的可持续发展，而农业又是温室气体产生的主要来源，故低碳农业生产模式逐步成为农业可持续发展的主要趋势。低碳农业发展模式主要指改变农业生产中不合理的生产方式，直接性减少农业对工业品依赖，不断增加森林植被、作物和土壤固碳量，实现对资源的循环利用，最终以较低的碳成本获取产出最大化的一种农业发展方式。针对旱区生态脆弱、土地质量差等自然特征，发展低碳农业技术是使旱区农业能够可持续发展的重要途径。

因此，应当加强创新、节能、高效农业技术的研发和推广运用，推广节省型农业技术，提高资源利用效率。另外，应加强生物工程技术和腐熟堆肥技术的研发与推广应用，通过发展沼气、制造工业有机肥、能源肥料综合利用及生物黑炭转化还田等技术，促进农业副产品和废弃物的资源化利用。依托低碳农业绩效测评机制，

将测土配方施肥、微喷灌溉、秸秆饲料化、户用沼气等低碳技术实现精准性应用，做到农业生产要素的充分利用和合理配置，从而改善农业技术效率，推动旱区农业的可持续发展。此外，建立一套完整的低碳农业生态补偿技术体系也能够为低碳农业政策的制定和低碳农业的发展提供科学的决策依据。

最后，还应加快在农业农村实现碳达峰和碳中和，通过提高生产效率，降低单位产量或产品的排放强度；改善土壤质量，提高农田和草地固碳增汇能力；推进可再生能源替代，抵扣生产生活能源排放。对此，在政策方面应加快制定碳达峰碳中和法律法规与技术标准，完善减污降碳协同效应的政策和考核制度；加强碳达峰、碳中和的科技支撑，并成立专门机构积极推进碳中和相关工作。

6.3.3 加快发展作物育种技术，培育优质作物品种

在作物育种的发展方向上，我国长期以高产为主，而忽视了作物的抗逆、广适应性和抗旱节水性状。在技术研发方面，应当优先研究和解决种业发展中的重大科学技术问题，如发展规模化育种技术。规模化、程序化和标准化是现代商业育种的重要标志，具体包括田间试验规模化、试验操作机械化、鉴定技术现代化、数据采集信息化、试验布局区域化、良种决选全局化、育繁推一体化。此外，还要推动常规育种分子辅助技术的应用，尽管该类技术有丰富的研究成果，但由于推广力度不足，导致缺乏实际应用。加强研发转基因育种与安全技术，完善品种区域适应性试验制度与品种审定制，配齐种业基础性公益性研究，确立种子生产标准化体系；加强作物杂优化研发，使杂种化成为中国未来种业的特色。最后，为提高旱区农业的市场竞争力，应将技术领域已取得的大量研究成果和形成的原始技术创新及时转化为现实生产力。

2021 年中央一号文件中指出，农业现代化，种子是基础。在政策方面，应对育种基础性研究以及重点育种项目给予长期稳定支持，并实施农业生物育种重大科技项目、农作物和畜禽良种联合攻关和新一轮畜禽遗传改良计划及现代种业提升工程。加强育种领域知识产权保护，支持种业龙头企业建立健全商业化育种体系，加快建设南繁硅谷，加强制种基地和良种繁育体系建设，研究重大品种研发与推广后补助政策，促进育繁推一体化发展。

参考文献

[1] 陈学森，李秀根，毛志泉，等. 新种质创造支撑果品产业升级——红肉苹果和‘库尔勒香梨’种质资源利用以及‘红富士’芽变选种案例分析 [J]. 果树学报，2021，38（01）：128-141.

[2] 柴岩，冯佰利，王鹏科，等. 糜子千粒重分级方法：DB61/T 906—2014 [S]. 咸阳：西北农林科技大学，2014.

[3] 邓蕾，王凯博，上官周平. 退耕还林（草）工程固碳效益评估及其驱动机制 [Z]. 北京：中国科学院教育部水土保持与生态环境研究中心，2018-12-21.

[4] 冯佰利，杨璞，高小丽，等. 陕糜 1 号 [Z]. 咸阳：西北农林科技大学，2016-02-23a.

[5] 冯佰利，高小丽，王阳，等. 糜子病虫害防控技术规程：DB61/T 1028—2016 [S]. 咸阳：西北农林科技大学，2016.

[6] 方红卫，何国建，黄磊，等. 生态河流动力学研究的进展与挑战 [J]. 水利学报，2019，50（01）：75-87.

[7] 高林. 浅谈新时期畜牧业发展中畜牧技术的提升 [J]. 农民致富之友，2018（15）：142.

[8] 高小丽，冯佰利，贾耀明，等. 糜子生产基地县建设规范 [Z]. 咸阳：西北农林科技大学，2016-11-30.

[9] 黄丽丽，高小宁，秦虎强，等. 猕猴桃溃疡病致灾规律与高效防控技术研发应用 [Z]. 咸阳：西北农林科技大学，2020-05-18.

[10] 蒋瑞祥，余礼根，丁露雨，等. 畜禽疫病智能防控技术发展现状与展望 [J]. 中国畜牧杂志，2020，56（10）：23-28.

[11] 刘灿，陈瑞，史红丽，等. 猪繁殖与呼吸综合征病毒样颗粒疫苗的研制及开发技术研究 [Z]. 咸阳：陕西诺威利华生物科技有限公司，2019-07-09.

[12] 梁楚涛，张娇阳，艾泽民，等. 黄土丘陵区不同施肥处理对土壤微生物特性的影响 [J]. 生态学报，2018，38（10）：3592-3602.

[13] 刘刚，罗千峰，张利庠. 畜牧业改革开放 40 周年：成就、挑战与对策 [J]. 中国农村经济，2018（12）：19-36.

[14] 罗润博，张养东，郑楠，等. 奶及奶制品中兽药残留高通量检测方法研究进展 [J]. 中国畜牧兽医，2020，47（10）：3410-3416.

[15] 李胜利，姚琨，曹志军，等. 2020 年奶牛产业技术发展报告 [J]. 中国畜牧杂志，2021，57（03）：206-211.

[16] 李秀波，路永强，刘义明，等. 奶牛重要细菌病防治药物创制与应用 [Z]. 北京：中国农业科学院饲料研究所，2017-09-06.

[17] 刘学英，李姗，吴昆，等. 提高农作物氮肥利用效率的关键基因发掘与应用 [J]. 科学通报，2019，64（25）：2633-2640.

[18] 林羽，刘斌琼. 技术提升对畜牧业发展的促进作用 [J]. 农业开发与装备，2016（05）：32.

[19] 刘永峰，李林强，高贵田，等. 牛羊肉制品安全、营养化精深加工关键技术研究与示范 [Z]. 西安：陕西师范大学，2018-05-30.

[20] 梅旭荣，张燕卿，孙占祥，等. 旱作农业关键技术与集成应用 [Z]. 北京：中国农业科学院农业环境与可持续发展研究所，2016-01-01.

[21] 门江伟，赵春平，昝林森. 陕西肉牛产业发展现状、问题分析及对策建议 [J]. 中国牛业科学，2017，43（04）：1-3.

[22] 秦玉昌，李军国，张军民，等. 饲料质量安全与高效加工关键技术研究与应用 [Z]. 北京：中国农业科学院北京畜牧兽医研究所，2018-08-30.

[23] 邵明安，魏孝荣，付晓莉，等. 黄土高原土壤有机碳过程、格局和区域响应研究 [Z]. 咸阳：西北农林科技大学，2017-12-26.

[24] 孙其信，彭惠茹，倪中福，等. 小麦耐热基因发掘与创新技术及应用 [Z]. 北京：中国农业大学，2018-7-6.

[25] 沈建忠，肖希龙，朱蓓蕾，等. 几种抗生素药物添加剂对肉鸡促生长作用的研究 [J]. 中国饲料，1994（06）：24-27.

[26] 孙越赟，肖斌，刘运华，等．陕西省茶产业高质量发展关键技术集成与示范推广 [Z]．西安：陕西省园艺技术工作站，2020-04-28．

[27] 田见晖．良种牛羊卵子高效利用快繁关键技术 [Z]．北京：中国农业大学，2016-12-01．

[28] 佟毅，曲音波，李义，等．玉米淀粉及其深加工产品的高效生物制造关键技术与产业化 [Z]．北京：中粮集团有限公司，2019-12-10．

[29] 田原宇，孙明广，乔英云，等．铬污染土壤生物腐植酸绿色修复技术 [Z]．青岛：中国石油大学，2016-07-01．

[30] 王勃，马国际，张岩，等．秦川牛杂交改良外部因素及改良模式 [J]．畜牧兽医科学（电子版），2020（21）：39-40．

[31] 王丰，张波，周明旭，等．国内外奶牛疫病预警监测技术发展现状 [J]．中国动物检疫，2020，37（10）：80-86．

[32] 吴孔明，陆宴辉，姜玉英，等．盲蝽类重要害虫灾变规律与绿色防控技术 [Z]．北京：中国农业科学院植物保护研究所，2016-09-14．

[33] 黎裕，王天宇．玉米种质创新——进展与展望 [J]．玉米科学，2017，25（03）：11-18．

[34] 熊安然，熊本海，蒋林树．奶牛数字化养殖技术研究进展 [J]．中国乳业，2020（11）：29-32．

[35] 薛长湖，王静凤，王联珠，等．海参功效成分解析与精深加工关键技术及应用 [Z]．青岛：中国海洋大学，2018-01-02．

[36] 徐振飞，牛春娥，赵福平，等．我国绵羊育种现状及展望 [J]．中国草食动物科学，2020，40（02）：60-65．

[37] 姚军虎，徐明，曹阳春，等．高效环保型奶牛养殖关键技术的合作研究 [Z]．咸阳：西北农林科技大学，2014-03-31．

[38] 原双进，吕江鱼，高俊宏，等．核桃综合配套丰产栽培技术示范 [Z]．西安：陕西省林业科技推广与国际项目管理中心，2012-12-01．

[39] 赵久然，王元东，邢锦丰，等．高产优质、多抗广适玉米品种京科 968 的培育与应用 [Z]．北京：北京市农林科学院，2020-11-08．

[40] Wu X.T., Wei Y.P., Fu B.J., et al.Evolution and effects of the social-ecological system over a millennium in China's Loess Plateau[J]．Science Advances,2020,6（41）：1-11.

数据来源

[1] 国务院办公厅网站：http://www.gov.cn/zhengce/index.htm。

[2] 自然资源部网站：http://f.mnr.gov.cn/。

[3] 财政部网站：http://www.mof.gov.cn/index.htm。

[4] 科学技术部网站：http://www.most.gov.cn/。

[5] 农业农村部网站：http://www.moa.gov.cn/。

[6] 科学技术部火炬高技术产业开发中心高新企业认定管理网，http://www.innocom.gov.cn/。

[7] 国家林业和草原局，http://www.forestry.gov.cn。

[8] 国家科学技术奖励工作办公室网站：http://www.nosta.gov.cn/web/index.aspx。

[9] 农业农村部科技发展中心网站：http://www.nybkjfzzx.cn。

[10] 国家知识产权局专利检索与分析系统，http://pss-system.cnipa.gov.cn/sipopublicsearch/portal/uiIndex.shtml。

[11] 北京市科学技术委员会网站：http://kw.beijing.gov.cn。

[12] 天津市科学技术局网站：http://kxjs.tj.gov.cn。

[13] 河北省科技厅网站：https://kjt.hebei.gov.cn/www/index_ssl/index.html。

[14] 山西省科技厅网站：http://kjt.shanxi.gov.cn。

[15] 内蒙古自治区科技厅网站：http://kjt.nmg.gov.cn。

[16] 辽宁省科技厅网站：http://kjt.ln.gov.cn。

[17] 吉林省科技厅网站：http://kjt.jl.gov.cn。

[18] 黑龙江省科技厅网站：http://www.hljkjt.gov.cn。

[19] 山东省科技厅网站：http://kjt.shandong.gov.cn/。

[20] 河南省科技厅网站：http://kjt.henan.gov.cn。

[21] 西藏自治区科技厅网站：http://sti.xizang.gov.cn。

[22] 陕西省科技厅网站：https://kjt.shaanxi.gov.cn。

[23] 甘肃省科技厅网站：http://kjt.gansu.gov.cn。

[24] 青海省科技厅网站：http://kjt.qinghai.gov.cn。

[25] 宁夏回族自治区科技厅网站：https://kjt.nx.gov.cn。

[26] 新疆维吾尔自治区科技厅网站：http://kjt.xinjiang.gov.cn。

[27] 陕西省人民政府网站：http://www.shaanxi.gov.cn/。

[28] 中国科学院水利部水土保持所网站：http://www.iswc.ac.cn/。

[29] 杨凌农业高新技术产业示范区管委会网站：https://www.yangling.gov.cn/。

[30] Web of Science 数据库，https://www.webofscience.com/wos/alldb/basic-search。

[31] Engineering Village Compendex 数据库，https://www.engineeringvillage.com/search/quick.url。

[32] 中国知网，https://www.cnki.net/。

[33] 中国资讯行网站：http://www.bjinfobank.com/indexShow.do?method=index。

附表

附表 1　2014—2020 年旱区第一产业产值构成与 GDP 占比情况

Table 1　The composition of primary industry output value and its proportion in GDP in the arid areas from 2014 to 2019

单位：亿元

年份 / 省份	第一产业	（1）农业	（2）林业	（3）畜牧业	（4）渔业	国内生产总值 GDP	第一产业占 GDP 比重
2015 年	49 183.6	27 835.8	1 316.3	15 120.7	2 893.7	298 269.5	16.49%
2016 年	48 704.8	28 901.0	1 349.6	15 438.0	3 016.2	310 851.8	15.67%
2017 年	47 525.2	26 470.6	1 324.3	14 531.8	2 711.1	330 458.4	14.38%
2018 年	49 580.4	28 388.8	1 437.6	14 316.6	2 726.1	353 455.9	14.02%
2019 年	49 580.4	28 388.8	1 437.6	14 316.6	2 726.1	353 455.9	15.27%
2020 年	58 953.6	33 128.2	1 563.0	18 291.1	2 756.2	364 491.9	16.17%
山 东	10 190.6	5 168.4	214.2	2 571.9	1 432.1	73 129.0	13.94%
河 南	9 956.3	6 244.8	126.7	2 855.8	117.6	54 997.1	18.10%
河 北	6 742.5	3 413.3	255.4	2 309.7	243.2	36 206.9	18.62%
黑龙江	6 438.1	4 044.1	192.4	1 913.0	115.6	13 698.5	47.00%
辽 宁	4 582.6	2 056.8	121.0	1 604.7	617.5	25 115.0	18.25%
新 疆	4 315.6	2 936.3	66.0	1 038.1	27.2	13 797.6	31.28%
陕 西	4 056.6	2 807.1	116.9	893.4	30.0	26 181.9	15.49%
内蒙古	3 472.4	1 699.0	89.8	1 603.4	27.8	17 359.8	20.00%
吉 林	2 976.0	1 231.8	71.9	1 547.4	41.4	12 311.3	24.17%
甘 肃	2 103.6	1 423.8	31.7	495.3	2.0	9 016.7	23.33%
山 西	1 935.8	1 075.9	137.1	606.3	6.6	17 651.9	10.97%
宁 夏	703.1	397.9	10.9	246.6	19.0	3 920.5	17.93%
甘肃	507.1	188.6	11.9	295.1	3.9	9 016.7	5.62%
天津	476.4	228.8	15.7	145.5	68.1	14 083.7	3.38%
北 京	263.4	107.6	97.7	45.2	4.1	36 102.6	0.73%
西 藏	233.5	104.0	3.7	119.7	0.1	1 902.7	12.27%

说明：省份按第一产业产值排序。

资料来源：《中国农村统计年鉴》（2015—2020 年）、《中国统计摘要》（2015—2020 年）。

附表 2　2014—2019 年主要农作物产量变化情况

Table 2　Yields changes of major crops from 2014 to 2019

单位：万吨

年份	区域 / 省份	谷物	大豆	玉米	小麦	马铃薯	花生	高粱
2014 年	全国	55 740.5	1 215.3	21 564.9	12 620.9	1 910.4	1 648.2	288.6
	非旱区	23 970.8	421.1	3 660.4	3 634.6	1 044.9	574.8	80.9
	旱区	31 769.7	794.2	17 904.5	8 986.3	865.5	1 073.3	207.7
2015 年	全国	57 228.1	1 178.5	22 463.2	13 018.5	1 897.2	1 644.0	275.2
	非旱区	24 330.0	431.5	3 793.0	3 676.2	1 082.7	587.9	80.3
	旱区	32 898.1	747.0	18 670.2	9 342.3	814.5	1 056.1	194.9
2016 年	全国	56 538.1	1 293.7	21 955.2	12 884.5	1 947.7	1 729.0	298.5
	非旱区	23 943.6	418.2	3 746.8	3 563.3	1 096.1	599.1	82.3
	旱区	32 594.5	875.5	18 208.4	9 321.2	851.6	1 129.9	216.2
2017 年	全国	61 520.5	1 528.2	25 907.1	13 433.4	1 769.6	1 709.2	246.5
	非旱区	24 910.3	442.6	4 537.7	3 808.7	952.3	545.4	44.1
	旱区	36 610.2	1 085.6	21 369.4	9 624.7	817.3	1 163.8	202.4
2018 年	全国	61 003.4	1 596.7	25 717.8	13 144.4	1 798.4	1 733.2	291.0
	非旱区	24 640.6	461.3	4 302.5	3 730.8	984.5	5 678.8	51.2
	旱区	36 362.8	1 135.4	21 415.3	9 413.6	813.9	1 165.3	239.8
2019 年	全国	61 369.9	1 809.3	26 077.8	13 359.7	1 744.9	1 751.7	313.6
	非旱区	24 464.8	473.2	4 328.7	3 772.5	1 005.6	587.6	65.6
	旱区	36 905.1	1 336.1	21 749.1	9 587.2	739.3	1 164.1	248.0
	黑龙江	6 653.0	780.8	3 939.8	20.4	52.6	6.7	23.8
	河南	6 528.9	98.2	2 247.4	3 741.8	—	576.7	8.2
	山东	5 203.6	52.4	2 536.5	2 552.9	—	284.8	0.7
	吉林	3 769.5	70.1	3 045.3	1.1	30.7	76.9	48.4
	河北	3 566.9	23.0	1 986.6	1 462.6	101.2	96.5	4.3
	内蒙古	3 261.8	226.0	2 722.3	182.7	137.8	10.8	96.1
	辽宁	2 375.7	21.3	1 884.4	1.4	21.4	96.4	26.2
	新疆	1 496.3	10.7	858.4	576.0	13.3	1.0	5.8
	山西	1 266.8	21.5	939.4	226.2	52.7	1.4	23.2
	陕西	1 108.1	23.4	609.6	382.0	82.9	12.3	6.0
	甘肃	923.0	6.8	594.1	281.1	206.9	0.2	2.8
	宁夏	331.5	0.6	230.5	34.6	39.4	0.0	—
	天津	221.2	1.0	115.2	60.5	0.2	0.4	2.4
	西藏	101.9	0	2.6	19.2	0.2	0.0	—
	青海	69.2	—	14.2	40.3	33.0	—	—
	北京	27.7	0.3	22.8	4.4	—	0.2	0.1

说明：省份按谷物产量排序。

资料来源：《中国农村统计年鉴》（2015—2020 年）。

附表 3　2014—2019 年旱区农产品产量变化

Table 3　Changes of agricultural production in the arid areas from 2014 to 2019

单位：万吨

年份	区域 / 省份	粮食	油料	棉花	糖料	蔬菜	水果	肉类	猪肉	牛肉	羊肉	奶类
2014 年	全国	60 702.6	3 507.3	617.9	13 361.2	76 005.6	26 142.0	8 706.5	5 671.6	689.7	428.2	3 841.3
	非旱区	26 769.2	1 833.2	108.8	12 534.0	36 228.6	11 569.9	4 952.5	3 592.8	193.4	101.0	356.6
	旱区	33 933.4	1 674.1	509.1	827.2	39 777.0	14 572.1	3 754.0	2 078.8	496.3	327.2	3 484.7
2015 年	全国	62 143.9	3 537.0	560.3	12 500.0	78 526.0	17 479.6	8 625.0	5 486.5	700.1	440.8	3 870.3
	非旱区	27 200.8	1 861.6	94.2	11 672.5	38 016.0	8 573.1	4 887.1	3 468.6	199.4	105.5	354.5
	旱区	34 943.1	1 675.4	466.1	827.5	40 510.0	8 906.5	3 737.9	2 017.9	500.7	335.3	3 515.8
2016 年	全国	61 625.0	3 629.5	529.9	12 340.6	79 779.7	28 351.1	8 537.8	5 299.1	716.8	459.4	3 712.1
	非旱区	26 835.1	1 849.3	67.3	11 359.4	30 894.7	12 627.1	4 798.9	3 342.7	205.6	108.6	351.0
	旱区	34 789.9	1 780.2	462.6	981.2	48 885.0	15 724.0	3 738.9	1 956.4	511.2	350.8	3 361.1
2017 年	全国	61 793.0	3 475.2	548.6	11 378.8	70 346.7	25 241.9	8 588.1	5 340.1	726.1	467.5	3 655.2
	非旱区	27 025.4	1 708.8	58.5	10 426.7	39 262.0	11 886.1	4 782.0	3 336.1	208.5	109.5	349.3
	旱区	34 767.6	1 766.4	490.1	952. 1	31 084.7	13 355.8	3 806.1	2 004.0	517.6	358.0	3 305.9
2018 年	全国	65 893.5	3 439.2	610.3	11 937.4	70 419.3	25 688.7	8 653.1	5 404.7	665.0	480.9	3 217.6
	非旱区	27 233.1	1 740.2	43.0	10 794.5	39 334.5	12 669.5	4 895.6	3 368.1	197.6	125.3	376.2
	旱区	38 660.4	1 699.0	567.2	1 142.9	31 084.8	13 019.2	3 757.5	2 036.6	467.4	355.6	2 841.4
2019 年	全国	66 384.4	3 493.0	588.9	12 169.1	64 739.6	27 400.8	7 758.6	4 255.2	667.1	487.6	3 297.6
	非旱区	27 012.1	1 773.0	37.5	10 931.8	40 660.3	13 587.0	4 340.3	2 661.2	186.8	123.7	349.2
	旱区	39 372.3	1 720.0	551.4	1 237.2	24 079.3	13 813.8	3 418.3	1 594.0	480.3	363.9	2 948.4

续表

年份	区域 / 省份	粮食	油料	棉花	糖料	蔬菜	水果	肉类	猪肉	牛肉	羊肉	奶类
2019 年	黑龙江	7503.0	11.5	—	41.6	655.4	165.0	237.1	135.2	45.5	12.7	467.0
	河南	6 695.4	645.5	2.7	11.9	7 368.7	2 589.7	560.4	344.4	36.2	28.1	208.5
	山东	5 357.0	289.0	19.6	—	818.1	2 840.2	704.0	254.7	73.3	36.9	234.5
	吉林	3 877.9	81.8	—	2.9	445.4	153.9	243.2	108.3	41.9	4.7	40.0
	河北	3 739.2	119.5	22.7	64.3	5 093.1	1 391.5	433.4	241.9	57.2	31.0	433.8
	内蒙古	3 652.5	228.7	—	629.6	1 090.8	280.4	264.6	62.6	63.8	109.8	582.9
	辽宁	2 430.0	97.7	—	14.6	1 885.4	820.7	367.9	189.4	29.6	6.8	134.7
	新疆	1 527.1	66.4	500.2	445.3	1 458.8	1 604.8	170.7	37.6	44.5	60.3	209.4
	山西	1 361.8	13.7	0.3	0.1	827.8	862.7	91.0	56.8	6.6	8.0	92.3
	陕西	1 231.1	60.1	0.8	0.1	1 897.4	2 012.8	109.5	80.9	8.5	9.3	159.7
	甘肃	1 162.6	63.2	3.3	26.5	1 388.8	710.1	101.7	48	22.7	25.0	44.7
	宁夏	373.2	7.7	—	0.1	565.9	258.6	33.5	7.8	11.5	10.4	183.4
	天津	223.3	0.4	1.8	—	242.8	57.4	30.4	15.6	2.5	0.8	47.4
	青海	105.5	28.9	—	—	151.9	3.7	37.4	7.7	14.6	13.9	35.5
	西藏	103.9	5.7	—	—	77.5	2.4	28.4	0.8	21.2	5.8	48.2
	北京	28.8	0.3	—	—	111.5	59.9	5.1	2.3	0.7	0.4	26.4

说明：省份按粮食产量排序。

资料来源：《中国农村统计年鉴》(2015—2020 年)。

附表 4　2014—2020 年旱区人均 GDP 和居民可支配收入变化

Table 4　Changes of capita GDP and inhabitant's disposable income from 2014 to 2020

年份	地区 / 省份	农村居民人均可支配收入（元）	城镇居民人均可支配收入（元）	城乡居民收入水平对比（农村居民 =1）
2014 年	全国	10 904.3	27 541.8	2.61
	非旱区	11 528.1	28 827.0	2.58
	旱区	10 319.4	26 337.0	2.63
2015 年	全国	11 876.8	29 900.3	2.60
	非旱区	12 616.1	31 225.1	2.55
	旱区	11 183.6	28 658.2	2.65
2016 年	全国	12 363.4	33 616.2	2.7
	非旱区	13 738.8	33 823.6	2.5
	旱区	12 070.5	31 197.7	2.6
2017 年	全国	13 432.4	36 396.2	2.71
	旱区	13 085.1	33 362.5	2.55
2018 年	全国	14 617.0	39 250.8	2.69
	非旱区	16 337.2	39 727.7	2.43
	旱区	14 186.9	35 916.2	2.53
2019 年	全国	16 020.7	42 358.8	2.64
	非旱区	17 892.1	43 041.1	2.41
	旱区	15 443.0	38 337.2	2.48
2020 年	全国	17 131.5	43 833.8	2.64
	旱区	16 613.9	39 935.3	2.40
	北京	30 125.7	75 601.5	2.51
	天津	25 690.6	47 658.5	1.86
	山东	18 753.2	43 726.3	2.33
	内蒙古	16 566.9	41 353.1	2.50
	西藏	14 598.4	41 156.4	2.82
	辽宁	17 450.3	40 375.9	2.31
	陕西	13 316.5	37 868.2	2.84
	河北	16 467.0	37 285.7	2.26
	宁夏	13 889.4	35 719.6	2.57
	青海	12 342.5	35 505.8	2.88
	新疆	14 056.1	34 838.4	2.48
	山西	13 878.0	34 792.7	2.51
	河南	16 107.9	34 750.3	2.16
	甘肃	10 344.3	33 821.8	3.27
	吉林	16 067.0	33 395.7	2.08
	黑龙江	16 168.4	31 114.7	1.92

说明：省份按人均 GDP 排序。

资料来源：《中国统计摘要》(2015—2021 年)。

附表 5　2014—2019 年旱区乡村人口数和城镇人口变化

Table 5　Changes of rural population and urban population in arid areas from 2014 to 2019

年份	地区 / 省份	乡村人口（万人）	乡村人口占总人口比重（%）	年末城镇人口比重（%）
2014 年	全国	60 865	44.5	54.8
	旱区	26 258	45.0	55.1
2015 年	全国	60 346	43.4	56.1
	旱区	25 619	43.9	56.2
2016 年	全国	58 973	42.7	57.4
	旱区	25 005	43.0	57.3
2017 年	全国	56 862	40.9	58.5
	旱区	24 430	41.8	58.3
2018 年	全国	56 401	40.4	59.6
	旱区	23 932	40.8	59.2
2019 年	全国	55 162	39.4	60.6
	旱区	23 508	40.0	60.0
	河南	4 511	46.8	53.2
	山东	3 876	38.5	61.5
	河北	3 218	42.4	57.6
	陕西	1 572	40.6	59.4
	山西	1 508	40.5	59.6
	黑龙江	1 467	39.1	60.9
	辽宁	1 388	31.9	68.1
	甘肃	1 363	51.5	48.5
	新疆	1 214	48.1	51.9
	吉林	1 123	41.7	58.3
	内蒙古	931	36.6	63.4
	北京	289	13.4	86.6
	宁夏	279	40.1	59.9
	青海	271	44.5	55.5
	天津	258	16.5	83.5
	西藏	240	68.5	31.5

说明：省份按乡村人口数排序。

资料来源：《中国农村统计年鉴》（2014—2020 年）、《中国人口和就业统计年鉴》（2014—2020 年）。